## 墨香财经学术文库

"十二五"辽宁省重点图书出版规划项目

教育部人文社会科学青年基金项目（18YJC630175）资助
山西省高校哲学社会科学研究一般项目（201803020）资助
山西省"1331工程"重点创新团队建设计划（晋教科〔2017〕12号）资助
山西财经大学青年基金项目（QN-2017010）
山西财经大学教学改革项目（2018232）

## Research on the Effect of Corporate Social

Responsibility Reputation on Consumers'
Moral Emotion and Behavior in a Product-Harm Crisis

# 产品伤害危机下企业社会责任声誉
# 对消费者道德情绪和行为的影响研究

王汉瑛 ◎ 著

东北财经大学出版社
Dongbei University of Finance & Economics Press

大连

**图书在版编目（CIP）数据**

产品伤害危机下企业社会责任声誉对消费者道德情绪和行为的影响研究 / 王汉瑛
著.—大连：东北财经大学出版社，2018.9
（墨香财经学术文库）
ISBN 978-7-5654-3206-4

Ⅰ.产…　Ⅱ.王…　Ⅲ.企业责任-社会责任-影响-消费者行为论-研究
Ⅳ.①F272-05 ②F713.55

中国版本图书馆CIP数据核字（2018）第132023号

东北财经大学出版社出版发行

　大连市黑石礁尖山街217号　邮政编码　116025
　网　　址：http：//www.dufep.cn
　读者信箱：dufep @ dufe.edu.cn
大连永盛印业有限公司印刷

幅面尺寸：170mm×240mm　字数：208千字　印张：14.5　插页：1
2018年9月第1版　　　　2018年9月第1次印刷
责任编辑：李　栋　曲以欢　责任校对：京　玮
封面设计：冀贵收　　　　版式设计：钟福建
定价：38.00元

教学支持　售后服务　　联系电话：（0411）84710309
版权所有　侵权必究　　举报电话：（0411）84710523
如有印装质量问题，请联系营销部：（0411）84710711

教育部人文社会科学青年基金项目（18YJC630175）资助

山西省高校哲学社会科学研究一般项目（201803020）资助

山西省"1331工程"重点创新团队建设计划（晋教科〔2017〕12号）资助

山西财经大学青年基金项目（QN-2017010）

山西财经大学教学改革项目（2018232）

# 前言

　　近年来国内外产品伤害危机事件频繁发生。产品伤害危机事件一旦发生，会产生大量直接和间接的成本。危机事件容易激发消费者的愤怒情绪，进而促使其实施报复行为，以使责任企业为自身错误付出相应代价；即便消费者不主动实施报复行为，也很可能不愿轻易宽恕责任企业，从而使双方关系恶化甚至破裂。严重时，消费者行为可能会导致企业辛苦多年构建的品牌资产毁于一旦。鉴于产品伤害危机事件的溢出效应以及突发性、紧迫性、高度不确定性的特点，企业并不能完全避免危机事件的发生。突如其来的危机事件往往会使企业陷入措手不及的境地。因此很多企业倾向于采取预防策略，在危机前构建积极的企业社会责任声誉，以尽可能减少潜在危机事件的冲击。与利益相关者建立危机前强关系是危机计划的重要环节。作为企业沟通策略的一种，积极企业社会责任声誉的构建可以有效帮助这种危机前强关系的建立。

　　对于"积极的危机前企业社会责任声誉是否有助于缓解消费者报复行为并推进其宽恕行为"的问题，现有理论和实证研究不仅没有达成共识，甚至存在两种截然相反的观点。多数研究支持风险管理理论的观点，认为积极的危机前企业社会责任声誉可以作为一种有效的价值沟通手段发挥风险管理的作用，在危机前帮助企业与消费者形成强有力的心理纽带，在危机发生时赢得消费者的情感和理智支持，并在危机发生后帮助企业迅速从危机事件中恢复，从而减少消费者的报复行为倾向并增加其宽恕行为倾向。其他研究则支持期望失验理论的观点，认为在产品伤害危机发生后，危机前企业社会责任声誉的积极"惯性效应"非但不复存在，而且可能产生负面效果。积极的危机前企业社会责任声誉可以被看作企业对消费者的隐性承诺和企业与消费者之间的心理契约，而产品伤害危机的发生可以被看作是对隐性承诺和心理契约的违背。企业违背既有承诺和心理契约的行为对消费者的认知和情绪均会产生负向激励触发作用，导致消费者期望失验。与学术研究中的矛盾观点类似，危机前企业社会责任声誉的构建策略在实践中也存在困境。有些组织可能因企业社会责任活动受到利益相关者奖励；有些组织尽管在企业社会责任活动中投入了大量的资源，却依然无法从中汲取资本；有些组织在企业社会责任中的努力甚至会取得适得其反的效果。

聚焦于学术研究的矛盾观点和实践困境，本书分析了上述矛盾观点和实践困境产生的原因：忽略了危机情境因素的作用；忽略了消费者对危机事件的解读或反馈的心理机制；忽略了情绪尤其是道德情绪在消费者认知和回应的关系中所起的作用；忽略了对消费者报复行为和宽恕行为在道德失败领域中的研究；忽略了对中国情境因素的考虑。有鉴于此，为调和理论中的矛盾观点并突破实践困境，本书基于以往研究的缺陷，立足于中国情境，采用权变视角将研究问题聚焦于"不同危机情境下消费者对危机事件的解读是否以及如何影响危机前企业社会责任声誉对产品伤害危机中消费者的报复和宽恕行为的作用"。

针对以上研究问题，本书首先对相关研究进行了梳理和总结，并在此基础上解析了风险管理理论和期望失验理论背后隐藏的深层心理机制，即风险管理机制和期望失验机制。其次，从消费者认知的单向视角及企业与消费者互动的双向视角分析了风险管理机制和期望失验机制的对立统一性，以解释风险管理理论和期望失验理论在对同一问题的解答中存在截然相反观点的原因。再次，延展对风险管理机制和期望失验机制对立统一性的思考，提出产品伤害危机决策程序模型，分析了消费者由于认知失调陷入困境，通过归因程序进行困境分析，最终决定是否从企业社会责任声誉这种劝说性尝试中抽离出来以解决困境的完整决策程序；然后通过界定归因程序在产品伤害危机决策程序中所扮演的关键角色，提出引入归因理论来识别差异化归因情境下消费者对相关信息的差异化解读，从而调和风险管理理论和期望失验理论的矛盾观点。最后，设计了四个平行实验检验在不同的控制度归因、稳定性归因、严重性归因和意向性归因情境下，危机前企业社会责任声誉对消费者义愤情绪、报复行为和宽恕行为影响的方向和路径。

本书主要得出以下结论：第一，在不考虑危机情境因素时，危机前企业社会责任声誉负向影响消费者报复行为，正向影响消费者宽恕行为。第二，消费者义愤情绪在企业社会责任声誉和消费者报复、宽恕行为之间起到中介作用，企业社会责任声誉可以通过减少消费者义愤情绪来减少消费者报复行为，同时推进消费者宽恕行为。第三，消费者归因包括控制度归因、稳定性归因、严重性归因和意向性归因，其在企业社会责任声誉和义愤情绪之间起到正向调节作用，并且在低控制度归因、高控制度归因、低稳定性归因、低严重性归因和低意向性归因的情境中，风险管理机制发挥主导作用，危机前企业社会责任声誉对义愤情绪具有显著的减轻作用；在高稳定性和高意向性的归因情境中，期望失验机制发挥主导作用，危机前企业社会责任声誉对义愤情绪有显著的增加作用；在高严重性的归因情境中，期望失验机制和风险管理机制作用均不显著，危机前企业社会责任声誉对义愤情绪的增加作用不显著。第四，消费者归因调节了危机前企业社会责任声誉通过义愤情绪对消费者报复、宽恕行为的间接影响，并且在消费者敏感度最高的两种归因情境中，期望失验机制发挥作用的结果并不相同。在高稳定性归因情境下，企业社会责任声誉只会通过增加义愤情绪来减少宽恕行为，而不会通过增加义愤情绪来助推报复行为，此时最可能发生"不报复但也不宽恕"的情况。而在高意向性归因情境下，企业社会责任声誉会通过增加义愤情绪来减少宽恕行为并助推报复行为，此时最可能发生"既报复也不宽恕"的情况。研究揭示了虽然总体上构建积极的危机前企业社会责任声誉是一种有效的危机预防策略，但在考虑危机情境因素时，积极的危机前企业社会责任声誉具有"双刃剑"作用。参照以上结论，本书从责任企业、消费者、政府和社区三个方面提出产品伤害危机管理动态联动模型以指导相关管理实践。

本书在成稿和相关论文撰写的过程中，得到了很多国内知名学者的大力支持，其中包括山西财经大学的吴秋生教授、李颖老师、贺亚楠老师，吉林大学的田虹教授、蔡玉程教授，山西大学的张信东教授、张苏串教授、邢红卫老师，感谢他们在研究的各个阶段给予我的鼓励、指导和帮助。也要感谢我的家人在我求学和工作期间给予的莫大支持和关爱。最后，感谢东北财经大学出版社编辑老师的辛勤付出。

作　者

2018 年 6 月

# ▌目录

# 第1章 导言

## 1.1 研究背景

产品伤害危机（Product-Harm Crisis）是最常见的企业危机之一（Kim，2014），近年来国内外产品伤害危机事件频繁发生。2007年"美泰公司毒玩具案件"中，美国著名玩具公司——美泰公司因其在华工厂生产产品所用油漆铅含量超标问题而召回约96.7万件儿童玩具，该案件牵连甚广，不仅威胁到消费者的安全和福利，给企业造成了重大经济损失，而且助推了"中国商品威胁论"的发酵（Lei等，2012）。2010年"丰田汽车召回门事件"中，由于油门踏板问题，日本丰田公司在全球范围内召回了约800万辆汽车，该事件使丰田公司的绝对销售额下降120亿美元，相对市场份额下降16%（Rubel等，2011），并且由于相关隐患造成的车祸事故，丰田公司与消费者对簿公堂，造成了恶劣的舆论影响。2013年"欧洲马肉丑闻"中，英国和爱尔兰食品安全监测机构发现当地超市供应的部分牛肉制品中掺杂马肉，事件迅速蔓延并波及其他欧洲国家，该起"挂牛头卖马肉"事件引发了严重的消费者信任危机。

可见产品伤害危机事件一旦发生，会产生大量直接和间接的成本（Pruitt & Peterson，1986）。具体而言，危机事件容易激发消费者的愤怒情绪，进而促使其实施报复行为，以使责任企业为自身错误付出相应代价（Grégoire & Fisher，2006），即便消费者不主动实施报复行为，也很可能不愿轻易宽恕责任企业，从而使双方关系僵持甚至破裂；严重时消费者行为可能会导致企业辛苦多年构建的品牌资产毁于一旦（田敏等，2014）。鉴于负面情绪及行为在时间和空间维度上都具有很强的"传染性"，如果事件持续蔓延，甚至可能形成整个行业的信任危机。此外"传染性"所产生的负外部性加大了消费者与责任企业之间冲突升级的可能。如果冲突不断升级，受害者和侵害者的角色就会持续转换，使冲突双方陷入"针锋相对的漩涡"（Andersson & Pearson，1999），从而带来恶性循环的多米诺骨牌效应（Harris & Reynolds，2003）。随着时间的推移，责任企业和消费者都会将自己看作受害者，此时试图使双方达成谅解和宽恕会更为困难；并且当愤怒情绪和报复行为以集体和公开的方式表达时，消费者的公愤和抵制行为就会产生（Schaefers 等，2016），由此局面彻底陷入无序甚至失控。由于与极端认知相联系（Bonifield & Cole，2007），愤怒情绪和报复欲望很难随着时间的推移而消散（Grégoire & Legoux，2009），因此如果愤怒情绪和报复行为得不到及时、妥当的疏导和处理，消费者很可能在长期内形成"积怨"。

鉴于产品伤害危机事件的频繁性和严重性，学者们提出了产品伤害危机是否可以被避免的问题。对此现有研究给出的答案是，企业虽然可以采取一定措施减少其发生的频率，但完全避免却不可能实现。对于任意制造商而言，产品伤害危机事件的发生都只是一个时间问题（Berman，1999）。因为即使内部控制是相当规范的，最小心谨慎的企业也无法完全避免偶然的操作失误（Cleeren 等，2013）；并且由于危机事件的"溢出效应"，有时也存在企业被无辜牵连的情况，比如当危机事件是由同行业企业引发，而消费者将该事件定性为一次潜在行业危机时，行业内其他企业也会不可避免地被卷入事件当中。此外产品伤害危机事件往往还具有突发性、紧迫性和高度不确定性的特征（吴思，2011），所以下一次危机很可能不期而至（Rubel 等，2011）。突如其来的危机事件往往会使企业陷入措手不及的境地，有鉴于此，很多企业倾向于"防患于未然"，在危机前构建良好的企业社会责任（Corporate Social Responsibility，CSR）声誉，以尽可能减少产品伤害危机事件带来的冲击。与利益相关者建立危机前强关系是危机计划的重要环节（Ulmer，2001）。作为企业沟通策略的一种，积极进行 CSR 声誉的构建可以有效促进这种危机前强关系的建立。

然而这种预防策略是否有效？即积极的危机前 CSR 声誉是否有助于缓解消费者报复行为并促进其宽恕行为？对于这一问题现有理论和实证研究不仅没有达成共识（Germann 等，2014），甚至存在两种截然相反的观点。一个通常的逻辑是，根据风险管理理论的观点，消费者会回馈企业的 CSR 努力，因而积极的 CSR 声誉可以帮助企业抵御危机带来的负面影响（Klein & Dawar，2004；Eisingerich 等，2011；Merrin 等，2013），Vanhamme 等（2015）将这种类似"缓冲垫"的作用称为"灭火"作用。然而，一个并行存在的相反的逻辑是，根据期望失验理论的观点，危机前良好的 CSR 声誉不仅无法起到"缓冲垫"作用，反而会加剧危机发生时公众对企业不负责任的指控（Wagner 等，2009），Vanhamme 等（2015）将这种类似"助推器"的作用称为"火上浇油"作用。与理论和实证研究中的矛盾观点类似，危机前 CSR 声誉构建策略在实践中也存在相应困境。正如 Story & Neves（2015）所指，实践中有些组织可以因 CSR 活动受到利益相关者奖励；而有些组织尽管在CSR 活动中投入了大量的资源，却依然无法从中汲取资本；有些组织的 CSR 努力甚至会取得适得其反的效果。

这种矛盾观点和实践困境产生的原因是什么？本书认为：首先，现有研究忽略了危机情境因素的作用，因而得出了"非此即彼"的研究结论。事实上产品伤害危机事件并非同质事件（Germann 等，2014），在不同的危机情境中 CSR 声誉的作用很可能大相径庭。其次，现有研究忽略了消费者对危机事件解读或反馈的心理机制（Homburg 等，2013），而策略的有效性（包括危机前 CSR 沟通策略的有效性）很大程度上取决于消费者对事件发生方式和原因的解读（Story & Neves，2015）。再次，在产品伤害危机事件的研究框架内，现有研究忽略了情绪在消费者认知和回应的关系中所起的作用。然而作为典型的负面事件，从产品伤害危机事件中抽离出的情绪会强烈影响个体对相关事件的认知和行为（Zhao 等，2011），人们通常会基于认知评价结果而做出初始反应，并随着情绪变化来调整初始反应（Tsarenko & Rooslani Tojib，2011）。最后，现有关于企业社会责任和消费者行为（Consumer Behavior，CB）的研究将结果变量集中在购买意向、重复光顾和推介意向等传统的消费者行为方面（Marín 等，2016），而较少关注消费者报复行为和宽恕行为。然而产品伤害危机事件不仅标志着企业的产品失败（Folkes，1984），也在某种程度上暗示着企业的道德失败（Antonetti & Maklan，2014）。作为典型的破坏性行为和建设性行为，消费者报复行为和宽恕行为具有浓重的道德色彩，将二者纳入道德失败的研究框架中十分必要。此外现有关于产品伤害危机、CSR 声誉、消费者行为的研究大部分是在西方情境中进行的，鲜有研究关注中国情境。然而个体与个体之间以及个体和组织之间的关系会随着情境的转换而转换。比如文化差异可能会显著调节认知与消费者行为的关系（Zourrig 等，2009；Hu & Kaplan，2015）。作为传统文化的精华，当前中国社会依然受到儒家思想的显著影响。儒家提出的"五常"包括仁、义、礼、智、信，其中"仁"的文化和"信"的文化在相互作用中产生的冲突可能会加剧理论中的矛盾和实践中的困境。Grégoire & Legoux（2009）呼吁未来研究应当关注文化因素在消费者报复或宽恕行为倾向中所起的作用。除文化因素外，中国情境中的法制和社会环境也会增强相关研究的独特性和必要性。

有鉴于此，为调和理论中的矛盾观点并突破实践困境，本书基于现有研究的缺陷，立足中国独特的法制、社会和文化环境，采用权变视角（Contingency-Based View）将研究问题聚焦于"不同危机情境下消费者对危机事件的解读是否以及如何影响危机前 CSR 声誉对消费者报复和宽恕行为的作用"。权变视角的采用可以引导企业形成更加客观、全面、平衡的看法（Rhee & Haunschild，2006）。

## 1.2  研究目的

本书立足于中国情境，以"危机前 CSR 声誉"为出发点，以"消费者报复行为和宽恕行为的作用"为落脚点，进行了深入的理论分析和缜密的实验设计，通过探讨"不同危机情境下消费者对危机事件的解读是否以及如何影响危机前 CSR 声誉对消费者报复和宽恕行为"这一问题来解答"积极的危机前 CSR 声誉是否有助于缓解消费者报复行为并推进其宽恕行为"的问题。具体而言，本书主要有以下几个研究目的：

第一，构建涵盖危机前 CSR 声誉、消费者报复行为和宽恕行为、消费者义愤情绪、消费者归因的综合性理论框架，并将风险管理理论、期望失验理论和归因理论纳入这一综合性理论框架中，以调和理论研究中的矛盾观点。具体包括，通过对风险管理理论和期望失验理论进行梳理，解析两种理论在对同一问题的解释中出现截然相反观点的原因；对该原因进行深入剖析，并在此基础上探索在中国独特的法制、社会和文化情境中，消费者在面临矛盾信息时"陷入困境——分析困境——走出困境"的危机决策程序；对决策程序进行逐层剥离，提出归因程序在该决策程序中所起的关键作用，进而提出引入归因理论来调和风险管理理论和期望失验理论矛盾观点的恰当性。

第二，解构产品伤害危机中，消费者对相关信息进行解读或反馈的心理机制。具体包含以风险管理理论和期望失验理论为基础，剖析理论背后隐藏的两种对应心理机制——风险管理机制和期望失验机制；从消费者认知的单向视角和消费者与企业互动的双向视角分析两种心理机制的对立统一性，以期从内在解释在面临产品伤害危机事件时，消费者报复和宽恕行为的成因。

第三，探索在不考虑危机情境因素的作用下，风险管理机制和期望失验机制中哪种机制会发挥主导作用，即探索危机前 CSR 声誉对消费者报复行为和宽恕行为的影响方向。方正和杨洋（2009）指出为了消除矛盾心理所造成的焦虑情绪，个体通常会偏向性地寻找、收集和处理信息，以帮助形成一致的观点和比较确定的行为意向。与此观点类似，在产品伤害危机决策程序中，风险管理机制和期望失验机制会相互博弈，博弈结果会指导消费者产生确定的行为意向以帮助其走出决策困境。博弈可能呈现三种结果：第一种结果，风险管理机制发挥主导作用；第二种结果，期望失验机制发挥主导作用；第三种结果，风险管理机制和期望失验机制的作用相互抵消。为此本书设计了四项平行实验来检验总体上危机前 CSR 声誉对消费者报复行为和宽恕行为的影响方向，以确定哪种心理机制会发挥主导作用，四项实验的结果可以相互印证。

第四，检验产品伤害危机中，义愤情绪在 CSR 声誉和消费者报复及宽恕行为之间所起的中介效应，打开产品失败和道德失败研究领域消费者认知和行为关系的黑箱。在以往研究的基础上，提出义愤情绪作为一种道德情绪，比一般愤怒情绪更适合被纳入产品伤害危机情境的研究。同样本书通过四项平行实验来检验义愤情绪是否以及如何连接 CSR 声誉和消费者报复、宽恕行为，四项实验的结果同样可以相互印证。

第五，识别消费者归因的调节效应及条件化间接效应。为探索风险管理机制发挥作用的边界条件，并在此基础上探讨可能出现的心理机制反转（期望失验机制发挥主导作用），本书通过四项平行实验来分别检验产品伤害危机中，消费者的控制度归因、稳定性归因、严重性归因和意向性归因在 CSR 声誉和消费者报复、宽恕行为的关系中可能存在的调节效应和条件化间接效应。并且通过对比四种归因情境中调节效应和条件化间接效应的差异，分析消费者对这四种归因情境的敏感程度。

## 1.3 研究意义

### 1.3.1 理论意义

（1）采用跨学科的分析范式，有助于解决理论研究中的矛盾观点

关于"危机前积极的 CSR 声誉是否可以减少产品伤害危机造成的损害"的问题，理论和实证研究的结论都模棱两可（Chen 等，2009），因此针对风险管理理论和期望失验理论的矛盾观点，本书引入归因理论

构建了一个综合性理论框架，使风险管理理论和期望失验理论的矛盾观点达成和解。研究响应了 Bhattacharya 等（2009）等关于"借鉴心理学的观点来帮助理解消费者如何应对企业不当行为"的号召。

Zahra & Newey（2009）指出在理论发展过程中进行跨学科、跨领域研究的重要性。Marko'czy & Deeds（2009）指出在受限环境中，尤其是在试图提出复杂问题的开创性研究中，以及尝试分析复杂情境的元分析中，跨学科研究方法的适当性。跨学科的研究方法并非简单的"拿来主义"（Oswick 等，2011），而是将一个领域的概念或理论与其他领域的相关概念或理论进行整合，从多个理论的核心中延展出一个或多个交叉性理论（Borland 等，2016）。因此将组织管理学中的风险管理理论，社会心理学和营销管理学中的期望失验理论、归因理论相结合有助于在产品伤害危机以及 CSR 研究领域中发展交叉性、综合性的理论。

（2）将认知和情绪的作用相结合，有助于拓展产品伤害危机领域的研究

越来越多的研究证明情绪是理解个体决策制定的基本要素（Bechara 等，2000），人类理智产生的过程会不可避免地融合非理性的因素（费多益，2012）。在高交互和高冲突的情境中，情绪因素甚至会取代认知因素在个体行为决策中的主导作用（杜建刚和范秀成，2007）。然而以往关于产品伤害危机中消费者 CSR 评价以及决策制定、转变和实施的研究多关注理性的认知层面，而鲜少关注感性的情绪层面（Xie 等，2015），因此该领域中情绪依然是一种未被充分开发的变量（Huy，2012；Powell 等，2011）。并且少量涉及情绪的相关研究中也只关注基本情绪，而鲜少关注道德情绪，但在道德失败情境中，道德情绪的研究显然更为贴切。有鉴于此，本书将"冷静"的认知过程与"热情"的道德情绪相结合，研究了二者共同作用下消费者对产品伤害危机事件的回应，响应了以往研究的号召（Klein & Dawar，2004）。

此外，个体在接受刺激后，有两种典型的回应：自发性回应和审慎性回应。其中自发性回应通常是个体的生物学反应，而审慎性回应通常是个体深思熟虑的结果，是对情境和结果的显式评估程序（Xie 等，2015）。一种观点认为道德情绪反映了个体对道德侵害行为的自发性回

应（Haidt，2012）；另一种观点认为道德情绪不仅是一种自发性回应，也是一种审慎性回应。例如，Lindenmeier 等（2012）提出道德情绪是一种包含情感元素（对企业不道德行为的情感响应）和认知元素（对企业违反社会准则的认知）的复杂情绪，其中认知的作用比情感的作用更为强烈。本书将消费者归因这种"深思熟虑的认知过程"作为 CSR 声誉和道德情绪之间的调节变量进行研究，以检验道德情绪是否体现了消费者的审慎性回应，研究结论支持后一种观点。

（3）解析期望失验机制和风险管理机制，有助于延伸服务失败领域的研究

以风险管理理论和期望失验理论为基础，本书解析了消费者在产品伤害危机中两种具有对立统一关系的心理机制——风险管理机制和期望失验机制。其中风险管理机制类似服务失败领域中的"盲目的爱"效应（Grégoire & Fisher，2006）；而期望失验机制则类似服务失败领域中的"因爱生恨"效应（Aaker 等，2004）。因此风险管理机制和期望失验机制的分析延展了服务失败领域的研究，有助于服务失败和产品失败领域的研究进行交叉和借鉴。

具体而言，根据风险管理机制，企业危机前 CSR 声誉越积极，在产品伤害危机发生时越容易发挥"缓冲垫"的作用，从而减少消费者消极回应并增加其积极回应。根据"盲目的爱"效应，消费者与企业的以往关系越好，在服务失败发生时越容易忽视或低估与以往感知不一致的信息（同化偏见），并减少与不快感受有关的信息的权重（解释偏见）（Ahluwalia，2000），从而更容易原谅服务企业。根据期望失验机制，企业危机前的 CSR 声誉越积极，在产品伤害危机发生时消费者越容易失望，从而增加消费者消极回应并减少其积极回应。根据"因爱生恨"效应，消费者与企业的以往关系越好，在服务失败发生时越容易产生被背叛感，从而越难以原谅服务企业（Grégoire & Legoux，2009）。

（4）关注报复和宽恕行为，有助于发展消费者行为领域的研究

现有关于报复和宽恕行为的研究主要集中在人际冲突领域，很少有研究关注管理领域（Fehr & Gelfand，2012）。并且在管理领域中，少量关于消费者报复和宽恕行为的研究又主要集中在服务失败情境中，很少

有研究关注产品失败和道德失败情境。因此在产品伤害危机领域内，消费者报复和宽恕行为的研究依然是相对较新的研究方向（Palanski，2012）。

在关于消费者行为的研究中，相对破坏性行为，关于建设性行为的研究更为匮乏。所以产品伤害危机领域中关于消费者宽恕行为的研究几乎被完全忽略（Tsarenko & Rooslani Tojib，2011）。然而在道德失败情境中，宽恕行为作为一种美德，具有明显的道德基础。于维娜等（2015）也指出宽恕行为在中国社会是一个不可忽略的、具有重要认知和情感意义的因素。此外，宽恕行为并不完全是报复行为的对立面，尽管报复倾向的增加通常会导致宽恕倾向的减少，但报复倾向的减少却不意味着宽恕倾向的增加，有时候消费者可能采取一种"不报复但也不宽恕"的态度。因此将宽恕和报复行为纳入同一个研究框架十分必要且具有重要理论意义。

（5）考虑中国情境，有助于西方理论在中国情境中的延展

很多学者指出，CSR问题具有情境特异性（McWilliams & Siegel，2000；Scherer & Palazzo，2011）。中国的法制、社会和文化现状与西方存在显著差异，然而现有相关研究主要基于西方情境展开，缺乏对中国情境的探讨。本书在理论分析、假设推演和得出研究结论的过程中，充分考虑了中国独特的法制、社会和文化环境，包括不完善的法制环境，有限信任和信息不对称的社会环境，"仁""信""诚""义"的传统文化，集体主义和不确定性规避文化，避免了直接引用西方理论可能带来的理论与实际相脱节的问题，并有助于西方理论在中国情境中的延展。

### 1.3.2　实践意义

（1）权变视角的采用和调节效应的验证有助于解决CSR实践中的困境

与理论研究中的矛盾观点类似，在实践中CSR活动也面临着进退两难的格局。如果企业不参与CSR活动，可能会对品牌和声誉造成危害，进一步损害其长、短期盈利能力；而如果企业参与CSR活动，也并不一定能从中受益，甚至可能招致不必要的质疑和指责。权变视角的

采用和归因情境的识别解释了差异产生的原因在于，不同归因情境中消费者对相关信息的解读不同。通过对危机情境因素的把握，可以明确在何种情境中良好的 CSR 声誉可以获得奖励，何种情境中则会起到适得其反的作用，从而针对不同的情境采取不同策略，打破 CSR 活动在实践中的困境。

（2）中介效应验证有助于为 CSR 沟通和消费者关系管理提供可操作性的指南和评判基准

本书打开了产品伤害危机研究领域中消费者认知和行为关系的黑箱，检验了义愤情绪作为一种关键机制在消费者 CSR 声誉感知和消费者行为之间所起的桥梁作用。很多报复行为是发生在企业可控范围之外的隐秘行为，可见的报复行为往往是"冰山一角"，因此经理人很难在报复行为真正实施之前有所察觉（Grégoire& Fisher，2008；Schaefers 等，2016）。而义愤情绪中介效应的发现揭示了其"警示器"或"晴雨表"的作用，对义愤情绪的量化和实时监测可以为 CSR 声誉和消费者关系管理提供一种具有可操作性的指南和评判基准。此外企业可以根据义愤情绪对报复行为的助推作用和对宽恕行为的抑制作用，通过帮助消费者转移、消解义愤情绪来减少报复行为，推动宽恕与和解的达成。

（3）对中国情境的考虑有助于本土化管理问题的解决

考虑中国独特的法制、社会、文化环境不仅有助于延展西方理论，而且有助于解决本土化的管理问题。本书表明中国消费者对高意向性和高稳定性归因情境最为敏感，对高严重性归因情境的敏感度居中，对高控制度归因情境的敏感性最弱。在高稳定性的归因情境中，CSR 声誉只会通过增加义愤情绪来减少宽恕行为，而不会通过增加义愤情绪来助推报复行为，此时最可能发生"不报复但也不宽恕"的情况。而在消费者敏感度同样很高的高意向性归因情境下，CSR 声誉会通过增加义愤情绪来减少宽恕行为并助推报复行为，此时最可能发生"既报复也不宽恕"的情况。因此在中国情境中，企业应当格外警惕高意向性的归因情境，并关注"不宽恕也不报复"的现象，该现象体现了集体主义文化回避冲突的意愿，即一般情况下（高稳定性归因情境）消费者不愿实施报复行为，只有在"忍无可忍"的情况下（高意向性归因情境）才会去实施报复行为。

（4）产品伤害危机管理动态联动模型的提出有助于全面指导产品伤害危机管理实践

以实证研究结论为基础，本书提出产品伤害危机管理动态联动模型，该模型针对责任企业、消费者、政府和社区提出了可操作的管理建议。模型强调责任企业、消费者、政府和社区在产品伤害危机管理中可能存在如下反馈机制：在企业与消费者之间，企业在事前、事中和事后针对消费者实施危机沟通策略；消费者宽恕企业的道德失败和产品失败。在企业与社区之间，社区和政府通过"羞耻重建"使企业自觉承担责任；企业通过承担责任来回归社区、满足政府的合规要求。在消费者与社区、政府之间，社区和政府为产品伤害危机中受到伤害的消费者提供相应支持；从危机事件中恢复的消费者努力回馈社会。通过反馈机制，责任企业、消费者、政府和社区三者之间形成联动，共同促进宽恕文化的建立。

## 1.4 研究设计与技术路线

### 1.4.1 研究方法

（1）文献分析法

在对国内外相关文献进行系统查阅的基础上，对产品伤害危机、CSR声誉、报复行为、宽恕行为、道德情绪、消费者归因的相关研究进行了全面梳理；同时对风险管理理论、期望失验理论和归因理论的观点进行了归纳总结。在文献述评和理论分析的基础上，针对现有理论和实证研究的矛盾及缺陷提出本书的理论框架。

（2）实验法

主要采用实验室实验对变量间的关系进行实证检验。在选取实验刺激物之后，设计了四项平行的组间实验来验证产品伤害危机中危机前CSR声誉对消费者报复行为、宽恕行为的影响，义愤情绪在其中所起的中介作用，以及消费者归因在其中所起的调节作用和条件化间接作用。由于测试真实的决策，制定程序十分困难，所以本书借助虚拟实验场景的方法进行研究。在正式实验之前进行了预实验以保证测量工具的信度和效度以及实验操控的成功。

（3）问卷调查法

在实验室实验中，将问卷调查作为辅助的研究方法。问卷调查主要用于帮助收集预实验和正式实验的数据，问卷题项均取自成熟量表。在收集问卷之后，借助 Excel2007，SPSS19.0，Amos17.0，Mplus7.0 等分析工具对收集到的数据进行了整理和分析。

## 1.4.2　研究技术路线

本书所遵循的技术路线如图 1-1 所示。

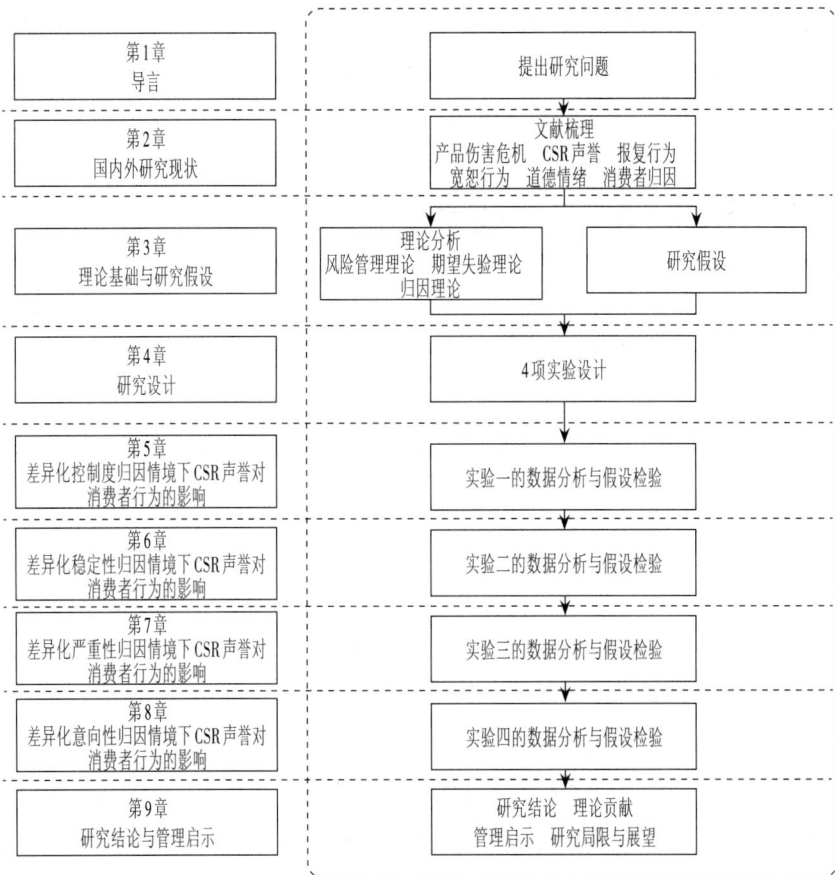

图 1-1　技术路线图

### 1.4.3　研究结构安排

基于上文提出的研究目的和技术路线图，本书共分为九个部分，具体结构安排如下：

第 1 章：导言。简述研究的选题背景并提出研究问题和研究目的，从理论和实践两方面阐述了研究意义，总结所应用的研究方法及遵循的技术路线，安排全文的结构与内容，并集中概括研究的主要创新点。

第 2 章：国内外研究现状。在清晰界定主要研究变量的基础上，围绕产品伤害危机、CSR 声誉、报复行为、宽恕行为、道德情绪、消费者归因这六个核心概念，对研究变量进行了系统梳理，为假设的提出和研究的设计奠定基础。

第 3 章：理论基础与研究假设。根据风险管理理论和期望失验理论分别解析了风险管理机制和期望失验机制；分析了两种心理机制的对立统一性；提出消费者"产品伤害危机决策程序模型"；引入归因理论调和了这两种理论的矛盾观点；提出研究的基本理论框架；根据基本理论框架推演出研究假设。

第 4 章：研究设计。阐明了四项平行实验的实验组设计、刺激物设计、研究工具、预实验过程和结果以及正式实验过程。其中刺激物设计包括刺激物选取、企业背景资料选取和操控检验过程。研究工具包括量表设计和分析工具。

第 5 章：差异化控制度归因情境下 CSR 声誉对消费者行为的影响。其包含实验一的数据分析和假设检验。首先，对实验一的数据进行描述性统计、信效度检验、同源方法偏差检验和方差分析；其次，运用实验一的数据进行假设检验，包括对主效应、中介效应、调节效应和条件化间接效应的检验。

第 6 章：差异化稳定性归因情境下 CSR 声誉对消费者行为的影响。其包含实验二的数据分析和假设检验。首先，对实验二的数据进行描述性统计、信效度检验、同源方法偏差检验和方差分析；其次，运用实验二的数据进行假设检验，包括对主效应、中介效应、调节效应和条件化间接效应的检验。

第 7 章：差异化严重性归因情境下 CSR 声誉对消费者行为的影响。其包含实验三的数据分析和假设检验。首先，对实验三的数据进行描述性统计、信效度检验、同源方法偏差检验和方差分析；其次，运用实验三的数据进行假设检验，包括对主效应、中介效应、调节效应和条件化间接效应的检验。

第 8 章：差异化意向性归因情境下 CSR 声誉对消费者行为的影响。其包含实验四的数据分析和假设检验。首先，对实验四的数据进行描述性统计、信效度检验、同源方法偏差检验和方差分析；其次，运用实验四的数据进行假设检验，包括对主效应、中介效应、调节效应和条件化间接效应的检验。

第 9 章：研究结论与管理启示。阐释研究的基本结论，明确理论贡献及管理启示，指出存在的局限性并展望未来的研究方向。

## 1.5　研究的主要创新

本书的主要创新之处体现在以下几个方面：

（1）采用跨学科视域，将组织管理学中的风险管理理论，社会心理学和营销管理学中的期望失验理论、归因理论纳入同一个理论框架。该框架采用权变视角，识别出产品伤害危机中，消费者归因情境下危机前 CSR 声誉对消费者义愤情绪及行为影响的调节作用和条件化间接作用，从而调和了现有理论和实证研究中的矛盾。

（2）构建产品伤害危机决策程序模型，解析消费者对危机事件解读与反馈的心理机制。首先，根据风险管理理论和期望失验理论，挖掘出理论背后所隐藏的消费者深层心理机制，即风险管理机制和期望失验机制，明确了产品伤害危机中积极的危机前 CSR 声誉对消费者义愤情绪作用的深层心理动因；其次，通过分析两种心理机制的对立统一性，解释了风险管理理论和期望失验理论在对同一问题的解答时存在截然相反观点的原因；最后，在对心理机制解读和深化的基础上，提出产品伤害危机决策程序模型，明确了消费者面临产品伤害危机时从陷入到走出决策困境的整个动态过程，对现有研究的静态视角进行了补充。

（3）将中国情境嵌入了对产品伤害危机、消费者义愤情绪、报复行为和宽恕行为的研究中。全面分析了中国消费者在面临复杂信息时的认知和决策过程，以及中国独特的法制、社会和文化环境在个体认知形成过程中所起到的促进或抑制作用。个体心理机制的差别有助于从微观层面解释现有研究对相同问题存在矛盾答案的原因；而中国情境的嵌入则为个体心理机制的差异提供了社会层面的解释，进而从宏观上佐证了微观分析。

（4）从责任企业、消费者、政府和社区三个方面提出产品伤害危机管理动态联动模型，响应了以往学者关于 CSR 研究应当走出"是什么"和"为什么"问题，去解答"怎样做"问题的呼吁，并帮助企业走出危机前 CSR 声誉策略的实施困境。该模型一方面提示了责任企业、消费者、政府和社区三方行为之间可能存在的联动机制和反馈回路；另一方面强调了危机沟通策略的动态性，即随着时间和地点的变更，消费者对危机事件和 CSR 信息的解读会不断变更，相应策略也会不断重构。

# 第2章 国内外研究现状

## 2.1 产品伤害危机

（1）危机的定义

危机（Crisis）是一个随着时间的推移而不断演化的复杂型多义构念（Sandin，2009）。最初，危机的概念较为泛化，任何意料之外的事件，比如火灾、洪水、安全漏洞、罢工、食物中毒等都可以被称作危机。Seeger 等（2003）将危机定义为一个呈现出高水平的风险和伤害的压倒性负面事件，其中风险是指对某一个体或组织系统稳定性和高级优先目标（形象、合法性、生存能力、盈利能力）的威胁。

此后随着研究的发展，危机的概念被逐渐细化，并最终被分化、整合为两种主要的类型，包括个体危机和组织危机。当个体生命、安全或福利受到威胁时，个体危机便会产生。典型的个体危机包括突然的疾病、失业或犯罪等。与个体危机类比，组织危机产生在组织生存能力、安全或福利受到威胁时（Pearson & Clair，1998）。组织危机通常植根于组织内外部环境中，与利益相关者健康、安全或利益相关（Coombs & Holladay，2015）。典型的组织危机包括产品危机、财务危机等。Seeger 等（2010）指出，组织危机一般包含以下核心要素：严重的后果，对组织基本价值观的威胁，有限的回应时间，事件发生的意外性。整合其他学者的观点，除以上核心要素之外，组织危机通常还具有特定性，冲击性，原因、后果、解决方法模糊性的特点（Seeger 等，2003）。

传统和普适的观点通常将危机看作"坏事"，认为危机会为个体或组织带来高水平的不确定性。然而现代观点认为传统观点只看到危机中的"危"，而没有看到危机中的"机"。事实上如果以动态和发展的眼光看待危机，在管理得当的情况下，"坏事"也可能演变为"好事"。比如李国峰等（2008）的研究指出，对于寻求多样化购买行为的消费者，危机事件的妥善处理会形成一种"广告效应"，为企业赢得好评。Sandin（2009）则认为有效的危机管理不仅可以控制负面舆论从而保护企业形象，而且可能为企业创造良好商誉。

（2）产品伤害危机的定义

产品伤害危机是最常见的组织危机之一。产品伤害危机的概念最早是由 Siomkos & Kurzbard（1994）提出的，他们认为产品伤害危机是"产品生命周期的突然打破"。其后 Dawar & Pillutla（2000）的定义也被后续研究频繁引用。他们认为产品伤害危机是指离散的、广为人知的产品缺陷或危险。当企业产品无法满足强制性安全标准，包含可能对消费者造成潜在伤害的缺陷，或者未能遵循特定行业规范和自愿性安全标准时，产品伤害危机就会发生。

与产品伤害危机密切相关的一个概念是产品召回，通常导致产品召回的事件一定是产品伤害危机，但是产品伤害危机并不一定会导致产品召回。按照美国官方网站的分类标准，常见召回产品一般包括药品和化妆品、电器和电子产品、食物和消耗品、橡胶制品和汽车零件、玩具和小型装饰品（Hsu & Lawrence，2016）。

很多原因可能导致产品伤害危机的发生，比如制造商疏忽、产品滥用、产品损坏等（Vassilikopoulou 等，2009）。Kim（2014）指出企业领导者认为与产品安全相关的产品伤害危机事件对企业声誉的损害最大。在我国被频繁曝光的与产品安全相关的危机事件中以食品案例居多（余吉安和杨斌，2016）。表 2-1 是 2005—2014 年国内食品类产品伤害危机事件概览。

表2-1　　**2005—2014 年国内食品类产品伤害危机事件概览**

| 年份 | 事件 |
| --- | --- |
| 2005 | 光明"回奶"事件 |
| | 雀巢奶粉"碘超标"事件 |
| | 海鲜"孔雀石绿"事件 |
| 2006 | 温岭"毒猪油"事件 |
| | 北京"福寿螺"事件 |
| | 山东"多宝鱼"事件 |
| | 湖北"人造蜂蜜"事件 |
| | 汇源果汁"菌落超标"事件 |
| | "苏丹红鸭蛋"事件 |
| 2007 | 海南"毒香蕉"事件 |
| 2008 | 乌鲁木齐人造"新鲜红枣"事件 |
| | 三鹿奶粉"三聚氰胺"事件 |
| | 重庆"毒花椒"事件 |
| 2009 | 农夫山泉"砒霜门"事件 |
| 2010 | 青岛"毒韭菜"事件 |
| | 山东"一滴香"事件 |
| | 昌黎"假葡萄酒"事件 |
| | 海南"毒豇豆"事件 |
| | "皮革奶"事件 |

续表

| 年份 | 事件 |
|---|---|
| 2011 | 蒙牛牛奶"黄曲霉超标"事件<br><br>重庆福尔马林"毒血旺"事件<br><br>重庆"柠檬黄染色馒头"事件<br><br>沈阳"毒豆芽"事件<br><br>"血燕门"事件<br><br>"地沟油"事件<br><br>双汇"瘦肉精"事件<br><br>台湾"塑化剂"事件 |
| 2012 | 酒鬼酒"塑化剂"事件<br><br>老酸奶"工业明胶"事件<br><br>"毒胶囊"事件 |
| 2013 | 硫黄熏制"毒生姜"事件<br><br>湖南"镉大米"事件<br><br>鸭舌制品"甜蜜素"事件 |
| 2014 | 福喜公司"过期肉"事件<br><br>昆明"毒米线"事件<br><br>"毒豆芽"事件<br><br>台湾顶新"黑心油"事件 |

（3）产品伤害危机事件分类

国内外研究中常见的产品伤害危机事件分类标准包括：事件责任是否清晰、事件的严重性、企业对事件的控制度、事件的可预测性和受影响程度、企业所在国家的发达程度、企业是否违反法律法规或安全标准、涉入企业数量等，详见表2-2。

表2-2                    **产品伤害危机事件分类**

| 分类标准 | 类型 | 文献 |
|---|---|---|
| 责任是否清晰 | 责任模糊型<br>责任清晰型 | Klein & Dawar（2004），Laufer 等（2009），Whelan & Dawar（2016），Kim（2014） |
| 严重性 | 高严重性<br>低严重性 | Assilikopoulou 等（2009） |
| 控制度 | 受害事件<br>意外事件<br>不当管理事件 | Coombs & Holladay（2002） |
| 可预测性和受影响程度 | 常规型<br>始料未及型<br>难以应对型<br>基本型 | Gundel（2005） |
| 企业所在国家的发达程度 | 发展中国家危机<br>发达国家危机 | Carvalho 等（2015） |
| 是否违反法律法规或安全标准 | 可辩解型<br>不可辩解型 | 方正（2007） |
| 涉入企业数量 | 企业型<br>行业型 | 任金中和景奉杰（2013） |

资料来源：作者整理。

　　以事件责任是否清晰为标准，产品伤害危机事件可以被分为责任模糊型和责任清晰型事件。Klein & Dawar（2004）在实验研究中，设计了一个经典的责任模糊型产品伤害危机事件。研究以虚拟场景的形式描述了一起润滑油造成发动机故障的事件。事件中盛放该润滑油的塑料壶与润滑油相互反应，致使润滑油增稠从而引起发动机损坏。润滑油制造企业发言人宣称，所有问题都是由于贩卖该润滑油的杂货店在包装瓶标注的截止日期后出售造成的，如果润滑油在截止日期前使用则不会出现任何问题。在该场景中，事件涉及包括润滑油制造企业、零售商、消费者和塑料壶供应企业在内的多方当事人，事件责任并不清晰。Laufer 等

（2009）所编制的责任模糊型产品伤害危机事件同样被后续研究广泛使用（Whelan & Dawar，2016）。实验以虚拟场景的形式描述了消费者在驾驶某品牌的新车后出现了一系列的背部损伤。资料并未明确指出伤害是由汽车还是由顾客自身的原因造成的。与责任模糊型危机事件相比，责任清晰型危机事件较为常见。Kim（2014）的研究中描述了一起大肠杆菌食品污染事件，美国联邦调查局及食品和药物管理局官员经过调查宣布，事件是由不卫生的产品生产系统引起的，食品生产企业需要为危机事件负责。

按照危机事件的严重性，可以将其分为高严重性和低严重性的产品伤害危机事件。以汽车召回事件为例，2004 年美国轿车克莱斯勒的召回事件并未造成任何伤亡，属于低严重性的危机事件；2010 年丰田汽车召回事件造成了超过 20 人死亡，多人受伤的严重后果，属于高严重性的危机事件。Vassilikopoulou 等（2009）的研究则描述了如下虚拟场景，某移动通讯公司所生产的移动手机中，一款特殊型号的锂离子电池由于过热而爆炸。其中严重性高的危机事件被描述为爆炸引起了包括 3 人死亡和 2 人重伤的严重伤害；严重性低的危机事件被描述为爆炸造成了 3 个消费者的财务损失，无人员伤亡发生。

此外也有一些研究按照其他标准进行分类。按照企业对危机事件的控制度，Coombs & Holladay（2002）将危机事件分为三种类型：受害事件、意外事件和不当管理事件。按照危机事件的可预测性及受影响程度，Gundel（2005）将危机分成四种类型：常规型（易预测且易受影响）、始料未及型（难预测且易受影响）、难以应对型（难预测且难受影响）和基本型（易预测且难受影响）。按照责任企业所在国家的发达程度，可以分为发展中国家企业的产品伤害危机和发达国家企业的产品伤害危机（Carvalho 等，2015）。

国内研究在国外研究的基础上做了一定衍伸。方正（2007）按照企业是否违反相关产品法律法规或安全标准，将危机事件分为可辩解型和不可辩解型产品伤害危机事件。在可辩解型产品伤害危机中，企业可以在法庭或媒体上力证产品的无害性和无缺陷性；在不可辩解型产品伤害危机中则难以辩驳。任金中和景奉杰（2013）按照涉入企业数量，将危机事件分为企业型产品伤害危机和行业型产品伤害危机。前者通常只涉及业内一家企业；而后者则牵连业内多家甚至所有企业。

（4）产品伤害危机事件的危害

一件看似平常的产品伤害危机事件可以在时空维度上产生纵深性的扩展，从而造成不可估量的直接和间接损害。

首先，企业会不可避免地经历财务损失。除直接的产品替换成本和赔偿消费者损失的费用外，责任企业吸引潜在顾客的能力会降低；同时竞争对手会"乘虚而入"，试图利用这一契机瓜分责任企业的市场份额，此时责任企业对竞争对手的竞争行为会愈发敏感（Van Heerde 等，2007）。

其次，产品伤害危机事件会对企业与利益相关者之间的关系资产造成严重损害。与有形资产不同，关系资产既不能在事前进行精准的价值计量，也不能在事后进行确切的损失评估，因此关系资产损失的量级往往难以确定（Godfrey，2005）；同时相比有形资产，关系资产的损失会带来更为广泛而长远的影响（Lei 等，2012）。以品牌资产为例，大多以市场为导向的企业会配置大量资源去构建品牌资产，然而品牌资产本身十分脆弱，单一产品伤害危机事件发生就可能使企业辛苦多年建立的品牌资产毁于一旦（Van Heerde 等，2007）。并且随着采购和销售市场的全球化，事件可以迅速蔓延至每一个地方市场，从而造成全球性的品牌资产损害（Hora 等，2011）。

最后，产品伤害危机事件可能酿成整个行业的信任危机。由于信息传播的"溢出效应"（青平等，2014），危机事件可能会激发消费者的品牌联想（Roehm & Tybout，2006），通过品牌联想，消费者可能会将危机事件看作目标品牌所在行业的共性问题，从而使危机事件波及整个行业。这种"城门失火，殃及池鱼"的现象会导致"一损俱损"的状况发生（费显政等，2010）。

（5）产品伤害危机的研究现状

在产品伤害危机领域内，国内外学者采用多方位视角，通过差异化的研究方法对不同的受众群体进行了研究。为了厘清相关研究现状，本书按照研究视角、研究对象和研究方法对现有研究进行了梳理：

①研究视角。

从危机沟通视角看，国内外相关研究可以分为危机前沟通策略研究和危机后沟通策略研究。危机前沟通策略研究集中于关注危机前积极企业声誉或企业联想的构建是否有助于减轻危机事件的消极影响（Grunwald & Hempelmann，2011），但现有研究结论依然模棱两可。相比对危机前沟通策略研究，危机后沟通策略研究更为成熟、完善。危机后沟通策略一般被称为危机响应策略或危机修复策略。积极的产品召回、损害赔偿、主动承担责任是一些常见的危机响应策略。Shrivastava & Siomkos（1989）提出四种基本的危机响应策略：第一种是否认，即企业否认危机责任并对消费者福利漠不关心；第二种是被动召回，即企业在接到强制召回指令后召回产品；第三种是主动召回，即企业在政府机构发出强制召回指令之前召回产品；第四种是额外努力，即企业不仅努力与受害者沟通，召回问题产品，而且积极做出赔偿，并为受害者提供特殊折扣或优惠。以这四种基本危机响应策略为基础，后续研究进行了一定发展和变更。Coombs（2007）整合以往研究提出三种危机响应策略，包括否认、降低和重建策略。熊焰和钱婷婷（2012）对 Coombs（2007）提出的这三种危机响应策略所对应的措施进行了细化，其中否认策略包括"指认替罪羊"措施，降低策略包括"寻找借口"和"合理化"措施，重建策略包括"补偿"和"道歉"两种措施。方正（2007）将危机响应策略分为和解策略、缄默策略和辩解策略。青平等（2012）将危机修复策略分为信息性修复策略、情感性修复策略和纠正性修复策略。

从信息传播视角看，国内外研究主要关注受众的信息接收、处理和传播（青平等，2014）。在信息接收和处理程序中，研究集中探讨受众的心理状况及成因，所以大部分研究借鉴了认知心理学的相关理论。例如 Sherif & Hovland（1961）提出了信息接收和处理过程中的同化-对比效应（Assimilation Contrast Effect），其中同化效应是指个体在接收启动信息之后，其态度和行为受到参照信息潜移默化的影响，同化效应是一种不自觉"接近"的调试过程；而对比效应是指个体接收启动信息之后，其判断会转离由启动所激活的认知构念，从而呈现出与参照信息相反的态度和行为，对比效应是一种不自觉"背离"的调试过程。借鉴同化-对比效应理论，Grégoire & Fisher（2006）研究表明，在模糊不清的服务失败情形中，同化效应产生的同化偏见会使消费者忽视或低估与以往感知不一致的信息，因此高关系质量的消费者在失败服务中感知到的不适程度较低。再如 Miller & Turnbull（1986）提出在信息加工机制中可能存在两种偏见：第一种是编码偏见，即刻板印象导致的选择性偏误，消费者只选取与刻板印象相一致的信息；第二种是归因偏见，即刻板印象导致的解读偏误，消费者会对与刻板印象不一致的信息进行打折。在信息传播程序中，围绕信息处理理论和传播过程理论，学者们对信息"溢出效应"给予了较多关注。信息溢出是指信息在处理过程中，其适用范围被人为扩大，导致受众对某一主体特征或行为的评价影响到他们对另一相关主体特征或行为的评价（Ahluwalia 等，2001）。在产品伤害危机主题下，对信息"溢出效应"的研究一方面侧重于探讨企业内"溢出效应"，即危机事件的涉入品牌对同一企业内部的其他品牌及组合品牌的"溢出效应"；另一方面则侧重于探讨行业内"溢出效应"，即危机事件的涉事品牌对行业中竞争性品牌的"溢出效应"（王海忠等，2009）。

②研究对象。

在产品伤害危机领域内，大多数研究是针对消费者展开的。其中前因变量涵盖了消费者的各种人口统计学特征（性别、年龄、受教育程度），心理状态和认知过程（情绪稳定性、情商、归因程序、道德观念、价值观、信仰），以及消费者与企业的关系（关系质量、组织认同）。结果变量则主要涉及两类，其中一类是与品牌相关的构念，包括品牌态度、品牌评价、品牌忠诚度、品牌信任、品牌权益、品牌绩效、品牌资产、品牌情感等，另一类则是与消费者行为相关的构念。在消费者行为的相关研究中，购买意向往往是最常用的变量，其原因在于学者们认为购买意向是一个具有综合性和代表性的变量，因为消费者往往会全方位权衡感知到的价值和风险，在此基础上做出有关购买意向的决策。因此购买意向是消费者"用脚投票"的方式，消费者的话语权往往通过购买意向来展现。与购买意向类似，重复光顾意向、推介意向的研究也较为常见。在产品伤害危机中，减少购买意向、重复光顾意向和推介意向是一些典型的消极回应。其中购买意向的减少直接导致危机企业当前销售量和市场份额的下降；而重复光顾意向的减少主要破坏了企业未来的市场前景；推介意向的减少则导致了潜在客户的流失。关于以上这些传统消费者行为的研究在营销管理领域具有普适性，这也是它们得到最广泛关注的原因。然而普适性与独特性之间必然存在一定权衡。事实上由于产品伤害危机事件的发生不只标志着企业的产品失败，而且也标志着企业的道德失败，所以产品伤害危机事件并不等同于一般的负面事件。考虑"普适"的消费者行为（购买意向、重复光顾意向、推介意向）的减少固然重要，研究道德失败情境中"自适"的消费者行为也具有重要意义。因此本书借鉴了 Crossley（2009）等研究的做法，聚焦于报复行为和宽恕行为这两种产品伤害危机领域中更具有独特性的消费者行为展开研究。

除消费者之外，也有少量研究对投资者群体加以关注，以研究产品伤害危机事件对股票市场的影响。在最糟糕的情况下，产品召回可能摧毁投资者对企业的信心，进而导致上市公司财务价值的直接减损或非上市公司投资的持续流失，最终导致企业面临可持续经营风险。Chen 等（2009）通过实证研究发现，与传统智慧所揭示的道理向左，前瞻性召回策略相比反应性召回策略对企业股票价值的负面影响更大，因为投资者可能认为前瞻性召回策略传递出了严重性的信号，研究揭示出投资者与消费者对前瞻性召回策略的看法可能截然相反。Nam 等（2010）发现投资者通常会忽略正面的网络口碑，而将更多的注意力放在负面网络口碑上，因此在产品伤害危机事件中，网络口碑不仅会对销售市场造成很大影响，也会对股票市场造成很大冲击（潘佳等，2014；Hsu & Lawrence，2016）。Rubel 等（2011）的研究发现，由于投资者对负面信息尤为敏感，在产品伤害危机事件发生时，市场很可能过度反应，这种过度反应通常是基于对可能的品牌恶化及私人诉讼所造成的潜在损失的悲观预期。

③研究方法。

产品伤害危机的早期研究一般采用定性方法，对相关概念、现象进行理论性和思辨性的描述和分析。后期研究则偏向于通过实证研究对变量间的关系进行科学的定量分析。实证研究呈现多样化的方法，其中以实验研究居多，此类研究多以消费者为研究对象，涵盖现场实验和实验室实验。现场实验也称"田野实验"，由于现场实验是在现实环境中进行的，所以相比实验室实验，现场实验被认为具有较高的外部效度，容易在现实中进行推广。现场实验中的难点是数据获取障碍。Cleeren 等（2008）的研究中，运用了新颖的数据获取方法，采用现实生活中以家庭为单位的扫描数据来记录产品伤害危机前、中、后期消费者的购买行为。王晓玉等（2008）和汪兴东（2013）则采用在大型购物商场和超市拦截购物者的方式收集数据。实验室实验又包含以虚拟场景为基础的实验研究和以真实场景为基础的实验研究，为避免"噪音"干扰，大多数实验室实验选取以虚拟场景为基础的实验设计（Dawar & Pillutla，2000），也有少量研究要求被试者在实验过程中回忆以往经历的真实产品伤害危机场景，然而对真实场景的追溯可能引发被试者的记忆偏差、再解释偏差、合理化解释偏差及回应偏差。

其余实证研究则主要采用二手数据，此类研究多以投资者为研究对象。有的学者运用事件研究法研究产品伤害危机事件前后的股票市场变化和股东反应（Chen 等，2009；Steven，2015）；有的学者则通过建模对时间序列或面板数据进行分析，如 Rhee & Haunschild（2006）建立广义估计方差模型研究了企业质量声誉在多起汽车召回事件中对未来产品销量的调节作用。Zhao 等（2011）建立经济选择模型，运用分层贝叶斯估计研究了 1996—2000 年"卡夫食品花生酱召回事件"中的消费者选择行为，明确了不确定性对消费者行为的影响。现有研究中常用的产品伤害危机事件见表 2-3。

综合以上分析，现有关于产品伤害危机的研究存在以下主要问题：①对危机后沟通策略的关注度较高，在一定程度上忽略了对危机前沟通策略的研究；②对危机信息接收和处理中消费者心理状态的探讨依然主要集中在西方研究上，很少有研究结合中国情境进行分析；③研究对象以消费者为主、投资者为次，而几乎没有研究关注其他利益相关者；④以消费者为研究对象的相关研究将因变量集中在购买意向、重复光顾意向和推介意向等"普适"的结果变量中，很少有研究关注更适合

表2-3　　　　　　　　　研究中常用的产品伤害危机事件

| 类型 | 产品 | 国家 | 描述 | 文献来源 |
|---|---|---|---|---|
| 真实 | 消费品 | 美国 | 美国政府裁决的产品召回事件 | Chen 等（2009），Steven（2015），Hsu & Lawrence（2016） |
| | 花生酱 | 澳大利亚 | 花生酱引发沙门氏菌中毒 | Cleeren 等（2008），Zhao 等（2011） |
| | 快速消费品 | 英国和荷兰 | 60起产品召回事件 | Cleeren 等（2013） |
| | 速溶咖啡 | — | 在速溶咖啡罐中发现玻璃碎片 | Dawar & Pillutla（2000） |
| | 汽车 | 台湾 | 丰田汽车刹车事件 | Lin 等（2011） |
| | 汽车 | 美国 | 汽车由于缺陷被召回 | Rhee & Haunschild（2006） |
| | 福特汽车 | 美国 | 汽车存在翻转风险而被召回 | Rubel 等（2011） |
| 虚拟 | 运动品牌 | 美国 | 耐克和美津浓的负面报道 | Ahluwalia 等（2000） |
| | 洋娃娃 | 美国 | 洋娃娃伤害事件 | Arpan & Sun（2006） |
| | 笔记本电脑电池 | 美国 | 电池存在过热爆炸风险 | Carvalho 等（2015） |
| | 软饮料 | — | 饮料罐生锈 | Dawar & Pillutla（2000） |
| | 笔记本电脑 | — | 电脑爆炸造成手、脸部受伤 | Dawar & Pillutla（2000） |
| | 智能手机 | 美国 | 产品召回 | Germann 等（2014） |
| | 汤类食品 | 美国 | 篡改事件和大肠杆菌污染事件 | Kim（2014） |
| | 发动机润滑油 | — | 润滑油与盛放壶反应引起发动机损坏 | Klein & Dawar（2014） |
| | 橘子汽水 | 美国 | 饮用橘子汽水后生病 | Laufer & Gillespie（2004） |
| | 米其林轮胎 | 美国 | 造成车祸 | Laufer & Gillespie（2004） |
| | 啤酒 | — | 饮用啤酒后生病 | Lei 等（2012） |
| | 电视机 | 美国 | 被电视机电击受伤 | Silvera 等（2012） |
| | 咖啡 | 美国 | 饮用咖啡后生病 | Silvera 等（2012） |
| | 苹果汁 | 美国 | 配料中可能含有害成分 | Siomkos & Kurzbard（1994），Siomkos & Malliaris（2011） |
| | 吹风机 | 美国 | 使用吹风机时遭受电击 | Siomkos（1989），Siomkos & Kurzbard（1994），Siomkos & Malliaris（2011） |
| | 手机电池 | 希腊 | 电池由于过热而引起爆炸 | Vassilikopoulou 等（2009） |
| | 酸奶 | 希腊 | 酸奶霉变事件 | Vassilikopoulou 等（2011） |
| | 汽车 | 加拿大 | 驾驶新车后造成背部损伤 | Whelan & Dawar（2016） |
| | 电子产品 | 中国 | 电子产品伤害事件 | Xie & Peng（2009） |

资料来源：作者整理。

在产品伤害危机情境中研究的消费者报复行为和宽恕行为；⑤研究方法的多样性需要进一步拓展，案例研究、事件研究和建模分析等方法需要得到进一步关注。

## 2.2 企业社会责任声誉

### 2.2.1 企业社会责任声誉的界定

（1）企业社会责任

"企业社会责任"（CSR）这一概念最初是由 Sheldon（1924）提出的，他认为企业除生产产品、获取利润之外还应当关注人类的基本需要。此后管理和商业伦理领域的学者们对 CSR 的概念进行了不同程度的界定。Friedman（1970）提出 CSR 是企业为满足利益相关者预期而实施的行为，该行为要求企业在赚取尽可能多的经济利益的同时要遵守嵌入法律规范和伦理习俗的社会基本准则。Enderle & Tavis（1998）提出 CSR 是企业为满足社会需要而涉入社会责任的政策或实践。Luo & Bhattacharya（2006）认为 CSR 是与感知到的社会义务和利益相关者义务相关的企业行为。Barnett（2007）将 CSR 定义为将企业资源进行自由裁量的分配以提升社会福利和利益相关者关系的活动。虽然学者们对 CSR 的确切定义有所争论，但这些定义都无一例外的反映出一项基本准则，即企业和社会进行"价值共创"的准则。

在理论上，CSR 作为一个涵盖性术语，是一个多维度构念（D'Aprile & Mannarini，2012）；在企业实践中 CSR 也包含了一系列具有异质性的活动（Godfrey 等，2009）。Carroll（1979，1999）提出的经典模型——CSR 金字塔模型将 CSR 分为经济责任、法律责任、伦理责任和慈善责任。经济责任是指企业在生产力、盈利能力及经济可行性方面的责任；法律责任是指企业在法律限定框架内获取经济利益的责任；伦理责任是指企业遵守公认社会价值观和行为规范的责任；慈善责任是指企业为提升整体社会福利和全民生活质量而投入慈善活动的责任。其中企业对慈善责任往往具有一定的自由裁量权。

学术界关于企业是否应当履行社会责任的争论从 20 世纪 30 年代著名的"哈佛论战"开始就一直持续不断，在现实中企业在最大化财务绩效的同时最大化其社会绩效也面临越来越大的压力（Luo & Bhattacharya，2009）。CSR 在不同的学科领域，如管理、沟通、伦理、营销、心理、广告等领域被广泛研究。尽管研究结论依然存在争议，但学者们已经基本达成了可以运用 CSR 活动提升企业绩效的普遍共识。并且随着战略性 CSR 观念的流行，越来越多的学者认为 CSR 已不仅是为企业创造潜在竞争优势的工具，更是一个实际的战略必需品（Falkenberg & Brunsael，2011）。

（2）企业声誉

企业声誉通常被概念化为利益相关者对企业的总体意识、态度和评价（Bromley，2002）。Fombrun & Shanley（1990）将企业声誉定义为公众对企业以往行为和未来前景的感性评价，它描述了企业与关键竞争对手相比的整体吸引力。Laufer & Coombs（2006）则认为企业声誉是企业外部长期形成的，对企业遵守承诺、满足利益相关者预期的评价。

根据资源基础论（Resource-Based View，RBV）的观点，企业绩效的差异主要取决于资源禀赋的差异，在与对手竞争的过程中，企业会通过发展具有稀缺性、独特性、不可模仿性和不可替代性的有价值的资源来形成竞争优势（Barney，1991）。而无形资产几乎是唯一满足这些苛刻标准的资源（Sanchez 等，2000），所以企业竞争优势的获取在很大程度上取决于无形资产禀赋的差异。作为一种重要的无形资产，声誉的提升一方面有助于缓解企业面临的资源约束；另一方面有助于通过提升客户忠诚度、减少员工流动率为企业创造收益（Seifert 等，2003）。因此声誉通常被认为是企业最重要的竞争优势来源。

（3）企业社会责任声誉

随着 CSR 观念的流行，越来越多公众要求企业证明其行为和政策符合既定的社会和伦理准则，由此 CSR 活动逐渐成了培育积极企业声誉的基本战略工具之一（Fombrun，2005）。企业社会责任声誉（CSR Reputation）是指消费者对企业参与 CSR 活动的总体评价（Wagner 等，2009）。CSR 声誉是企业声誉中的一个重要维度（Zyglidopoulos，

2001），同时也是声誉研究中发展最快、公众熟悉度最低的领域
（Coombs & Holladay，2015）。

从危机沟通角度看，积极的危机前 CSR 声誉构建属于危机前沟通
策略的一种。危机前沟通策略是指企业在潜在负面信息被公众接收之
前，向公众传播特定信息来塑造负责任的企业形象。与之对应，危机后
的反应性沟通策略则是指企业在负面信息被公众接收之后，宣扬其
CSR 行为来保护已经受损的企业形象的做法。与危机前沟通策略相比，
危机后的反应性沟通策略往往呈现出非常明显的问题导向特征，因而更
容易得到功利性的评价（Mick 等，2009）。

### 2.2.2　企业社会责任声誉的特性

（1）非制度性

在世界范围内，大部分 CSR 活动是基于自愿性原则实施的。基于
自愿性原则，与 CSR 活动相关的奖励、认证和监管体系通常也是非正
式的。有鉴于此，CSR 声誉的形成往往缺乏规范的制度框架。然而随
着时间的推移，制度同构压力不断增强，同行业内以及超越行业范围的
CSR 规则、规范、信念会逐渐趋于制度化（Bertels & Peloza，2008）。
制度压力可以有效塑造 CSR 行为，在制度压力下如果企业对利益相关
者的预期采取不予回应的态度，企业就很可能面临制度性的声誉惩罚。
借鉴 Verbeke & Tung（2013）的观点，从制度理论视角考虑时间维度，
企业经营可能面临一个如下的过程：从初期阶段追求利益相关者提供的
异质性资本，到后期阶段回应制度压力以追求行业同质性。因此在后期
阶段，在 CSR 声誉构建的实践中利益相关者带来的市场同构压力会引
导企业更多地采取同质性的战略、结构和系统，以此来建立一个被利益
相关者接受的合法性认知。

（2）行业关联性

在 CSR 声誉的构建过程中，行业因素发挥着至关重要的作用。首
先，声誉是基于比较产生的，企业声誉很难与其所在行业相割裂。利益
相关者对企业的看法与其对企业竞争对手的评价密切相关；其次，CSR
标准可能具有明显的行业边界，所以在 CSR 实践中可能需要在行业独

特性和行业跨越性之间进行一定的权衡；再次，危机事件对 CSR 声誉的负面影响在同行业内具有传染性，所以单一企业的负面活动可能成为动摇整个行业或导致整个行业制度转变的催化剂（Barnett，2006）；最后，基于业务本质的差异，特定行业可能具有特定的 CSR 声誉，比如消费者对一些自然资源行业（电力、石油、天然气）的 CSR 声誉尤为敏感，在这些敏感性行业中 CSR 声誉可能会经历更为严格的审视。因此在实践中，为了创建积极的 CSR 声誉，企业一方面需要管理自身的 CSR 活动，另一方面则需要密切关注同行业其他企业的 CSR 活动以及行业协会的 CSR 标准（Bertels & Peloza，2008）。

（3）动态性

在不同的时间、地点，面对不同的受众时，CSR 活动可能意味着完全不同的内容（Campbell，2007），因此必须审慎地界定和使用 CSR 声誉的概念。首先，随着时间的推移，围绕环境、社会和治理（Environmental，Social and Governance；ESG）等议题的社会预期不断改变。20 世纪 40 年代，CSR 活动主要关注企业的不公平雇佣行为；20 世纪 60 年代后期和 70 年代初期，由于越南战争、南非种族隔离制度、环境恶化、城市问题，CSR 理念在不同领域内得到迅速扩展；20 世纪 90 年代，CSR 活动集中关注企业，特别是服装、鞋帽、玩具制造企业的人权侵犯和全球劳工准则的违反问题；近期焦点则转向了与主要利益相关者相关的公司治理问题。其次，随着地点和受众的转变，CSR 活动的关注焦点也会不断改变，如雾霾及其他环境污染问题、人口老龄化问题、留守儿童问题是当今中国社会最突出的社会问题；再如，相比男性群体，女性群体可能更关注童工问题。因此从动态性视角出发，企业在实践中应当根据随时间、地点、受众变换而不断变换的 CSR 关注点，不断调整 CSR 努力以满足相应预期，构建与时俱进的 CSR 声誉。

## 2.2.3　企业社会责任声誉的评价

与相应标准和评价体系进行比较是企业声誉定义的一个基本要素（Wartick，2002）。在 CSR 声誉方面，国际和国内现有的评价体系都较为混乱。总体来看利益相关者一般会通过三种方式形成对 CSR 声誉的评价，第一种方式是通过对比某家企业是否被纳入某权威的社会责任指数编制基础来评价；第二种方式是通过某家企业是否被纳入知名的社会责任投资（Socially Responsible Investment，SRI）基金来评价；第三种方式是通过查看第三方机构的相关排名或某企业是否在当年或近几年获取过某种社会责任奖项来评价。为清晰化现有 CSR 评价方式，本书对国际和国内知名的社会责任指数、社会责任投资基金、进行社会责任排名的权威第三方机构以及流行的社会责任奖项进行了总结，CSR 声誉评价参照体系见表 2-4。

表 2-4　　　　　　　　　　CSR声誉评价参照体系

| 分类 | 国际 | 国内 |
|---|---|---|
| 社会责任指数 | 富时/KLD400 指数<br>道琼斯可持续发展世界指数<br>富时社会责任指数<br>天主教价值指数<br>卡尔弗特社会指数 | 上证社会责任指数<br>深证社会责任指数<br>兴业全球基金社会责任指数<br>泰达环保指数 |
| SRI 基金 | 先锋基金<br>派克斯世界基金<br>日兴生态基金 | 中银持续增长股票型投资基金<br>兴业全球社会责任基金<br>建信上证责任 ETF 基金<br>财通可持续股票基金<br>中证财通可持续发展 100 指数基金 |
| 第三方机构排名 | 《财富杂志》最受尊敬企业排名<br>《财富杂志》企业社会责任排名<br>《财富杂志》最佳雇主排名<br>全球企业社会责任 RepTrak 排行榜 | 润灵环球责任评级<br>《南方周末》年度中国漂绿榜<br>中国慈善排行榜 |
| 社会责任奖励 | 《商业伦理杂志》年度商业伦理奖<br>英国女王企业奖<br>瑞士可持续发展领导奖 | 人民社会责任奖<br>杰出企业社会责任奖<br>中华慈善奖 |

资料来源：作者整理。

首先，社会责任指数方面，多米尼 400 指数（现更名为富时/KLD400 指数）、道琼斯可持续发展世界指数、富时社会责任指数是现存的三种影响力最大的社会责任指数。此外国际上流行的社会责任指数还有天主教价值指数、卡尔弗特社会指数等（田虹和王汉瑛，2016）。

很多指数都是以标准普尔指数为基准，以特定的筛选标准确定权重调整生成的。其中多米尼 400 指数排除了涉足烟草、酒精、赌博、武器等所谓"原罪"行业的企业，并参照环境、社会和治理标准进行进一步筛选；道琼斯可持续发展指数是瑞士永续资产管理公司通过问卷调查的形式进行筛选的；富时社会责任指数系列是在富时指数成分股的基础上，通过对企业的环境、社会、治理绩效进行评价筛选的；天主教价值指数是参照美国天主教社会责任投资指导方针进行筛选的；卡尔弗特社会指数是根据社会审计结果，制定四项标准（产品质量、环境影响、劳工关系、社区关系）进行筛选的。与国际相比，国内的社会责任指数发展尚处于起步阶段，现有的社会责任指数屈指可数，较权威的社会责任指数如泰达环保指数发布于 2008 年，上证社会责任指数发布于 2009 年。

其次，与其他指数类似，社会责任指数也衍生出了一系列指数产品，包括共同基金、交易型开放式指数基金等不同形式的 SRI 基金。在过去的十年中，SRI 增长迅速：社会投资论坛（Social Investment Forum）调查显示，在美国接近 11% 的专家理财都涉及 SRI，并以 6 倍于普通投资基金的速度增长；欧洲的 SRI 资产从 2007 年的 2.7 万亿欧元上升到 2009 年的 5 万亿欧元，上升幅度为 85%。在国际上，SRI 市场已不再是一个小众的壁龛市场。与国际 SRI 市场相比，国内 SRI 基金的发展非常滞后，国内最早带有 SRI 色彩的基金是 2006 年中银基金公司发行的中银持续增长股票型投资基金。从 2006 年至今，国内仅有 5 家基金公司发行了 9 只 SRI 基金产品。

最后，相关金融杂志或机构的 CSR 排名、企业公民排名、可持续发展排名为利益相关者评估 CSR 声誉提供了一个有效的渠道。《财富杂志》在全球或地区范围内发布的"最受尊敬企业排名""企业社会责任排名""最佳雇主排名"在国际上享有盛誉。与之相比，国内第三方评级机构评级的成熟度及知名度虽然都较低，但已经形成了一定规模和特色，其中较权威的是润灵环球资讯发布的"润灵环球责任评级"，以及《南方周末》杂志发布的"年度中国漂绿榜"。以权威的第三方机构排名为依据，国际和国内的政府或非政府组织会定期颁布相关奖项，比如国际上专业学术期刊《商业伦理杂志》会定期发布"年度商业伦理奖"，国内民政局定期颁发"中华慈善奖"。奖励机制的引入可以激发企业参与 CSR 活动的热情。

基于以上分析，现有的 CSR 声誉评价体系存在的主要问题是缺乏统一的参照标准，导致 CSR 声誉的权威性难以得到保证，相应地经理人的 CSR 决策也缺乏明确的评判基准。以 SRI 基金为例，国内仅有的几支 SRI 基金的筛选标准差别都很大，中银持续增长股票型投资基金着重考量可持续性，而兴业全球责任基金是以四维选股模型（经济责任、可持续发展责任、法律责任、道德责任）来甄选股票的。问题产生的原因在于统一化和多元化标准的冲突，一个可行的方案是，针对不同的议题（环境、治理、社会）制定标准化的 CSR 声誉评价体系，并随着时间的推移进行改进。

### 2.2.4　企业社会责任声誉的监管现状

在市场机制失灵的情况下（苏冬蔚和贺星星，2011），作为私人治理机制的 CSR 和公共治理机制的政府监管是解决负外部性问题并推进正外部效应的互补性机制。然而私人治理机制的成功很大程度上取决于公共治理机制的优劣，这预示着多元治理模式的共生。政府被期望扮演一种外部催化剂的作用，设置相关合规标准去鼓励社会责任行为，阻止社会危害行为。在实践中，政府已经采取了一些积极措施，比如荷兰针对绿色金融项目的税收优惠以及美国退休金法案都极大地推动了当地 CSR 的发展。中国政府在相关监管体系的构建方面也做出了相应努力，从 2006 年起，证监会和沪、深交易所等陆续发布社会责任相关指引；2010 年，工信部把推进企业履行社会责任正式列入其职能；2011 年，国家标准委宣布制定社会责任国家标准；2015 年，新修订的《中华人民共和国食品安全法》也已于 10 月 1 日起正式实施。然而法律体系的不完善和指引的泛泛而谈并无法保障 CSR 进程的顺利推进，并且现行 CSR 实践在本质上依然停留在自愿阶段，系统性的监管保护十分匮乏。权小锋等（2015）指出尽管近年来企业发表社会责任报告的数量逐年上升，但大多数是强制披露，自愿披露的企业数量整体偏低。此外报告发布的质量也参差不齐，甚至出现了"克隆社会责任报告"的情况。

公共治理机制的不完善导致两个主要的问题产生：第一是 CSR 声誉信息透明度的问题，信息是金融市场的命脉，而不充分的 CSR 报告以及 CSR 事件传递到金融市场价格上的时滞会引发严重的信息不对称。因此很多 CSR 因素都不能被证券市场恰当估值并反映在股票价格中。更为矛盾的是，在短期内负责任的公司更容易被错误定价从而引发逆向选择问题。因此为充分发挥 CSR 声誉的战略角色，相关信息必须通过可靠的方式向外部投资者传播。2008 年以来，中国上海证券交易所要求上证公司治理板块样本公司、发行境外上市外资股的公司以及金融类公司，必须披露履行社会责任的报告，同时鼓励有条件的公司自愿披露。上证责任指数、上证治理指数、深证责任指数等的披露也为提高信息透明度起到重要作用。然而相关信息披露的标准化、规范化和成熟度都有待提升。第二是 CSR 声誉可信度的问题，政府公共治理让位于非政府组织和跨国组织，使其成为 CSR 标准、原则发布的主要机构。例如，全球报告倡议组织（Global Reporting Initiative，GRI）发布的可持续性准则，联合国发布的沙利文原则（Sullivan Principles），康克斯圆桌会议发布的康克斯原则（Caux Principles）等。为提升标准的可信度，CSR 原则被相关审计和认证系统审计和认证。例如，SA8000 应用国际劳工组织标准和联合国人权公约进行关于企业工作场所伦理条件的认证；国际标准组织（International Standards Organization，ISO）是一个关于商业标准的广泛的认证系统，其标准涵盖环境保护、职业安全、公司治理、技术影响力等方面。表 2-5 汇总了国际上权威的 CSR 标准认证系统。

综合以上分析可见，国际和国内现存的 CSR 监管体系存在的主要问题是：首先，政府治理缺位，为提升 CSR 声誉的透明度和可信度，一个包含强制性规定和自愿性支持的系统性框架是必要的。相关政府管控机构、法律体制、审计机构、认证体系的建立势在必行；自愿性协议、伦理指南、奖励机制、机构投资者合作机制、社会友好的投资环境的建立可以作为 CSR 的自愿性支持。政府可以与国际性组织，比如世界可持续发展工商理事会、联合国全球盟约、世界资源研究所等合作共

表2-5 CSR标准认证系统

| 认证名称 | 应用领域 |
|---|---|
| SA 8000 | 员工保护，供应商保护，供应产品质量 |
| ISO 9000/ ISO 9001 | 公司治理、产品质量等标准 |
| ISO 14001/14004 | 环境 |
| OHSAS 18001 | 健康，安全 |
| AA 1000 | 利益相关者 |
| CERES | 环境 |

资料来源：作者整理。

同推进 CSR 的认知和实践。在此过程中也需要遵从成本收益原则，考虑建立相关制度带来的公司实施成本和监管强制成本的增加。其次，CSR 标准认证系统的多元化加剧了 CSR 声誉评价中的混乱。很多指引企业社会行为的权威国际准则，比如 1997 年的《全球苏利文法则》，2000 年的国际经济合作组织《跨国公司行动指南》等的绩效评估标准和评级体系并不统一（Déjean 等，2004）。

### 2.2.5　企业社会责任声誉的度量

相比 CSR 观念、CSR 认知、CSR 联想等构念，CSR 声誉是一个较新的构念。Sohn & Lariscy（2012）借鉴 Fombrun 等（2000）的声誉商数量表（Reputation Quotient，RQ）来度量 CSR 声誉，共包含五个题项："该企业支持公益事业""该企业是一个环保的企业""该企业是一个诚实的企业""该企业是一个真诚的企业""该企业的表现符合伦理道德"。该量表侧重衡量企业的伦理和慈善责任。

Lii & Lee（2012）借鉴 Lichtenstein 等（2004）和 Berens 等（2005）的研究，采用三个题项来度量 CSR 声誉："该企业的商业活动水平高于行业标准""该企业使用很大一部分利润帮助社区团体""该企业的社会责任声誉高于行业平均水平"。这三个题项是从行业比较的角度出发的，可以衡量 CSR 声誉的整体水平。

Homburg 等（2013）则将 CSR 声誉分为针对主要利益相关者（主

要是顾客和员工）的商业型 CSR 声誉和针对次要利益相关者（社区、非营利组织和广大公众）的慈善型 CSR 声誉，来研究不同类型 CSR 声誉对消费回应的影响路径。商业型 CSR 声誉的度量借鉴 Lankoski（2009）和 Wagner 等（2009）的研究，包含五个题项，其中有三个题项是针对消费者的，包括"该企业为所有顾客提供真实、准确的信息""该企业在经营活动中遵循高水平的伦理标准""该企业会在法律要求之外尊重顾客权益"；另外两个题项是针对员工的，包括"该企业遵循对员工友好的规则和政策""该企业提供了可以保障员工安全和健康的工作条件"。而慈善型 CSR 声誉则是 Homburg 等（2013）自行开发的，包含四个题项："该企业会回馈其所在社区""该企业会将慈善活动集成在其商业活动中""当地的非营利组织从该企业的慈善活动中获益""该企业参与慈善捐赠"。CSR 声誉测量量表见表 2-6。

表 2-6 CSR 声誉测量量表

| 变量 | 题项 | 文献来源 |
| --- | --- | --- |
| CSR 声誉 | 该企业的商业活动水平高于行业标准<br>该企业使用很大一部分利润帮助社区团体<br>该企业的社会责任声誉高于行业平均水平 | Lichtenstein 等（2004），Berens 等（2005），Lii & Lee（2012） |
| | 该企业会支持公益事业<br>该企业是一个环保企业<br>该企业是一个诚实的企业<br>该企业是一个真诚的企业<br>该企业的表现符合伦理道德 | Fombrun 等（2000），Sohn & Lariscy（2012） |
| 商业型 CSR 声誉 | 该企业为所有顾客提供真实、准确的信息<br>该企业在企业经营活动中遵循高水平的伦理标准<br>该企业会在法律要求之外尊重顾客权益<br>该企业遵循对员工友好的规则和政策<br>该企业提供了可以保障员工安全和健康的工作条件 | Lankoski（2009），Wagner 等（2009），Homburg 等（2013） |
| 慈善型 CSR 声誉 | 该企业会回馈其所在社区<br>该企业会将慈善活动集成在其商业活动中<br>当地的非营利组织从该企业的慈善活动中获益<br>该企业参与慈善捐赠 | Homburg 等（2013） |

## 2.3 报复行为和宽恕行为

### 2.3.1 报复行为

（1）报复行为的界定

①报复行为的起源、发展和现状。

报复的概念起源于人际关系领域。人际关系领域的相关研究认为，在社会关系中，个体偶尔会违反关系准则或做出损害关系伙伴利益的侵害行为，此类侵害行为通常会激发两种基本的人际关系动机，包括避免的动机和寻求报复的动机。此后报复的概念被拓展到组织研究领域，研究主要关注消费者报复行为，也有部分研究涉及工作场所报复行为。现有关于消费者报复行为的研究主要集中在服务失败领域，而鲜少有研究关注道德失败领域（Coombs，2007；Antonetti & Maklan，2014）。

②报复行为的定义。

综合 Stuckless & Goranson（1992），Aquino 等（2001，2006）等研究的观点，报复行为被定义为受害者基于其感知到的伤害向侵害者做出的，旨在使侵害者遭受损害、不安或惩罚，从而恢复受害者权利和控制度的极具破坏性的防御性回应行为。

消费者报复是报复的概念在营销领域的应用。现有关于消费者报复行为的定义大部分是基于服务失败情境做出的。Skarlicki & Folger（1997）将消费者报复行为定义为消费者惩罚服务企业，使其为服务失败付出代价的行为。Grégoire & Fisher（2006，2008），Zourri 等（2009）等研究认为消费者报复行为是消费者遭遇不可接受的服务之后，针对服务企业实施的损害行为。借鉴服务失败中消费者报复行为的定义，本书将产品伤害危机中消费者的报复行为定义为产品伤害危机发生时，消费者基于其感知到的伤害所实施的旨在惩罚责任企业或为责任企业制造麻烦的行为。消费者报复行为具有多种形式，比如传播负面口碑、侮辱前台客服、肆意毁坏公司财产、言语攻击、转向次优选择等。需要注意的是退出一段关系和要求赔偿不属于报复行为（Grégoire & Fisher，

2008），因为它们更多地倾向于回避和修复，而不是报复。

③报复与抵制的概念辨析。

Friedman（1985）将消费者抵制行为定义为：在市场环境中，一个或多个消费者为实现特定目标或达成特定诉求而避免购买特定商品的行为。现有研究往往容易将消费者报复行为与抵制行为的概念混同，其原因在于二者在某些方面具有相似点：第一，报复行为和抵制行为均可针对市场交易中的一个或多个目标群体，因此消费者报复一般是"一对一"或"一对多"行为，而消费者抵制一般是"多对一"或"多对多"行为。第二，消费者抵制和报复行为均可用于宣泄情绪，帮助个体达成道德上的自我实现。除此之外，消费者报复行为和抵制行为也存在明显的区别：

首先，消费者报复行为只是个体性事件，个体参与即可；而消费者抵制行为却往往是群体性事件，通常需要集体的努力。具体而言，报复行为一般是由单个行为人做出的，包括但不限于拒绝交易行为；报复的成功不需要足够的参与者参与；对于个人而言参与报复可能有很高的成本（比如破坏目标企业的设施），也可能只需要很低的成本（比如传播负面口碑）。而抵制行为是由单个行为人组成的群体或其代理人做出的一致但非强制的拒绝交易行为；为了使抵制取得成功，必须吸引足够的参与者参与；对个人而言，参与抵制是需要成本，甚至是价格不菲的。因此消费者报复行为往往只涉及个体利益，而消费者抵制行为则是一种需要在个体利益和群体利益之间进行权衡的社会困境（刘凤军等，2011）。

其次，相比报复行为，消费者抵制行为一般具有更强的目的性。报复行为的实施通常只是出于单纯发泄情绪或维护社会道德准则的目的；而抵制行为的实施还暗含有迫使侵害者做出政策修改的目的。抵制的有效性往往会通过抵制目标被达成的程度来衡量。消费者报复行为与抵制行为的概念辨析见表2-7。

（2）报复行为的类型

Grégoire等（2010）将消费者报复行为分为直接报复行为和间接报复行为。其中直接报复行为是指发生在企业边界范围之内的报复行为，而间接报复行为是指发生在企业边界范围之外的报复行为。

表2-7 消费者报复行为与抵制行为的概念辨析

| 分类 | 消费者报复行为 | 消费者抵制行为 |
|------|----------------|----------------|
| 区别点 | 个体性事件 | 群体性事件 |
| | 个体参与 | 集体参与 |
| | 包括但不限于拒绝交易 | 拒绝交易 |
| | 个体利益 | 个体利益与群体利益的权衡 |
| | 目的性强 | 目的性弱 |
| 共同点 | 可针对多个群体 | |
| | 宣泄情绪并帮助个体达成道德上的自我实现 | |

资料来源：作者整理。

直接和间接报复行为的区别（见表2-8）在于：首先，二者对企业产生了不同的负面影响。消费者可以通过直接报复行为向企业一线员工直接施压，从而对一线员工的出勤率和企业营业额产生直接影响；与直接报复行为相比，间接报复行为给企业带来的直接负面影响较小，间接负面影响较大。间接报复行为通常会使企业声誉受损，从而给企业带来更为隐秘、长远、广泛的损害。其次，企业对直接和间接报复行为的控制度不同。由于直接报复行为一般是公然实施的，所以很容易被企业识别并采取直接的措施加以防范和降低；而间接报复行为一般是私下实施的，所以很难被企业识别、防范、降低，尤其是发生在网络环境中的间接报复行为更难以被控制。

表2-8 直接和间接报复行为的区别

| 分类 | 直接报复行为 | 间接报复行为 |
|------|--------------|--------------|
| 影响 | 直接影响 | 间接影响 |
| | 时间短 | 时间长 |
| | 范围小 | 范围广 |
| | 隐秘性差 | 隐秘性强 |
| 可控性 | 可控性强 | 可控性弱 |

资料来源：作者整理。

（3）报复行为的测量

在报复行为的测量中，最常用的是 Aquino 等开发的量表，Aquino 等（2001）的量表包含三个题项，分别是"我将做一些事使该企业得到应有惩罚""我将对该企业做一些坏事""我将做一些事使该企业付出代价"。Aquino 等（2006）的量表包含四个题项，分别是"我会试图伤害该企业""我试图让坏事发生在该企业身上""我将做一些事使该企业得到应有惩罚""我会试图报复该企业"。其中 Aquino 等（2001）的量表应用相对广泛。Barclay 等（2014）研究采用了一种新颖的方法来度量报复行为，他们设计了一个"独裁者游戏"，要求被试者在自己和同伴间分割 10 美元。报复变量用参与者留给自己的金额来衡量，如果参与者留给自己的金额超过 5 美元则认为其参与了报复行为。

为了研究直接和间接报复行为的不同前因和后果变量，有些学者在研究中区分了直接和间接报复行为这两个构念。直接报复行为一般包括市场攻击和报复性抱怨。Douglas & Martinko（2001）和 Grégoire 等（2010）所采用的市场攻击量表中包含四个题项，分别是"我损坏了该企业的财物""我故意曲解或打破该企业的政策""我对该企业的员工展现出不耐烦或沮丧""我当着该企业员工的面打击某物或撞门"。Grégoire & Fisher，（2008），Grégoire 等（2010）及 Joireman 等（2013）所采用的报复性抱怨量表中包含三个题项，分别是"我向该企业投诉以使侵犯者度过一段艰难时期""我向该企业投诉表达对侵犯者的不悦""我向该企业投诉以使某员工为其服务付出代价"。间接报复行为一般包括网上抱怨和负面口碑。Grégoire 等（2010）和 Joireman 等（2013）所采用的网上抱怨量表包含四个题项，分别是"我在网上抱怨以使该企业的行为公开""我在网上抱怨以将我的经历告诉其他消费者""我在网上抱怨以传播我的灾难经历""我在网上抱怨以使他人知道我的经历"。Maxham & Netemeyer（2002），Grégoire & Fisher（2006），Grégoire 等（2010），Joireman 等（2013）及 Antonetti & Maklan（2014）的负面口碑量表包含三个题项，分别是"我传播了对该企业的负面口碑""我向我的朋友苛刻批评该企业""当我的朋友在寻找同类商品或服务时，我告诉他们不要从该企业购买"。报复行为测量量表见表 2-9。

表2-9 报复行为测量量表

| 变量 | | 题项 | 文献来源 |
|---|---|---|---|
| 报复行为 | | 我将做一些事使该企业得到应有惩罚<br>我将对该企业做一些坏事<br>我将做一些事使该企业付出代价 | Aquino 等（2001），Crossley（2009） |
| | | 我会试图伤害该企业<br>我试图让坏事发生在该企业身上<br>我将做一些事使该企业得到应有惩罚<br>我会试图报复该企业 | Aquino 等（2006） |
| | | 独裁者游戏中参与者留给自己的金额 | Barclay 等（2014） |
| 直接报复 | 市场攻击 | 我损坏了该企业的财物<br>我故意曲解或打破该企业的政策<br>我对该企业的员工展现出不耐烦或沮丧<br>我当着该企业员工的面打击某物或撞门 | Douglas & Martinko（2001），Grégoire 等（2010） |
| | 报复性抱怨 | 我向该企业投诉以使侵犯者度过一段艰难时期<br>我向该企业投诉表达对侵犯者的不悦<br>我向该企业投诉以使某员工为其服务付出代价 | Grégoire & Fisher（2008），Grégoire 等（2010），Joireman 等（2013） |
| 间接报复 | 网上抱怨 | 我在网上抱怨以使企业的行为公开<br>我在网上抱怨以将我的经历告诉其他消费者<br>我在网上抱怨以传播我的灾难经历<br>我在网上抱怨以使他人知道我的经历 | Grégoire 等（2010），Joireman 等（2013） |
| | 负面口碑 | 我传播了对该企业的负面口碑<br>我向我的朋友苛刻批评该企业<br>当我的朋友在寻找同类商品或服务时，我告诉他们不要从该企业购买 | Maxham & Netemeyer（2002），Grégoire & Fisher（2006），Grégoire 等（2010），Joireman 等（2013），Antonetti & Maklan（2014） |

## 2.3.2 宽恕行为

（1）宽恕行为的界定

①宽恕行为的起源、发展和现状。

宽恕（Fogiveness）的概念在神学中有着极深的历史渊源，在几乎所有主流宗教中，宽恕均被奉为美德，给予宽恕和获得宽恕被认为是人类最基本的道德需求。西方学者普遍认为宽恕起源于基督教，隐喻着"神"对惩罚的放弃；东方研究则认为宽恕与佛教"慈悲"的奥义有很深的渊源。此外在东方社会中，宽恕也蕴含着深刻的哲学和文化基础。在儒家经典《论语》中，曾子将孔子的仁爱思想归结为"忠恕"二字，其中"忠"是指在做人做事时要保持真诚的态度，而"恕"则是指推己及人，体谅他人的不易与不周。

之后，随着研究的发展，宽恕的概念被扩展到其他学科领域，比如人际关系领域、公共关系领域甚至政治研究领域。在人际关系领域中的人际间冲突研究框架内，宽恕的概念得到了最为普遍的关注。在营销领域，面对企业的服务失败和道德失败时，宽恕可以帮助消费者走出决策困境，促进企业和消费者双方关系的修复，因而消费者宽恕的研究具有重要的理论和现实意义。然而 Matilla（2004）对消费者宽恕做了一个简要述评，述评发现迄今为止很少有研究试图探索宽恕的概念在消费者领域中的应用，因此宽恕作为一种重要的消费者行为和危机应对策略，被大部分研究所忽略（Tsarenko & Rooslani Tojib，2011）。

②宽恕的定义。

学术界对于宽恕这一概念并无公认的定义。根据 Enright 等（1996）的定义，当某一个体被其他个体伤害之后，一般会采取措施进行反击，尽管有时这种反击措施只是停留在受害者的感觉和思想层面，此时如果受害者停止反击或对抗并重新接纳侵害者，他的行为就被称为宽恕行为。Cameron & Caza（2002）将宽恕定义为用积极观念取代消极观念的自觉选择，他们认为宽恕只关注人与人之间的关系，而并不关注人与非生物个体之间的关系。Aquino 等（2001）将宽恕定义为从内心深处放弃对侵害者的愤怒、不满，并放弃寻求报复的行为。尽管学者们对宽恕的定义不尽相同，然而其普遍共识是宽恕行为是对做出惩罚这一道德权利的放弃，也是对人际或人与组织之间偏差行为的一种建设性回应。

宽恕往往容易被误解为纵容、免责或为不当行为开脱。然而宽恕行为与以上这些行为具有显著区别。根据以往的研究，宽恕的达成需要符合三个必要条件：第一，伤害必须发生；第二，受害者必须意识到伤害的发生；第三，侵害者必须为其行为负责。纵容、免责或为不当行为开脱并不满足第三个条件，纵容意味着对侵害行为的忽视和放任，免责意味着对惩罚的豁免，而为不当行为开脱则意味着为侵害行为寻找借口。纵容、免责或为不当行为开脱往往标志着受害者或旁观者对侵害者的道德错误采取了默许和承认的态度，因此可能会助长不当行为。

消费者宽恕是宽恕的概念在营销领域的应用。Finkel 等（2002）采用关系视角，将消费者宽恕（Consumer Forgiveness）定义为消费者放弃报复、异化和其他破坏行为，并以建设性的方式做出回应的意愿。Tsarenko & Rooslani Tojib（2011）将消费者宽恕定义为在压力环境中，消费者通过调节自身的情绪和调整自身的认知、行为倾向来应对与消费相关的消极紧张局势。消费者宽恕是一个复杂的概念：首先，它往往隐藏在消费者心理状态中，并体现了消费者对自身和企业关系的看法；其次，相比时点性行为而言，消费者宽恕更像一个随着时间推移而不断演进的过程；再次，消费者宽恕不是从一个阶段按部就班地发展到下一个阶段的简单线性程序，而是一个包含着复杂的认知和情感的曲折程序，宽恕在每一个阶段都需要投入额外的努力；最后，消费者宽恕不是一个盲目的、草率的行为，是一个目标明确的、深思熟虑的行为。

③宽恕与和解的概念辨析。

在神学、宗教、社会心理学和管理学的体系内，很多研究认为宽恕与和解是同义变量，因而容易将二者混同。和解是指受害者为了关系修复向侵害者展现善意的努力（McCullough 等，1998；Aquino 等，2006）。然而也有一些研究指出，宽恕与和解虽然有相近的含义和密切的联系，并极易引起困惑，但二者在本质上有所区别（Aquino 等，2001）。如果不考虑宽恕与和解的区别，相关理论模型的解释力可能会受到限制（Palanski，2012）。表 2-10 列出了宽恕与和解的概念辨析。

首先，宽恕与和解的概念具有密切联系，具体表现在以下两方面：第一，与宽恕类似，和解的概念也植根于神学领域，具有一定的宗教渊源；第二，由于宽恕包含在共识领域内修复关系的愿望，所以虽然宽恕并不一定会招致和解，但是宽恕会对和解形成重要的推动作用。其次，宽恕与和解的概念具有明显区别，具体表现在以下两方面：第一，和解

表2-10                    宽恕与和解的概念辨析

| 分类 | 宽恕 | 和解 |
|------|------|------|
| 区别 | 与关系修复无必然联系<br>单向或双向选择 | 与关系修复相联系<br>双向选择 |
| 联系 | 起源于神学 | |
| | 宽恕是和解的重要前因变量 | |

资料来源：作者整理。

通常被概念化为经历冲突之后，冲突双方关系得以恢复，所以和解总是与关系修复相联系，无论这种修复是与自身还是与他人的关系修复；而宽恕则与关系修复没有必然联系。第二，和解一定是一个具有二元性特征的双向选择，难以依赖受害者或侵害者单方面的努力达成；而宽恕可以是单向选择，也可以是双向选择，并且宽恕更多地关注消费者单方面的态度和行为。第三，相比和解而言，宽恕具有更明晰的道德色彩，更适合应用于道德失败框架内的研究。

以宽恕与和解构造维度形成组合矩阵可以帮助理解宽恕与和解这两个概念的区别与联系。如图2-1所示，矩阵包含的四个象限分别是宽恕并和解、宽恕而不和解、和解而不宽恕、既不宽恕也不和解，这些组合情况的具体达成条件见表2-11。对于侵害者和受害者双方甚至更为广泛的社群而言，同时达成宽恕与和解都是最优状况；既不宽恕也不和解都是最差的状况；宽恕而不和解或和解而不宽恕的效用则居中。相对于达成宽恕与和解或既不宽恕也不和解的状况，宽恕而不和解或和解而不宽恕的状况在现实中出现的频率较小，也更难以被理解。事实上宽恕与和解能否达成都基于一个相同的准则，即基于成本效益权衡，侵害者或受害者预期从宽恕或和解中获取的收益是否超过其付出的成本。当宽恕的预期收益超过成本，同时和解的预期收益小于成本时，宽恕而不和解的情况出现；同理，当和解的预期收益超过成本，同时宽恕的预期收益小于成本时，和解而不宽恕的情况出现。

具体而言，在宽恕而不和解的情况中，受害者不愿继续忍受报复对自身造成的负面影响，希望通过宽恕驱赶消极想法，重获生理健康和心

和解

| | 达成 | 未达成 |
|---|---|---|
| 达成 | 宽恕并和解 | 宽恕而不和解 |
| 未达成 | 和解而不宽恕 | 既不宽恕也不和解 |

宽恕

**图 2-1 宽恕与和解组合矩阵**

表 2-11 宽恕与和解组合情况及达成条件

| 分类 | 条件 | |
|---|---|---|
| 宽恕并和解 | 消费者宽恕的预期收益大于成本 | 双方和解的预期收益大于成本 |
| 宽恕而不和解 | 消费者宽恕的预期收益大于成本 | 双方和解的预期收益小于成本 |
| 和解而不宽恕 | 消费者宽恕的预期收益小于成本 | 双方和解的预期收益大于成本 |
| 既不宽恕也不和解 | 消费者宽恕的预期收益小于成本 | 双方和解的预期收益小于成本 |

资料来源：作者整理。

理平衡。同时受害者认为关系持续带来的预期成本更大，已经没有必要和意义再去持续这段关系，此时危机事件成了消费者转向其他企业的契机。尽管"宽恕而不和解"的状况可以避免由未解决的冲突造成的直接负面影响，然而也容易使组织与消费者之间的关系产生功能性障碍，双方关系被严重损害甚至终止（Tripp & Bies，2009）。在和解而不宽恕的状况中，Palanski（2012）指出在以交易为基础的关系中隐藏着"责任-奖励账户"，根据这一潜在账户，人们为了获取预期奖励（工作、薪酬、尊重、权威等）而承担责任（付出时间和精力），为了从过去已经承担的"责任"中继续获取奖励，受害者可能认为维持关系是必要和有价值的。此时虽然受害者并未宽恕侵害者，但依然会去寻求和解。和解而不宽恕的状态可能会为未来情况恶化埋下隐患：首先，伤害行为会产生"持久效应"，继续侵蚀脆弱的关系资产；其次，如果侵害行为在未来再度发生，由于此次伤害积蓄的、未解决的负面感受和问题可能会产生

"放大效应"。因此和解而不宽恕情况只是暂时搁置争议、选择遗忘的方式，这种方式只能为问题提供一个短视的解法，很可能在长期产生负面效果。

（2）宽恕行为的类型

①无条件宽恕和协议宽恕。

按照宽恕的达成是否附加条件，可以将其分为无条件宽恕和协议宽恕。无条件宽恕中受害者没有要求并且不期待侵害者做出任何赔偿。协议宽恕中一方面要求侵害者意识到自身错误并就其错误向受害者忏悔、道歉、赔偿，并在此基础上提出宽恕请求；另一方面要求受害者接受侵害者的忏悔、道歉、赔偿，并在此基础上做出宽恕决定。可见无条件宽恕是单边宽恕，而协议宽恕则需要满足二元关系预设，是在受害者和侵害者沟通的基础上达成的双边宽恕。现实中大部分宽恕是协议宽恕，无条件宽恕很难达成（Tsarenko & Rooslani Tojib，2011）。

②内在宽恕和人际宽恕。

按照宽恕达成的范围，可以将其分为内在宽恕和人际宽恕。内在宽恕又称精神内层宽恕，是指受害者放弃了针对侵害者实施谴责和报复行为的权利，甚至对侵害者产生了同情和怜悯。由于内在宽恕通常是基于个体的信仰或价值观等内在特质做出的，所以内在宽恕一般属于无条件宽恕的范畴。而人际宽恕是指受害者向侵害者展示善意并期望可以修复双方关系的行为。内在宽恕与人际宽恕最主要的区别在于：内在宽恕很难在受害者处于负面情绪的情况下达成；而人际宽恕却很可能发生在受害者依然非常生气或不满的情况下，比如当受害者认为关系存续对自身非常有利，或者可以作为权宜之计、缓兵之计时，充满负面情绪的受害者可能会努力与侵害者达成人际宽恕（McCullough 等，1998）。

③情感宽恕和决策宽恕。

按照宽恕达成的状态，可以将其分为情感宽恕和决策宽恕。情感宽恕是指激励个体达成宽恕的认知状态。而决策宽恕是指个体主观忽略侵害行为，采取与侵害行为发生前相同的方式，一如既往地对待侵害者的认知和行为状态。可见情感宽恕只是一个认知状态，而决策宽恕不仅包括认知状态，还包括行为状态。因此决策宽恕往往是在情感宽恕的基础上达成的，是情感宽恕的高级阶段（Worthington & Scherer，2004）。表 2-12 列出了宽恕行为的分类标准和基本类型。

表2-12　　　　　　　　　　宽恕行为的分类标准和基本类型

| 分类标准 | 类型 |
|---|---|
| 条件 | 无条件宽恕和协议宽恕 |
| 范围 | 内在宽恕和人际宽恕 |
| 状态 | 情感宽恕和决策宽恕 |

资料来源：作者整理。

（3）宽恕行为的测量

在宽恕行为的测量中，比较常用的是单题项宽恕量表（Single-Item Forgiveness Scale）。McCullough 等（1998），Berry 等（2001）及 Wade & Worthington（2003）等研究均采用单题项宽恕量表测量被试者对企业侵犯行为的宽恕程度。单题项宽恕量表虽然简单明了，但单一题项的采用并不足以保证测量的信度和效度，因此学者们开发了多题项量表来对宽恕行为进行更准确的测量。

Xie & Peng（2009），崔洋为等（2015）借鉴 Finkel 等（2002）的研究，采用三个题项来测量宽恕行为，包括"我会主要考虑该企业有利的一面""考虑到该企业的回应，我会谴责它""考虑到该企业的回应，我会宽恕它"，该量表侧重宽恕的过程及结果。

Bobocel（2013）采用 McCullough & Hoyt（2002）的人际侵犯动机量表（Transgression-Related Interpersonal Motivations Scale）中的善意子量表（Benevolence Subscale）来测量宽恕行为，量表共包含七个题项，分别是"即使该企业的行为伤害到我，我依然会友好对待该企业""我想我和该企业可以摒弃前嫌并推进我们的关系""尽管该企业做了错事，我依然想与该企业重新建立积极的关系""我已经放下了我的伤害和怨恨""尽管该企业伤害了我，我会把伤害放到一边，恢复我们的关系""我宽恕了该企业对我做的事情""我已经放下了我的愤怒，所以可以让我们的关系恢复正常"，该量表既涉及宽恕的过程和结果，也涉及对负面情绪的释放，同时还包含对关系修复的考量，测量内容较为全面。

　　Aquino 等（2006）开发了四个题项来度量受害者对侵害者的宽恕程度，题项分别是"我放开了针对该企业的负面情绪""我放开了我的憎恨和复仇欲望""我放开了我的伤害和疼痛""我放开了对该企业的怨恨"，该量表侧重负面情绪的释放。宽恕行为测量量表见表 2–13。

表 2–13　　　　　　　　　　宽恕行为测量量表

| 变量 | 题项 | 文献来源 |
|---|---|---|
| 宽恕行为 | 我放开了针对该企业的负面情绪<br>我放开了我的憎恨和复仇欲望<br>我放开了我的伤害和疼痛<br>我放开了对该企业的怨恨 | Aquino 等（2006） |
| | 即使该企业的行为伤害到我，我依然会友好对待该企业<br>我想我和该企业可以摒弃前嫌并推进我们的关系<br>尽管该企业做了错事，我依然想与该企业重新建立积极的关系<br>我已经放下了我的伤害和怨恨<br>尽管该企业伤害了我，我会把伤害放到一边，恢复我们的关系<br>我宽恕了该企业对我做的事情<br>我已经放下了我的愤怒，所以可以让我们的关系恢复正常 | McCullough & Hoyt（2002），Bobocel（2013） |
| | 我会主要考虑该企业有利的一面<br>考虑到该企业的回应，我会谴责它<br>考虑到该企业的回应，我会宽恕它 | Finkel 等（2002），Xie & Peng（2009），崔泮为等（2015） |
| | 将你对该企业侵犯行为的宽恕程度进行排序 | McCullough 等（1998），Berry 等（2001），Wade & Worthington（2003） |

## 2.4　道德情绪

### 2.4.1　道德情绪的界定

情绪是一个心理学概念，描述了个体在受到某种刺激之后的心理状态或体验（张圣亮和吕俊，2010）。Lazarus（1991）将情绪定义为个体对事件进行评估时快速产生的精神状态。情绪包含基本情绪（Basic Emotions）和道德情绪（Moral Emotions），基本情绪是指与评估主体自身福利或利益相关的情绪，而道德情绪是指与全社会或全人类的福利或利益相关的情绪（Xie 等，2015）。

现有研究中常见的基本情绪与道德情绪见表 2-14。其中基本情绪一般包括得意、感兴趣、高兴、鼓舞、活泼、积极、坚决、惊奇、渴望、冷静、满意、平静、轻松、热情、温暖、享受、兴奋、愉快、自信、不安、不活跃、不快、不满、不适、担忧、愤怒、孤独、害怕、后悔、焦虑、紧张、沮丧、恐惧、困惑、难过、恼怒、失望、痛苦、无聊、无助、心烦、糟糕、自怜等（Wood & Moreau，2006；Pollai 等，2010），而道德情绪一般包括骄傲、崇敬、感激、同理心、羞耻、内疚、尴尬、义愤、蔑视、厌恶等（Lindenmeier 等，2012；Grappi 等，2013）。

表 2-14　　　　　　　　　常见的基本情绪与道德情绪

| | | |
|---|---|---|
| 基本情绪 | 积极 | 得意、感兴趣、高兴、鼓舞、活泼、积极、坚决、惊奇、渴望、冷静、 |
| | | 满意、平静、轻松、热情、温暖、享受、兴奋、愉快、自信 |
| | 消极 | 不安、不活跃、不快、不满、不适、担忧、愤怒、孤独、害怕、后悔、焦虑、紧张、 |
| | | 沮丧、恐惧、困惑、难过、恼怒、失望、痛苦、无聊、无助、心烦、糟糕、自怜 |
| 道德情绪 | 积极 | 骄傲、崇敬、感激、同理心 |
| | 消极 | 羞耻、内疚、尴尬、义愤、蔑视、厌恶 |

资料来源：作者整理。

本书对每种道德情绪的具体含义做了如下简要解释：

（1）骄傲情绪

骄傲是一种由积极的自我评估结果产生的情绪。一方面关于骄傲的研究大多关注成就导向。当个体从正面评估自身行为绩效或成就，比如达成某个目标或避免某项惩罚时，骄傲情绪就会产生（Bagozzi 等，1999）。另一方面骄傲情绪往往与道德标准密切相关。当评估者认为自身已经达到甚至超越了相关道德标准，即认定自身是一个对社会负责或对社会有价值的个体时，容易产生骄傲情绪。此时骄傲情绪可以提升个体的自我价值感，并鼓励其在后续行为中遵循社会通用的价值规范。

（2）崇敬情绪

当个体观察到他人行为非常善良和值得赞美时，崇敬情绪便会产生（Haidt，2001）。崇敬情绪往往涉及一个或多个主要参照系，这些参照系为评估个体树立了榜样并激励其参与慈善行为、建立积极的社会联系，从而成为一个更为优秀的个体。

（3）感激情绪

感激是个体对他人善意行为的一种典型回应。当个体接受他人提供的恩惠，尤其是出乎接收者意料或对赠予者而言较为昂贵的恩惠时更容易产生感激情绪。感激情绪可以激励个体在简单的互惠行为之外做出对他人有益的行为，从而加强个体之间的社会联系。McCullough等（2001）从理论上总结了感激情绪的三种道德功能，包括道德晴雨表功能、道德动机功能和道德激励功能。通过感激情绪的道德晴雨表功能，个体可以体察自身是否从他人的道德行为中受益；通过感激情绪的道德动机功能，个体可以表明其参与道德行为的愿望；通过感情情绪的道德激励功能，个体可以被鼓励做出相应的亲社会行为。

（4）同理心

同理心又称移情作用，是一种考虑他人感受，并与温暖、同情、关怀等相关的情绪回应（Davis，1983），同理心通常会促进助人为乐的行为从而帮助陷入困境的他人摆脱困境。Lazarus（1991）认为，同理心至少包括以下两个要素：第一，可以认知他人的内心状态；第二，把自身置于与他人等同的位置和经历中去体察他人的情绪，即一种感同身受的过程。前者被称为认知同理心，后者则被称为情感同理心，其中情感同理心被认为是人类道德情感体系的核心。

（5）羞耻情绪

羞耻是一种由于自身的无能或不恰当行为而感觉不被他人尊重的情绪（Smith等，2002）。与内疚情绪相比，羞耻情绪涉及更为强烈的自我谴责，从而会引发更为深刻的痛苦知觉（Tangney 等，2007）；并且羞耻情绪具有一个关键的内隐元素，即羞耻情绪一般发生在个体的特定缺陷或不恰当行为被公开曝光之后，因此羞耻情绪往往与羞辱、屈辱、难堪等一系列反应相关。

（6）内疚情绪

内疚被定义为由于个体未能满足内在道德准则或预期而产生的不愉快的情绪反应（Baumeister 等，1994），内疚情绪通过引发侵害者的紧张和自责来激励修复行为的发生。如果和解没有达成，侵害者会被限定在"内疚源"之内。与羞耻情绪相比，内疚情绪是一个私下形成的自我意识状态，只涉及对个体行为准则的违背，却不涉及公开曝光，因此内疚情绪一般与后悔、自责、忏悔等一系列反应相关。

（7）尴尬情绪

Miller（1995）将尴尬定义为由于陷入公共社会困境而产生的屈辱、羞愧、懊悔等嫌恶情绪。尴尬情绪一般与高度的神经质和知觉性，以及对来自他人的负面评价的恐惧相关联。容易产生尴尬情绪的个体往往对社会标准和准则高度敏感和关心，并且更容易受到来自同伴的压力和影响。

（8）义愤情绪

义愤情绪产生于一种特殊类别的愤怒情绪触发的事件。当个体感知到某项道德准则被违反或他人（即使他人相对个体而言是陌生人）的自由、人格尊严受到侵犯时，义愤情绪便会产生（Xie 等，2015）。在触发义愤情绪的情境中，个体亲身经历伤害是一个充分非必要条件，当个体只是目睹或听闻而非亲历侵害行为时，也可能产生义愤情绪。

（9）蔑视情绪

很多学者认为蔑视情绪是生气和厌恶情绪的混合或共同作用（Lazarus，1991）。根据现有研究，蔑视情绪一般包含以下两方面内容：一方面，从自身角度，蔑视情绪体现了个体的自我道德优越感；另一方面，从他人的角度，蔑视情绪通常与社会评价的垂直维度及层级结构密切相关（Rozin 等，1999）。在个体层面，蔑视情绪体现了个体对他人及其行为的负面评价和轻视；在群体层面，蔑视情绪则展现为某一群体对另一群体的偏见和歧视。

（10）厌恶情绪

厌恶是一种主要与味觉相联系的令人作呕的情绪，该情绪既可以由实际感知获取，也可以由主观想象得出。除味觉之外，厌恶情绪也可能与嗅觉、触觉和视觉相关联（Darwin，1872）。

与基本情绪相比，道德情绪的独特性主要体现在以下三个方面：第一，基本情绪往往涉及与自身利益直接相关的一般事件，而道德情绪还涉及与自身利益非直接相关的社会事件，因此道德情绪超越了个体自身利益，体现了对他人或社会福利的关心；第二，虽然道德情绪与基本情绪都同样起源于个人心理发展的早期阶段，并通过社会学习过程不断积累，然而道德情绪相比基本情绪成熟较晚；第三，相比基本情绪，道德情绪是一系列更为复杂的构念，通常需要更为深入的解读和评估（Simpson 等，2006）。基本情绪与道德情绪的区别见表 2-15。

表 2-15　　　　　　　　　基本情绪与道德情绪的区别

| 区别 | 基本情绪 | 道德情绪 |
| --- | --- | --- |
| 涉及事件 | 与自身利益直接相关 | 与自身利益非直接相关 |
| 成熟时间 | 成熟早 | 成熟晚 |
| 复杂度 | 相对简单 | 相对复杂 |

资料来源：作者整理。

### 2.4.2　道德情绪的类型

现有研究关于道德情绪最普遍的分类标准是焦点、效价和综合指标。焦点是指道德情绪所针对的个体；效价是指道德情绪的积极或消极属性；综合指标是指由焦点和效价两个维度交叉生成的指标。道德情绪分类标准和类型见表 2-16。

以焦点为分类标准，道德情绪可以被分为以自我为焦点的道德情绪和以他人为焦点的道德情绪（Haidt，2003）。骄傲、羞耻、内疚和尴尬属于以自我为焦点的道德情绪；同理心、崇敬、感激、义愤、蔑视、厌恶属于以他人为焦点的道德情绪。

表 2-16 道德情绪分类标准和类型

| 道德情绪 | 类型 | | | 文献来源 |
|---|---|---|---|---|
| | 焦点 | 效价 | 综合指标 | |
| 骄傲 | 自我 | 积极 | 自我意识 | Tangney 等（2007）、Kim & Johnson（2013）、Roberts 等（2015） |
| 羞耻 | 自我 | 消极 | 自我意识 | Smith 等（2002）、Chen & Ayoko（2012）、Roberts 等（2015） |
| 内疚 | 自我 | 消极 | 自我意识 | Pollai 等（2010）、Chen & Ayoko（2012）、Kim & Johnson（2013） |
| 尴尬 | 自我 | 消极 | 自我意识 | Tangney 等（2007）、Labroo & Rucker（2010）、Du 等（2011） |
| 同理心 | 他人 | 积极 | 同情他人 | Cohen（2010）、Kim & Johnson（2013）、Roschk & Kaiser（2013） |
| 崇敬 | 他人 | 积极 | 赞颂他人 | Izard（1977）、Richins（1997）、Aaker & Williams（1998） |
| 感激 | 他人 | 积极 | 赞颂他人 | Grappi 等（2013）、Xie 等（2015） |
| 义愤 | 他人 | 消极 | 谴责他人 | Lindenmeier 等（2012）、Antonetti & Maklan（2014）、Xie 等（2015） |
| 蔑视 | 他人 | 消极 | 谴责他人 | Grappi 等（2013）、Romani 等（2013）、Xie 等（2015） |
| 厌恶 | 他人 | 消极 | 谴责他人 | Grappi 等（2013）、Romani 等（2013）、Xie 等（2015） |

资料来源：作者整理。

以效价为分类标准，道德情绪可以被分为积极道德情绪和消极道德情绪。骄傲、同理心、崇敬、感激属于积极道德情绪；羞耻、内疚、尴尬、义愤、蔑视和厌恶则属于消极道德情绪。积极道德情绪可以帮助个体建立持久的个人资源，从而产生长期的间接自适应效应；而消极道德情绪通常会产生即刻的、直接的自适应效应。也就是说相比消极道德情绪，积极道德情绪拥有较多的潜在累积性效应和较少的暂时性效应（Hu & Kaplan，2015）。

以焦点和效价这两个维度进行组合，可以将道德情绪划分为四个象限，包括以自我为焦点的积极情绪、以自我为焦点的消极情绪、以他人为焦点的积极情绪和以他人为焦点的消极情绪。在此基础上 Haidt（2003）提出了四类道德情绪，具体而言，他将以自我为焦点的积极和消极情绪统称为自我意识情绪（内疚、羞耻、尴尬、骄傲），将以他人为焦点的积极情绪分解为赞颂他人情绪（崇拜、感激）和同情他人情绪

（同理心），将以他人为焦点的消极情绪称为谴责他人情绪（义愤、蔑视、厌恶）。其中自我意识情绪是指通过自我评价或自我反省引发的积极或消极情绪；赞颂他人情绪是指激励个体参与令人钦佩和尊重的行为的积极情绪；同情他人情绪是指当他人经历苦难时引发的积极情绪；谴责他人情绪是指批判他人特质或行为时引发的消极情绪。

### 2.4.3　消费者义愤情绪

在很多商业情境中，消费者情绪尤其是消费者消极情绪起到了至关重要的作用（Strizhakova 等，2012）。在面临企业的侵害行为时，消费者通常会经历情绪波动，体验到诸如愤怒、不满、挫败等消极情绪（Bonifield & Cole，2007）。大量研究表明愤怒情绪是消费者对不满意的消费经历的一种典型回应（Gelbrich，2010）。作为一种惯常的不良情绪，愤怒可以被认为是一种非理性障碍（Simola，2010）。

在社会责任和产品伤害危机研究框架内，将愤怒情绪框定为义愤情绪更为恰当（Grappi 等，2013），因为基本愤怒情绪一般产生在个体自身目标被违背或自身利益被侵犯时，而义愤情绪则一般产生在他人自由、自尊及社会公义被侵犯时。产品伤害危机事件的发生不仅标志着企业的产品失败，也在某种程度上标志着企业的道德失败。此时消费者通常会认为企业的行为违背了他们的个人道德体系，侵犯了整个消费者群体的利益，从而激发了义愤情绪的产生。作为一种典型的谴责他人型道德情绪，义愤情绪是消费者对道德失败情境最为适当、常见的回应。有鉴于此本书响应了 Grappi 等（2013）关于推进消费者义愤情绪研究进程的呼吁，选取义愤情绪来研究产品伤害危机情境中消费者的情绪回应。

现有研究强调义愤情绪可能与基本愤怒情绪、不满情绪以及蔑视情绪、厌恶情绪等产生一定程度的混淆，为此本书对相关概念进行了辨析，具体分析如下：

（1）义愤情绪与基本愤怒情绪的概念辨析

虽然关于义愤情绪的讨论在不同的学科领域都非常活跃，然而学者们所面临的共同困惑是义愤情绪与基本愤怒情绪之间的区别。与基本愤怒情绪不同，义愤情绪往往不只与消费者个人的伤害经历相关，更涉及对负面道德行为的目击或体验。Antonetti & Maklan（2014）指出义愤情绪与基本愤怒情绪，比如个体愤怒（Personal Anger）和移情愤怒（Empathic Anger）具有显著区别。义愤情绪主要发生在道德准则被违反时；个体愤怒主要发生在个体目标被损害时；而移情愤怒主要发生在评估主体所关心的他人受到负面影响时（O′Mara 等，2011）。义愤情绪和基本愤怒情绪的联系与区别见表 2-17。

表 2-17　　　　　　　　　**义愤情绪和基本愤怒情绪的联系与区别**

| 情绪 | 联系 | 区别 |
|------|------|------|
| 义愤 | 同为愤怒情绪 | 道德情绪，发生在道德准则被违反时 |
| 移情愤怒 | | 基本情绪，发生在个人目标被损害时 |
| 个人愤怒 | | 基本情绪，发生在评估主体关心的他人受到负面影响时 |

资料来源：作者整理。

（2）义愤情绪与不满情绪的概念辨析

Lindenmeier 等（2012）指出消费者义愤情绪容易和消费者不满情绪混同，然而二者本质上具有显著区别。首先，消费者不满情绪通常与消费体验相关，而消费者义愤情绪则与消费经历无必然关联。其次，引发消费者义愤情绪的企业行为通常与道德主题相关，因而更容易造成显著的社会影响，比如环境污染、侵犯人权、剥削劳工、支持独裁以及其他违反文化、宗教和社会准则的企业行为，而引发消费者不满情绪的企业行为则无须与道德主题相关。最后，消费者不满情绪和义愤情绪可能同时存在，比如购买包含有害物质的儿童玩具可能同时引起消费者的不满和义愤情绪，不满情绪主要源于不满意的消费经历和不安全的消费品，而义愤情绪则主要源于玩具制造商的败德行为。义愤情绪与不满情绪的联系与区别见表 2-18。

（3）义愤情绪与蔑视情绪、厌恶情绪的概念辨析

在道德情绪的相关研究中，蔑视、义愤和厌恶（Contempt，Anger，Disgust；CAD）这三种道德情绪得到了学者们的普遍关注，它们被并称为"敌意三角"。现有研究普遍认为，蔑视、义愤和厌恶这三种道德情

表2-18                           义愤情绪与不满情绪的联系与区别

| 情绪 | 联系 | 区别 |
|------|------|------|
| 义愤情绪<br>不满情绪 | 可同时存在 | 道德情绪，与消费体验无必然关联<br>基本情绪，与消费体验相关 |

资料来源：作者整理。

绪具有密切关联，甚至有研究将三者作为同义词来看待。Izard（1977）认为蔑视、义愤和厌恶这三种道德情绪都是在威胁个体利益的负面事件发生时产生的，并且都暗含着对道德准则的违背和反驳他人的回应。Hutcherson & Gross（2011）则指出由于同属谴责他人型道德情绪，三者是基于同一潜在状态产生的。

同时也有很多研究强调，蔑视、义愤和厌恶这三种道德情绪具有显著区别。首先，从情绪的本质来看，蔑视情绪主要涉及一种与他人相比的道德优越感；义愤情绪主要涉及当自身或他人遭受不公平待遇时"打抱不平"的倾向；厌恶情绪则包含一种令人作呕的感觉（主要是味觉）（Xie等，2015）。其次，从情绪所违背的准则来看，Rozin等（1999）的研究认为蔑视情绪涉及对社区伦理准则（如社会层级）的违背；义愤情绪涉及对自主性伦理准则（如人权）的违背；而厌恶则涉及对神性（如自然环境）的违背。最后，从情绪与前期评估的关联和对后期行为的影响来看，Hutcherson & Gross（2011）从社会-功能主义视角进行研究发现，蔑视情绪的产生主要与对他人的能力评价相关，并可推进分离性行为的产生；义愤情绪的产生与自我评价有很大关联，并可推进攻击性行为的产生；厌恶情绪的产生与对他人的道德上的不信任密切相关，并可推进逃避性行为的产生。Tangney等（2007）则指出与蔑视和厌恶情绪相比，义愤情绪被认为更主动且更难被内化，因而更容易激发后续负面行为。义愤情绪与蔑视情绪及厌恶情绪的联系和区别见表2-19。

### 2.4.4  义愤情绪的测量

现有研究对义愤情绪和基本愤怒情绪的测量并无明确边界，有很多研究会混用义愤情绪和一般愤怒情绪的测量量表，只是在不同的研究主题中采用不同的词汇进行描述。

表2-19　　　　　　义愤情绪与蔑视情绪及厌恶情绪的联系和区别

| 情绪 | 联系 | 区别 | | | |
|---|---|---|---|---|---|
| | | 本质 | 违背的准则 | 与前期评价的关联 | 对后期行为的影响 |
| 义愤情绪<br>蔑视情绪<br>厌恶情绪 | 敌意三角<br>谴责他人型<br>道德情绪 | 打抱不平<br>道德优越感<br>味觉相关 | 自主性伦理准则<br>社区伦理准则<br>神性 | 自我评价<br>对他人的能力评价<br>对他人道德上的不信任 | 推进攻击性行为<br>推进分离性行为<br>推进逃避性行为 |

资料来源：作者整理。

明确标注所测量的变量是义愤情绪的文献数量很少。其中 Hughes (1995)，Laros & Steenkamp（2005），Xu 等（2012）测量了消费者感知到的扰乱、背叛、心烦和生气程度；Batson 等（2009）和 Antonetti & Maklan (2014) 测量了消费者感知到的生气、愤慨和疯狂程度；Lindenmeier 等 (2012) 测量了消费者感知到的企业行为的可恶、可耻、放肆、过分和不恰当程度；Grappi 等（2013）测量了消费者感知到的生气和非常恼火程度。本书认为 Grappi 等（2013）的量表题项过少，难以保证量表的信度和效度。Hughes（1995）以及 Batson 等（2009）的量表与基本愤怒情绪的量表区分度很小。Lindenmeier 等（2012）的量表题项数量适中，也能够与基本情绪量表很好地区别开来。义愤情绪测量量表详见表 2-20。

表 2-20　　　　　　　　　　义愤情绪测量量表

| 变量 | 题项 | 文献来源 |
|---|---|---|
| 义愤 | 扰乱<br>背叛<br>心烦<br>生气 | Hughes（1995），Laros &Steenkamp（2005），Xu 等（2012） |
| | 生气<br>愤慨<br>疯狂 | Batson 等（2009），Antonetti & Maklan（2014） |
| | 生气<br>非常恼火 | Grappi 等（2013a） |
| | 可恶<br>可耻<br>放肆<br>过分<br>不恰当 | Lindenmeier 等（2012） |

## 2.5 消费者归因

### 2.5.1 传统归因维度

Weiner（1986）的多维框架模型（Multidimensional Framework）将危机事件中消费者的归因概念分为三个基本维度：第一是焦点（Locus），即危机触发事件，包括内部触发事件和外部触发事件；第二是控制度（Controllability），即企业是否可以控制危机的发生；第三是稳定性（Stability），即危机事件是持久性还是暂时性的。产品伤害危机事件发生时，基于这三个基本归因维度，消费者会自发地思考以下问题：谁应当对危机事件的发生负责，是外部环境、企业，还是消费者自身（焦点）？危机事件原本是否可以被企业控制（控制度）？随着时间的推移，引起事件的原因是否会发生变化（稳定性）？

Folkes（1984）指出消费者对产品失败的回应是焦点、控制度和稳定性这三个基本归因维度的函数。如果危机的焦点是内部的，危机事件是可控和稳定的，消费者会倾向于将责任归因于企业，进而触发针对企业的愤怒和责备；如果焦点是外部的，危机事件是不可控和暂时性的，消费者会倾向于将责任归因于企业之外的其他因素，从而减少对企业的愤怒和责备。在凡士通轮胎的伤害危机事件中，如果消费者认为轮胎是粗制滥造的（内部焦点），通过更好的质量控制程序，企业原本可以避免问题的发生（高控制度），企业曾出现过类似的产品缺陷（高稳定性），那么消费者会将责任归咎于轮胎制造企业。反之，当消费者认为问题是由于粗暴驾驶或道路原因造成的（外部焦点），企业对驾驶或道路状况无能为力（低控制度），这是企业第一次被牵连到事故当中（低稳定性），那么消费者会将责任归咎于其他外部因素。针对这三个传统归因维度的具体分析如下：

（1）焦点归因

焦点是指事件发生是基于外部还是内部原因，危机事件发生的原因可以被分为内部原因（企业能力，内部动机）和外部原因（社会影响，制度约束)。焦点与责任归因的概念往往容易被混淆,事实上二者具有明显的区别和联系,焦点和责任归因的概念辨析见表 2-21。

表 2-21 　　　　　　　　　　**焦点和责任归因的概念辨析**

| 分类 | 焦点 | 责任 |
|---|---|---|
| 区别 | 衡量涉入组织所扮演的角色<br>不可准确概念化为预测态度和行为<br>的前因变量 | 衡量每个角色需要承担责任的量级<br>可准确概念化为预测态度和行为的<br>前因变量 |
| 联系 | 责任紧随焦点之后确定<br>显著影响消费者的态度和行为 | |

资料来源:作者整理。

在区别方面,首先,焦点衡量的是消费者认为事件发生的原因应当归咎于哪个涉入组织,即确定涉入组织在产品伤害危机中所扮演的角色;而责任归因衡量的是消费者认为每个涉入组织需要被责难的程度,即每个角色需要承担责任的量级。其次,对于焦点的归因虽然可以回答"谁"需要在客观上承担责任的问题,但却不能准确回答责任方"是否"一定要承担责任的问题。比如 Lei 等(2012)提出,当危机发生被看作是情有可原,或危机结果被看作是可以接受的时,尽管可以明确危机事件是由于企业内部原因造成的,消费者也有可能会对企业免责。对于责任的归因则能够准确回答责任企业"是否"承担责任的问题。基于以上原因,在产品伤害危机事件的研究中,责任而非焦点归因被更多地概念化为预测消费者态度和行为的前因变量。

在联系方面,首先,对责任的归因往往是紧随焦点归因之后进行的,被确定为焦点的组织显然会承担更多的责任。其次,对焦点和责任的归因都会显著影响消费者对涉入组织的态度和行为。当产品伤害危机的发生被归因于企业外部焦点而非内部焦点时,消费者对企业的态度和行为通常不会受到影响或只会受到轻微的影响;相反当产品伤害危机的发生被归因于企业内部焦点而非外部焦点时,消费者的品牌态度和购买意向可能急转直下。随着焦点的变更,企业在产品伤害危机中所扮演的角色也随之变更。正如 Laufer & Coombs(2006)所指出的,那些被认为是受害者的企业不会受到责备或只会受到最缓和的责备，而那些被认为是犯罪者的企业会受到最多的责备。Folkes（1984）指出产品伤害危机带来损害的程度在很大程度上取决于消费者将责任归咎于企业的程度，消费者对企业的责任归因越大，企业需要承担的责任量级越大；反之，企业需要承担的责任量级越小。最后，需要注意的是，只有在模糊的危机情境当中，对于焦点和责任的归因才有意义。模糊情境是指焦点和责任不清晰的危机情境。在模糊情境中消费者才需要确定"谁"需要为危机的发生承担责任；某责任人或责任组织"是否"一定需要承担责任；每个责任人或责任组织需要承担"多少"责任。相反在焦点和责任清晰的危机情境中则无须回答以上问题。借鉴 Iglesias 等（2015）的研究思路，本书定位于焦点和责任清晰的危机情境，因为在模糊情境中探讨消费者的心理机制会产生很强的不确定性、不可控性和主观性。

在焦点归因的测量方面，大多数研究采用单题项量表来测量，Folkes & Kotsos（1986），Klein & Dawar（2004），Lei 等（2012）要求被试者以百分比的形式对所有涉入组织进行责任分配。Klein & Dawar（2004）要求被试者对所有涉入组织在多大程度上可以作为引发该危机事件的来源进行评分，这些涉入组织包括制造商、零售商、消费者、供应商。

也有研究采用多题项量表，针对每一个涉入组织，测量其需要为事件负责的程度。Tsiros 等（2004），Pick 等（2016）所采用的量表中包含三个题项，分别是"该企业需要对我终止关系的决定负责""该企业的员工需要对我终止关系的决定负责""该企业的战略和方向需要对我终止关系的决定负责"。焦点测量量表见表 2-22。

（2）控制度归因

控制度是指企业对产品伤害危机事件发生原因的可控程度。当企业对事件发生原因的控制度较低时，消费者会认为企业很难阻止产品伤害危机事件的发生；相反当企业对事件发生原因的控制度较高时，消费者会认为企业原本可以阻止产品伤害危机事件的发生，但由于其故意或失误而并未成功阻止。对控制度的归因往往容易与意向性的归因相混淆，然而二者具有明显的区别和联系（见表 2-23）。

表 2-22 焦点测量量表

| 变量 | 测量题项 | 文献来源 |
|---|---|---|
| 焦点 | 要求以百分比的形式对所有涉入组织进行责任分配 | Folkes & Kotsos（1986），Klein & Dawar（2004），Lei 等（2012） |
| | 对所有涉入组织在多大程度上可以作为引发该危机事件的来源进行评分 | Klein & Dawar（2004） |
| | 该企业需要对我终止关系的决定负责<br>该企业的员工需要对我终止关系的决定负责<br>该企业的战略和方向需要对我终止关系的决定负责 | Tsiros 等（2004），Pick 等（2016） |

表 2-23 控制度和意向性的归因的区别与联系

| 分类 | 控制度 | 意向性 |
|---|---|---|
| 区别 | 界定了因果关系的属性 | 界定了行为的内在动机 |
| 联系 | 对高控制度的归因并不一定能导致对高意向性归因的推断<br>对高意向性的归因往往会导致对高控制度归因的推断 | |

资料来源：作者整理。

在区别方面，对控制度的归因界定了因果关系的属性，而对意向性的归因则界定了责任企业行为的内在动机（Iglesias 等，2015）。在联系方面，具有不良意图或故意性高的行为往往被认为是在企业掌控之下发生的；而在企业掌控之下发生的事件却并不一定被认为出自主观不良意图。可见在产品伤害危机中，对高意向性的归因往往会导致对高控制度归因的推断，比如消费者通常会推测为攫取暴利（高意向性）而以次充好的行为通常是在企业的控制之下发生的（高控制度）；而对高控制度的归因却并不一定能导致对高意向性归因的推断，比如疏忽情境就是现实中高控制度和低意向性归因并存的情境。

有很多研究采用单题项量表对控制度归因进行测量，Klein & Dawar（2004），Puzakova 等（2013）及 Whelan & Dawar（2016）要求被试者评价"该企业在多大程度上可以控制该问题的发生"。Sohn & Lariscy（2015）则询问被试者"考虑意向性和控制力的情况，你认为该企业预防该事件发生的可能性是多少"。此外多题项量表也很常用。

Russell（1982）和 Darke 等（2010）采用语义差别量表对控制度进行测量，题项包括："该问题发生是不可控的/可控的""该结果是企业非故意造成的/故意造成的""该企业不需要为该结果负责/需要负责"。

Maxham & Netemeyer（2002）和 Grégoire & Fisher（2006）采用 Likert 量表对控制度进行测量，量表共包含三个题项，分别是"该企业在多大程度上需要为该问题负责""事件发生在多大程度上是该企业的错误""应当在多大程度上因为发生的事指责该企业"。

Hess 等（2003），Poon 等（2004），Wirtz & Mattila（2004），Pick 等（2016）同样采用了包含三个题项的 Likert 量表对控制度进行测量，分别是"引发该问题的原因是可以被该企业控制的""引发该问题的原因是可以被该企业预防的""该企业原本可以做一些事来避免该问题的发生"。

在以上量表中，单题项量表显然缺乏说服力，而多题项量表中 Russell（1982）和 Darke 等（2010）的量表中"故意性与非故意性"的题项可能与意向性归因的测量存在一定混同。控制度测量量表见表 2-24。

表 2-24　　　　　　　　**控制度测量量表**

| 变量 | 题项 | 文献来源 |
| --- | --- | --- |
| 控制度 | 引发该问题的原因是可以被该企业控制的<br>引发该问题的原因是可以被该企业预防的<br>该企业原本可以做一些事来避免问题的发生 | Hess 等（2003），Poon 等（2004），Wirtz & Mattila（2004），Pick 等（2016） |
| | 该企业在多大程度上需要为该问题负责<br>事件发生在多大程度上是该企业的错误<br>应当在多大程度上因为发生的事指责该企业 | Maxham & Netemeyer（2002），Grégoire & Fisher（2006） |
| | 该问题发生是不可控的/可控的<br>结果是企业非故意造成的/故意造成的<br>该企业不需要为该结果负责/需要负责 | Russell（1982），Darke 等（2010） |
| | 该企业在多大程度上可以控制该问题的发生 | Klein & Dawar（2004），Puzakova 等（2013），Whelan & Dawar（2016） |
| | 考虑意向性和控制力的情况，你认为该企业预防该事件发生的可能性是多少 | Sohn & Lariscy（2015） |

（3）稳定性归因

稳定性是指引发事件原因的暂时性或持续性程度。如果引发事件的原因是暂时的，那么消费者预期事件造成的影响会很快消失；如果引发事件的原因是持续的，那么消费者预期事件会造成长久的影响（Hess等，2003）。

具体而言，高稳定性归因包含两层含义，第一层含义是过去曾经发生过相似的产品伤害危机事件；第二层含义是在可预见的未来，相似产品伤害危机事件还可能再度发生。基于高稳定性归因的第一层含义，消费者可能会认为企业没有足够的诚意来修正其以往的错误；基于高稳定性归因的第二层含义，消费者可能会认为不满意的消费经历在未来还会发生甚至一直持续。卫海英和魏巍（2011）指出，由于媒体对当前危机事件的报道往往会牵涉对以往危机事件的回顾，所以企业危机史成了影响消费者判断的重要信息。

在稳定性归因的测量中，常用的是 Hess 等（2003）和 Klein & Dawar（2004）的 Likert 量表。Hess 等（2003）的量表侧重于对事件原因进行分析，包含的题项是，"在不久的将来引发失败的原因很可能再次出现""引发失败的原因可能是永久性的""造成失败的原因可能只是被暂时解决""引发失败的原因将频繁发生"。该量表被 Poon 等（2004），Wirtz & Mattila（2004），Iglesias 等（2015）等后续的研究广泛引用。Klein & Dawar（2004）量表侧重于对问题进行分析，包含的题项是"该问题对于该企业是稳定和持续的""该企业的产品在未来会再次发生此类问题""该企业的产品曾在以前发生过类似问题""该问题是该企业产品的典型问题"。此外 Russell（1982）的语意差别量表也常被后续研究（Darke 等，2010；Pick 等，2016）采用，该量表设定被试者已经终止了与侵害者或责任企业的关系，量表包含三个题项，分别是"我终止这段关系的原因是永久的/暂时的""我终止这段关系的原因是可变的/不可变的""我终止这段关系的原因随着时间推移是稳定的/会随着时间推移而变化"。稳定性测量量表见表 2-25。

表 2-25                        稳定性测量量表

| 变量 | 题项 | 文献来源 |
|---|---|---|
| 稳定性 | 在不久的将来引发失败的原因很可能再次出现<br>引发失败的原因可能是永久性的<br>造成失败的原因可能只是被暂时解决<br>引发失败的原因将频繁发生 | Hess 等（2003），Poon 等（2004），Wirtz & Mattila（2004），Iglesias 等（2015） |
|  | 该问题对于该企业是稳定和持续的<br>该企业的产品在未来会再次发生此类问题<br>该企业的产品曾在以前发生过类似问题<br>该问题是该企业产品的典型问题 | Klein & Dawar（2004）；Lei 等 2012，Whelan & Dawar（2016） |
|  | 我终止这段关系的原因是永久的/暂时的<br>我终止这段关系的原因是可变的/不可变的<br>我终止这段关系的原因随着时间推移是稳定的/会随着时间推移而变化 | Russell（1982），Darke 等（2010），Pick 等（2016） |

### 2.5.2 其他归因维度

Puzakova 等（2013）呼吁，在传统归因维度之外，关于产品伤害危机中消费者归因的相关研究还需对其他归因维度加以考量。因为在危机事件发生时，消费者不仅会思考关于危机焦点、控制度和稳定性的问题，还会搜寻以下两个常见问题的答案：第一，危机事件造成了怎样的后果（严重性）？第二，危机事件是基于责任企业的不良意图发生的吗（意向性）？有鉴于此，在传统归因维度的基础上，本书对危机事件的严重性归因和意向性归因进行了总结。

（1）严重性归因

Vassilikopoulou 等（2009）将危机的严重性定义为危机造成的人、动物以及环境的伤亡数量和程度。在无法得到明确的伤亡数据时，消费者会对危机的严重性进行推测。Cleeren 等（2013）提出产品召回时间较长可能是促使消费者做出严重性归因的一个信号，因为消费者认为只有在面临严重的问题时，企业才需要一段较长的时间来处理，但同时过短的召回时间又容易使消费者产生不信任感。Laufer & Coombs（2006）

指出，随着事件严重性的上升，消费者的容忍度会逐渐下降，因为消费者会担心或恐惧同样严重的事情会发生在自己或重要他人的身上。

现有研究中关于严重性的测量量表较多，除单题项量表（Aquino等，2006；Bobocel，2013；Germann 等，2014）外，Hess 等（2003）和 Grégoire & Fisher（2008）的量表都得到了后续研究的广泛关注和引用。Hess 等（2003）的量表包含四个题项，分别是"该问题对于消费者是个大问题""该问题对于消费者很显著""该问题对于消费者很严重""该问题给消费者造成了很大不便"。Greégoire & Fisher（2008）的量表包含三个题项，分别是"该企业的行为给我造成了很小的问题/很大的问题""该企业的行为给我造成了很小的不便/很大的不便""该企业的行为给我造成了很小的烦恼/很大的烦恼"。严重性测量量表见表 2-26。

（2）意向性归因

Rupp 等（2013）指出，相比表面的组织行为，利益相关者可能更看重行为背后所隐藏的真实动机。事实上个体在对组织做出评价时，会采取与评价个体相同的方式，这就意味着人们会像解读个体一样去解读组织行为的动机和意图，以此来对组织的伦理道德水平做出评价。

因此，在传统的归因维度之外，意向性归因（Intentionality）也扮演了重要的角色（Iglesias 等，2015）。意向性又称故意性、意图、动机（Joireman 等，2013），当一个负面的、意想不到的事情发生时，大部分消费者会自发地推测责任主体的动机和意向，这个判断对其随后的情绪和行为回应具有重要影响（Crossley，2009）。在服务研究领域，意向性归因是指顾客认为服务失败的发生出自服务提供者的主观意图（Oliver，1997）。借鉴该定义，本书提出在产品伤害危机领域，意向性归因是指顾客认为危机的发生源自制造企业的主观意图。尽管对意向性的归因和对控制度的归因往往具有一定相关性，然而二者是不同的概念，可以被集成到同一概念框架中（Weiner，2006）。

学者们对意向性归因进行了进一步深化，提出了两类特别的不良意向：恶意和贪婪。恶意在法律上被定义为自觉的、蓄意而为的不当行为，即行为人或组织出于敌意或仇恨故意做出有害的行为；贪婪则被定

表2-26                                                     严重性测量量表

| 变量 | 题项 | 文献来源 |
|------|------|----------|
| 严重性 | 评价侵害的严重程度<br>评价侵害的伤害程度<br>评价侵害的错误程度 | Crossley（2009） |
| | 该企业行为的不当程度<br>该企业的行为是一个很小的错误/很大的错误<br>该企业的行为造成了很小的损害/很大的损害 | Grégoire 等（2010），Antonetti & Maklan（2014） |
| | 该企业的行为给我造成了很小的问题/很大的问题<br>该企业的行为给我造成了很小的不便/很大的不便<br>该企业的行为给我造成了很小的烦恼/很大的烦恼 | Grégoire & Fisher（2008），Joireman 等（2013） |
| | 该问题对于消费者是个大问题<br>该问题对于消费者很显著<br>该问题对于消费者很严重<br>该问题给消费者造成了很大不便 | Hess 等（2003），Liao（2007），Roschk & Kaiser（2013） |
| | 该事件是一个很小的问题/很大的问题<br>该事件造成了很小的不便/很大的不便<br>该事件是一个轻微的失败/严重的失败 | Maxham & Netemeyer（2002），Iglesias 等（2015） |
| | 如果该问题发生在我身上，我认为这个问题不严重/非常严重<br>如果这个问题发生在我身上，我不会十分生气/会十分生气<br>如果这个问题发生在我身上，我不会很不高兴/会很不高兴 | Weun 等（2004） |
| | 评价事件的严重程度 | Aquino 等（2006），Bobocel（2013），Germann 等（2014） |

义为出于工具性目的而实施的不当行为，即行为人或组织为攫取利益而漠视或牺牲他人福祉的行为。组织管理和营销伦理的研究认为，企业不当行为通常出自贪婪而非恶意。贪婪源于机会主义和利己主义（Grégoire 等，2010）。例如，现实中当企业在契约或公告中运用不起眼的小号字体试图使顾客忽略一些细则时，消费者会感知到较高的企业贪婪程度。

Anderson（1983），Oliver（1997），Elangovan 等（2007），Iglesias

等（2015）所使用的量表包含三个题项，分别是"失败并非完全出于企业自愿""失败体现出了企业的明显的意向性""企业并未真正试图满足我的预期"。Bies & Tripp（1996）和 Crossley（2009）的量表包含三个题项，分别是"该企业的行为在多大程度上是出于自私""该企业的行为是出于对自身的考虑吗""该企业的行为是出于对自身的注意吗"。

Campbell（1999），Reeder 等（2002），Grégoire 等（2010），Joireman 等（2013）的量表也包含四个题项，分别是"该企业并不是故意利用我/故意利用我""该企业主要以我的利益为驱动/以企业利益为驱动""该企业没有试图伤害我/试图伤害我""该企业的意图是好的/意图是坏的"。Antonetti & Maklan（2014）的量表包含四个题项，分别是"该企业想故意利用此情况""该企业想故意利用消费者""该企业有良好的意图""该企业的行为是出于自私"。综合考虑量表的清晰度、全面性和被使用频率，Campbell（1999）的量表更具优势。意向性测量量表见表 2-27。

表 2-27　　　　　　　　　　**意向性测量量表**

| 变量 | 题项 | 文献来源 |
| --- | --- | --- |
| 意向性 | 该企业的行为在多大程度上是出于自私<br>该企业的行为是出于对自身的考虑吗<br>该企业的行为是出于对自身的注意吗 | Bies & Tripp（1996），Crossley（2009） |
| | 失败并非完全出于企业自愿<br>失败体现出了企业的明显的意向性<br>企业并未真正试图满足我的预期 | Anderson（1983），Oliver（1997），Elangovan 等（2007），Iglesias 等（2015） |
| | 该企业想故意利用此情况<br>该企业想故意利用消费者<br>该企业有良好的意图<br>该企业的行为是出于自私 | Antonetti & Maklan（2014） |
| | 该企业并不是故意利用我/故意利用我<br>该企业主要以我的利益为驱动/以企业利益为驱动<br>该企业没有试图伤害我/试图伤害我<br>该企业的意图是好的/意图是坏的 | Campbell（1999），Reeder 等（2002），Grégoire 等（2010），Joireman 等（2013） |

# 第3章 理论基础与研究假设

## 3.1 风险管理理论

### 3.1.1 风险管理理论概述

风险被定义为对未来事件或结果的不确定性（Bloom & Milkovich，1998）。风险管理是通过对风险的识别、衡量和控制从而以最小的成本使风险所致损失达到最低程度的管理方法（卓志，2006），因此风险管理可以减小预期的财务、社会、环境的不确定性。作为一种经营理念和经营思想，风险管理观念古已有之，然而从风险管理观念的出现到风险管理真正成为一个理论或一个学科经历了漫长的发展过程。在风险管理研究领域内，企业风险管理是最为重要的一个子领域。

现代意义上的企业风险管理思想出现于20世纪前叶。企业风险管理理论（Risk Management Theory）的发展主要经历了三个阶段，第一阶段是20世纪50—70年代，企业主要采取回避和转移的方法，利用保险作为避险工具，来防范企业面临的不利风险；第二个阶段是 20 世纪 70 年代后期到 20 世纪末，企业开始利用结构化的避险工具来管理企业经营和财务的波动性；第三个阶段是 21 世纪之后，随着全球经济一体化的发展，企业风险的种类逐渐增多，发生频率日益增加，企业开始利用多样化的风险管理工具，从全方位的角度对风险进行管理，传统风险管理范式逐渐发展成为全面管理模式（王稳和王东，2010）。

在全面管理模式下，CSR 活动经常作为一种避险工具来抚平公司的不确定性波动。在危机沟通领域，一项基本的假设是，CSR 声誉扮演了一种类似实物期权的角色，降低了实物期权的事前下行风险（Grunwald & Hempelmann，2011）。此时 CSR 声誉可以被看作服务于企业持续经营的"税收"、"许可证"或"保险"（Bertels & Peloza，2008），通过降低企业异质性风险（Lee & Faff，2009）来保持竞争优势（Peloza，2006）。因此，在实践中企业参与 CSR 活动更多的是出于获取声誉保险而非获取盈利的目的（Godfrey，2005）。尽管本书立足于消费者展开研究，然而由于消费者与其他利益相关者共处于一个商业生态系统中，所以很难将其割裂开来。针对消费者的 CSR 活动可以直接为消费者创造价值；而其他 CSR 活动则可以在直接服务于慈善组织、自然环境、非营利机构等其他利益相关者的同时，间接服务于作为社会成员的消费者（Sen & Bhattacharya，2001）。因此本书从利益相关者角度对 CSR 声誉的风险管理作用进行了具体分析：

利益相关者是指在企业中拥有所有权或其他权利、利益的个人或团体（Freeman，2010）。利益相关者可以被分为参与企业经营活动的主要利益相关者和可以影响企业或者被企业影响但不参与企业经营活动的次要利益相关者。典型的主要利益相关者包括消费者、员工、债权人、投资者、供应商、政府；典型的次要利益相关者包括社区、非营利组织以及广大公众（Clarkson，1995）。

在主要利益相关者群体中，从消费者角度，CSR 提升了消费者对企业产品的评价、购买意愿和满意度以及对企业的认知、认同和忠诚度（周祖城和张漪杰，2007；Krasnikov 等，2009；陈晓峰，2014）。从员工角度，在工作环境中员工感知到的 CSR 水平对其工作满意度、健康、情绪、绩效和创造力具有重要影响，而员工绩效被认为是影响公司处理需求波动的主要因素之一（Liao，2007）。从债权人角度，Cheng等（2014）认为拥有积极CSR声誉的企业会面临较低的融资约束，原因在于积极的CSR声誉可以增加企业与融资机构之间的互信和合作，并减少二者之间的代理成本（沈艳和蔡剑，2009）。从投资者角度，积极的CSR声誉往往使企业享有较低的股权融资成本，并对负面事件造成的股票下行压力具有缓冲作用（Doh等，2010）。从供应商角度，企业与供应商建立关系的目的在于减少与购买决策有关的交易成本、合同风险及供应商机会主义行为。在交易初期，高水平的CSR会帮助形成购买者和供应商的双边依赖关系，并促成复杂正式合同的建立；在正式合同建立之后，高水平的CSR又可增加供应商的安全感并降低合同成本，进而加强供应链的合作并建立复杂的相互协调机制。因此积极的CSR声誉会加强公司和供应链合作伙伴之间的关系，与渠道合作伙伴的关系被认为是一项重要的企业能力，该能力有助于公司应对不可预知的需求波动并最小化供应链中断的影响（Peng等，2008）。从政府角度，由于CSR的信号传递功能，积极的CSR声誉可以帮助建立更稳定的政企关系，从而降低负面事件发生时，企业受到政府严格审查的概率，减少企业面临的诉讼风险和政府制裁风险（Koh等，2014）。

在次要利益相关者群体中，从社区、非营利机构和公众的角度，积极的CSR声誉可以产生积极的道德资本，它会在负面事件发生时提供反事实的依据来减轻消费者对行为主体邪恶性的评估，从而减少其遭受严厉制裁的概率。积极的道德资本通过以下两种途径为关系财富提供保险机制：第一，缓和以关系为基础的无形资产的减少；第二，缓和利益相关者惩罚和制裁的严厉程度。因此积极的道德资本扮演了一种类似"蓄水池"的角色，通过蓄积有利归因来减缓利益相关者关系财富的损失（Godfrey，2005）。

### 3.1.2 风险管理机制

心理机制是指个体认知、回应、行为、关系等形成的深层心理原因，心理机制的研究往往涉及个体心理学、社会心理学、文化心理学等诸多心理学理论（杨宜音，2008）。对个体心理机制的探讨有助于解析表面现象背后的深层心理动因。

根据风险管理理论本书解析了该理论背后所隐藏的深层心理机制，即风险管理机制。首先从消费者认知的单向视角来看，风险管理机制反映了认知过程中的"确认偏见"；其次从消费者与企业互动的双向视角来看，风险管理机制是"积极互惠主义"原则的体现。由于"确认偏见"和"积极互惠主义原则"，风险管理机制在微观个体认知中发挥作用，使产品伤害危机发生时，消费者在面临拥有积极危机前 CSR 声誉的企业时更倾向于减少消极回应。

（1）确认偏见

Dawar & Pillutla（2000）指出在产品伤害危机中，当消费者接收到模棱两可的信息时，确认偏见（Confirmatory Biases）就会产生。确认偏见也称验证性偏见，是指个体在做出判断的过程中，偏向于支持成见或既有猜想的倾向。确认偏见涉及选择性回忆、有利信息搜集和矛盾信息忽略，从而容易导致片面诠释。

确认偏见可能会导致一系列效应的产生。首先，由于确认偏见的存在，对于拥有积极 CSR 声誉的企业，消费者在反证（道德失败）出现后，依然倾向于坚持其原有看法（该企业是一个负责任的企业），即出现"信念固着"效应。其次，在确认偏见的作用下，消费者也可能产生强烈的"先入为主"的观念，认为即便发生产品伤害危机事件，拥有积极 CSR 声誉的企业依然是值得信赖的、负责任的企业，即出现"非理性首因效应"。再次，当消费者预期与现实信息存在不一致时，困境就会产生，处于困境之中的消费者会通过简单地将不一致信息打折而不是更新自身期望的方式来解决困境，Kelley（1972）将这种现象称为"折扣效应"。受折扣效应的影响，在面临产品伤害危机时，消费者基于以往积极 CSR 声誉的考虑，对目标企业的责疚将大打折扣。例如Carvalho 等（2015）的研究发现，由于折扣效应的作用，当经历跨国产品伤害危机时，消费者对危机涉及的发展中国家企业（危机前声誉较差）会予以更多责备，而对危机涉及的发达国家企业（危机前声誉良好）则不会过分苛责。最后，在确认偏见的作用下，良好的 CSR 声誉可能产生晕轮效应，缓解产品伤害危机造成的负面影响。晕轮效应也称光环效应，是美国心理学家 Thorndike 于 1920 年提出的，该效应是指观察者以既有印象形成夸张推论，对积极效应进行一定程度的扩展，通俗而言晕轮效应体现了消费者"爱屋及乌"的心理。

消费者对企业、品牌的固有印象植根于消费者以往与企业、品牌的互动经历和刻板印象中。在 CSR 声誉的风险管理机制中，确认偏见与刻板印象内容模型具有相似的解释力。刻板印象内容模型（The Stereotype Content Model）是指在形成对社会群体的社会知觉过程中，人们习惯于从温暖和能力两个维度做出判断（Kervyn 等，2012）。温暖意味着行为出于关怀他人的动机，且行为本身符合道德规范；而能力则意味着行为人具备有效展现其意图的才能。对于温暖的评价通常与慷慨、仁慈、体贴等特质相关；而对于能力的评价通常与智力、才能、技能等特质相关。CSR 声誉会影响消费者对企业或品牌温暖程度的感知。对于消费者而言，某企业或品牌所传达的温暖与其所传递的能力同样重要，它们共同影响着消费者对企业或品牌的知觉和行为。在产品伤害危机中，消费者对企业或品牌甚至企业或品牌所在国家的刻板印象会影响消费者的责任评价（Laufer，2012）。与确认偏见作用类似，即使消费者被提供了最清晰的信息，他们仍然经常刻意歪曲这些信息以使其匹配既有刻板印象。

（2）积极互惠主义原则

由于社会责任消费（Socially Responsible Consumption）观念的流行，越来越多的企业投资于 CSR 活动来取悦消费者（Hillman & Keim，2001）。"反馈机制"存在于企业和消费者之间的 CSR 交换过程中，企业为消费者提供了某些有价值的资源，比如一些社会福利和公共服务；反过来企业会得到消费者的认可和支持。因此消费者的行为在很大程度上被其感知到的企业行为方式所影响，积极的 CSR 声誉提升了消费者对企业的利他性感知，从而推进了积极的消费者态度和行为的产生。

这种积极反馈机制体现了社会心理学中的积极互惠主义原则。互惠主义是一种基本社会原则（Luo & Zheng，2013），由于企业和利益相关者之间契约的不完备性，作为一种以规范为基准的社会控制机制，互惠主义极大地影响了契约签署各方的行为。当消费者感知到企业的善意行为时，积极互惠主义就会产生，因此积极互惠主义类似"礼物交换"，当企业通过积极 CSR 声誉展现出关怀他人的意图时，消费者会对企业的善意形成合理推断和奖励，这种行为被俗称为"以德报德"（Barclay 等，2014）。

### 3.1.3　风险管理理论和机制中的文化因素

社会心理学研究认为个体的心理历程会受到文化情境的显著影响。文化是由社会群体共享的行为规范和行为模式的集成。首先，中国传统文化重视仁善，"仁"的思想或利他主义思想被看作是儒家文化的基石（Chan，2008），因此中国消费者对仁善存在一种植根于文化的热情。孔子提出了使"矜、寡、孤、独、废疾者，皆有所养"的大同社会，孟子提出了"出入相友，守望相助，疾病相扶持，则百姓亲睦"的思想。在"仁"的文化影响下，中国的消费者更愿意回馈企业"仁"的行为，从而使风险管理理论和风险管理机制的作用更为显著。其次，在集体主义文化中，利他主义思想是被普遍推崇的价值观，社会关系以及互惠行为被赋予了极高的关注度（Hofstede，1987），因此相比有能力的刻板印象，温暖的刻板印象在中国社会中会产生更为有效的作用（Aaker 等，2010）。

## 3.2　期望失验理论

### 3.2.1　期望失验理论概述

期望失验理论（Expectancy Violations Theory）最初是在人际沟通领域建立和发展的，在人际沟通领域，期望失验被定义为行为人展现的真实行为与观测者预期不符的现象（Afifi & Metts，1998）。根据期望失验理论，在组织中违背其他组织成员期望的个体会得到更多的负面评价。此后期望失验理论被扩展到其他领域，如公共关系、组织沟通、市场营销等领域。在营销领域，期望失验理论被广泛应用于服务失败和服务修复情境。根据期望失验范式，消费者期望是消费者判断或衡量企业服务质量的内部基准，往往由一系列因素共同决定。按照信息来源，这些因素可以被分为企业因素（如企业广告、形象、承诺和口碑等）、消费者个体因素（如个体需求）、企业与消费者互动因素（如以往消费体验）三个方面。服务失败情境或服务修复情境往往是消费者期望失验的触发事件。就服务失败而言，消费者期望失验是服务预期和真实服务质量的函数；就服务修复而言，期望失验是修复预期和真实修复绩效的函数。当企业真实服务表现和修复表现优于预期时，积极的期望失验就会产生；当企业真实服务表现和修复表现差于预期时，消极的期望失验就会产生。期望失验往往与消费者满意度密切相关，积极的期望失验会引发消费者满意度的提升；而消极的期望失验则会导致消费者满意度的下降。积极的期望失验在现实中很难达成，因为积极的期望失验仅产生在一流的修复经历之后，并且在服务修复研究中对于积极的期望失验能否以及如何达成也尚无定论（Magnini 等，2007）。

与服务失败和服务修复相比，道德失败和道德修复在消费者期望失验的研究中得到的关注较少。只有少量研究提出产品伤害危机事件可以触发消费者认知程序，导致消费者对企业的期望失验（Kim，2014）。事实上与服务失败情境类似，消费者对产品伤害危机情境的解读和回应也与其期望息息相关（Dawar & Pillutla，2000）。在道德失败情境中，期望失验是道德预期和真实道德表现的函数。当企业真实道德表现优于预期时，积极的期望失验产生，此时评价者会对行为主体产生积极评价和回应；相反，当企业真实道德表现差于预期时，消极的期望失验就会产生，此时评价者会对行为主体产生消极评价和回应，在此过程中期望失验发挥了类似激励触发的作用。根据期望失验理论的观点，虽然承担社会责任可以为企业创造各种有形或无形的价值，但也同时提升了公众对企业未来 CSR 表现的预期。一旦企业停止承担 CSR 责任，或其 CSR 表现无法达到公众预期，就会引来公众的失望和不满（朱华伟等，2014）。鉴于本书的研究主题是产品伤害危机此类负面事件，所以本书中的期望失验特指消极期望失验。

具体而言，从企业单方角度，积极的 CSR 声誉所创造的预期可以被看作是企业对现有客户和潜在客户的隐性承诺，而产品伤害危机事件则可以被看作是对隐性承诺的违背；从企业与消费者双方的角度，积极的 CSR 声誉可以被看作是企业与消费者之间的心理契约，而产品伤害危机事件则可以被看作是对心理契约的违背（Holloway 等，2009）。首先，对隐性承诺和心理契约的违背对消费者认知产生了直接的负向激励触发作用。其次，对隐性承诺和心理契约的违背会使消费者感知到欺骗或背叛，对消费者认知产生了间接的负向激励触发作用。此时积极的 CSR 声誉从潜在资产转变为潜在负债，不仅无法发挥风险缓冲作用，反而会衍化为一种特殊的危机风险（Coombs & Holladay，2015）。王夏阳和傅科（2013）的研究也认为当企业无法通过 CSR 活动向消费者传递可信的正面承诺，甚或企业行为向消费者传递的本身就是负面承诺时，消费者会通过购买选择给企业施压。

类比风险管理理论的分析思路，本书从利益相关者管理的角度对 CSR 声誉的期望失验效应进行了分析。当行业中某一企业投资于 CSR 活动时，会在利益相关者中创造相应预期。利益相关者预期会在横向（行业维度）和纵向（时间维度）上造成深远影响。在横向上，首先利益相关者预期会在整个行业内进行扩散，此时利益相关者会期望行业内所有企业的 CSR 努力都与其预期相匹配；然后为满足利益相关者预期，行业中 CSR 领域的竞争会不断增强，企业会努力投资于 CSR 活动以追逐竞争对手。在纵向上，随着时间的推移，行业内参与 CSR 活动的企业数量不断增加，行业内的 CSR 水平逐渐趋于一致，由 CSR 活动带来的差异化优势正在不断减弱直至消失。此时利益相关者预期的水平也会随之"水涨船高"，从而导致新一轮的竞争开始，这种不断增长的利益相关者 CSR 预期被称为"棘轮效应"或"CSR 蠕变效应"（Bertels & Peloza，2008）。棘轮效应或 CSR 蠕变效应会导致恶性循环的产生。在单一企业范围内，基于不断增强的行业压力和利益相关者期望，企业可能会不断提升其 CSR 基准，重新进行 CSR 定位，从而导致 CSR 声誉的自我强化升级；在行业范围内，不断增长的利益相关者预期会导致竞争对手的 CSR 投资持续增长，从而使行业内企业的追逐行动持续进行，最终带来 CSR 领域的过度投资和行业内 CSR 成本的持续增加。王世权和李凯（2009）指出公众对企业履行社会责任的呼声日益高涨，使得企业很难再"谨小慎微"地承担社会责任，很多企业已经"不堪重负"。比如 2008 年汶川大地震中，公众对于企业进行了道德"逼捐"，对此曾有学者拷问这种"逼捐"现象是公众无理还是企业无良（黄敏学等，2008）。

因此，由于"棘轮效应"或"CSR 蠕变效应"的存在，首先利益相关者对于拥有积极 CSR 声誉的企业会产生更高的期望，因而在产品伤害危机发生时也更容易失望；其次不断升级的预期和行业压力可能会使企业不堪重负，此时企业的 CSR 水平和利益相关者预期之间很可能出现"预期鸿沟"（Husted，2000），更有甚者企业很可能选择不再进行实质性 CSR 投资，而只是创造不切实际的 CSR 声誉，从而为产品伤害危机事件发生后消费者的期望失验埋下隐患。卢东等（2009）指出，企业对 CSR 活动的过度宣传很容易引起消费者的怀疑。

### 3.2.2 期望失验机制

根据期望失验理论，本书解析了该理论背后所隐藏的深层心理机制，即期望失验机制。首先从消费者认知的单向视角来看，期望失验机制反映了认知过程中的"消极偏见"；其次从消费者与企业互动的双向视角来看，期望失验机制是"消极互惠主义原则"的体现。由于"消极偏见"和"消极互惠主义原则"，期望失验机制在微观个体认知中发挥作用，使产品伤害危机发生时，消费者在面临拥有积极危机前 CSR 声誉的企业时更倾向于增加消极回应。

（1）消极偏见

以往研究发现社会信息在消费者评价和回应中存在非对称影响，消极信息造成的破坏作用要比积极信息带来的建设作用更大（Sen & Bhattacharya，2001），该现象被称为消极偏见（Negativity Bias）。消极偏见产生的原因在于，首先相对于正面信息，负面信息更易诊断且更令人意外，因而消费者对负面信息的敏感性更大；其次由于其违反常规的特性，负面信息更容易被频繁和生动地报道，并且相对来源于企业自身的正面信息，来源于第三方的负面信息被认为更为可信（Ahluwalia 等，

2000）。Goodman（1950）在其经典实验中进行了两种操作，第一种操作是将一种消极特质"冷酷"嵌入一系列积极特质中，第二种操作是将一种积极特质"温暖"嵌入一系列消极特质中，结果发现消极特质比积极特质所造成的影响更大。因此当形成印象时，观察者不会赋予每一个观察到的特质同等的权重，而是会自然地厚此薄彼，增加消极特质的权重。在产品伤害危机中，由于消极偏见的作用，消费者在决策程序中会赋予危机信息较大的权重。

消极偏见会导致恶魔效应的产生。与晕轮效应相对，恶魔效应最初也是在心理学领域被提出的，它是指基于被观察者的某一恶劣品质形成消极的信念结构，对消极效应进行一定程度的扩展。Nisbett 和 Wilson（1977）在其经典实验中向两组被试者展示了两个不同版本的录像带，实验操纵了教授回答问题的态度。结果显示两组被试者对同一教授的外貌、举止和口音都给出了截然不同的评价，且对"友好"教授的评价相对"傲慢"教授更为积极。之后恶魔效应被推广到了心理学之外的其他领域。在营销领域，通俗而言，恶魔效应体现了消费者"憎其人者，恶其余胥"的心理。

在消极偏见的作用下，良好的 CSR 声誉所建立的温暖的刻板印象很容易被打破。相对于有能力的刻板印象而言，温暖的印象本身容易塑造也容易被打破。其原因在于，首先温暖的形象容易被快速感知和处理；其次温暖的形象更容易招致怀疑。在社会生活和组织情境中，有能力的形象往往难以伪装，而温暖的形象却很容易伪装。有时人们会为达成各种工具性目的，比如建立关系网络、迎合上级、与下属进行合作等而去展现温暖的形象（Cuddy 等，2011）。有鉴于此，人们对温暖的形象往往较为敏感，尤其是当不一致证据出现时，往往会进行更审慎的思考。而一旦个体或组织被贴上冷酷或伪装的标签，一种持久的认知偏见就可能产生，此时个体或组织很难再通过表面的温暖行为（如慈善捐赠）来重塑温暖的形象。

（2）消极互惠主义

风险管理理论认为，基于互惠原则，消费者会奖励企业的负责任行为。然而 Madsen & Rodgers（2015）指出隐藏在这个论点中的前提假设是消费者认可企业的负责任行为，如果不考虑这个前提假设，那么"消费者会奖励企业的负责任行为从而减少在负面事件发生时的消极回应"这一命题将成为无本之木。

产品伤害危机发生时，企业打破了对消费者的承诺和双方的心理契约，"失信行为"发生后（Tomlinson & Carnes，2015），可能产生消极互惠主义。在消极互惠主义作用下，利益相关者会惩罚企业的"失信行为"，并且消极互惠主义所引致的惩罚相比积极互惠主义赢得的奖励可能更多，此时消极互惠刺激产生的破坏作用会抵消甚至反超积极互惠刺激产生的建设作用（Bosse 等，2009）。在此作用下，消费者不再认可企业以往的负责任形象，并会对企业的不公正行为予以还击，即俗称的"以怨报怨"（Barclay 等，2014）。

### 3.2.3 期望失验理论和机制中的文化因素

中国文化重视守信，儒家提出"人而无信，不知其可也"；道家提出"信不足焉，有不信焉"；墨家提出"言不信者行不果"。在"信"的文化中，危机前 CSR 声誉越积极，消费者对企业的期望越高；产品伤害危机发生时，企业对消费者承诺的违背程度越大，企业与消费者之间心理契约的破裂程度越大，企业的失信行为越严重，消费者的回应越消极。并且西方文化被认为更注重个人主义特质，而东方文化被认为更注重集体主义特质，在集体主义文化中，消极互惠主义原则与积极互惠主义原则具有相似的作用。因此在"信"的文化和集体主义文化中，一旦消费者将产品伤害危机看作是企业的"失信行为"，期望失验机制的效用可能会更为显著，此时积极的危机前 CSR 声誉可能会产生适得其反的作用。

## 3.3 风险管理理论和期望失验理论的述评

### 3.3.1 风险管理机制和期望失验机制的对立统一性

总结并延伸上文分析可得，从消费者自身认知的单向视角和消费者与企业互动的双向视角来看，风险管理机制和期望失验机制在本质上存在对立统一性，并且二者都具有深厚的文化本源。风险管理机制和期望失验机制的对立统一性解释了风险管理理论和期望失验理论在对同一问题的解答中存在两种截然相反观点的原因，见表3-1。

表3-1　　　　　　风险管理机制和期望失验机制的对立统一性

| 视角 | 对立性 | | 统一性 |
|------|--------|--------|--------|
| | 风险管理机制 | 期望失验机制 | |
| 单向视角 | 确认偏见<br>晕轮效应<br>刻板印象内容模型 | 消极偏见<br>恶魔效应<br>温暖的刻板印象容易被打破 | 同属认知偏差 |
| 双向视角 | 积极互惠主义 | 消极互惠主义 | 同属互惠主义<br>基于有限自利假设提出<br>以商业生态系统为依托发展 |

（1）单向视角

从消费者认知的单向视角来看，首先认知偏差、情感偏差和行为偏差是心理偏差的基本组成部分（Cuddy 等，2011）。而风险管理机制中的确认偏见和期望失验机制中的消极偏见同属认知偏差范畴。其次确认偏见和消极偏见这两种认知偏差会产生截然相反的效应。一方面确认偏见所产生的晕轮效应和消极偏见所产生的恶魔效应相对立；另一方面确认偏见与刻板印象内容模型具有相似的解释力，而消极偏见的产生则容易打破积极的 CSR 声誉所塑造的温暖的刻板印象。因此确认偏见和消极偏见在本质上具有对立统一性。

（2）双向视角

从消费者与企业互动的双向视角来看，风险管理机制中的积极互惠主义和期望失验机制中的消极互惠主义同属互惠主义原则范畴，结合体现了"惩恶扬善"的价值观（刘凤军和李辉，2014）；二者均是基于"有限自利假设"提出的（Bosse 等，2009）；二者均是以商业生态系统为依托发展的。因此积极互惠主义和消极互惠主义在本质上也具有对立统一性。

首先，互惠主义包含两层含义，第一层含义是在面对友好行为时，个体会采取更为友好和合作的回应方式；第二层含义是在面对敌意行为时，个体会采取更为恶劣甚至野蛮的回应方式。可见积极互惠主义和消极互惠主义同属互惠主义原则范畴。此外互惠主义是一种"超范数"（Dunfee，2006），是在跨时间和跨文化领域内普遍存在的道德观念。基于时间维度的考虑，代际互惠可能存在，前期 CSR 声誉信息和产品伤害危机事件信息都会产生持久影响。基于空间维度的考虑，在某一地区发生的 CSR 活动和产品伤害危机事件所造成的影响可能在全球范围内呈蔓延态势。

其次，互惠主义并不是指个体完全放弃追求自身利益的最大化，而是个体在追求自身利益最大化的同时，兼顾互惠主义规范。换言之，互惠主义是个体愿意为了坚持某些原则（关怀他人或关心社会福利的原则）或维持某种关系（与他人或社会的关系）而牺牲掉部分自身利益。因此积极互惠主义和消极互惠主义均是基于有限自利假设提出的。与完全自利假设不同，有限自利假设是指在市场环境中，个体会关注自身及他人（即便他人只是陌生人）被对待的方式，并希望可以公平地对待他人（Bosse 等，2009）。完全自利假设是交易成本经济学和代理理论的基本假设，交易成本经济学和代理理论认为在条件允许的情况下，个体在追求自身利益的过程中会不惜采取任何手段。虽然交易成本经济学和代理理论在战略管理领域被广泛接受，然而将人看作是完全自利的个体毕竟只是一种极端状况（Ghoshal，2005）。在现实中消费者不仅是经济人，而且是社会人，互惠主义原则和有限自利假设符合大部分消费者的行为决策，类似囚徒困境博弈，相比完全自利，合作和互惠显然是占优策略。

最后，积极互惠主义和消极互惠主义都是以商业生态系统为依托发展的。尽管近期很多利益相关者管理领域的研究还在采用辐射状模型（Bhattacharya & Korschun，2008），然而很多学者已经认识到这种从个人主义哲学的视角将利益相关者割裂开来看待的方式会影响模型的真实性和整体性。因此越来越多的学者们达成了如下共识：利益相关者构成了一个相互关联和相互影响的生态系统，企业是嵌入商业生态系统中的。在高度嵌入式网络中，利益相关者彼此之间以及利益相关者与企业之间构成相互依赖关系（Kapoor & Lee，2013）。在这种相互依赖关系中，互惠主义原则会引发高水平的共同关注欲望；激励着商业生态系统中的合作伙伴维持合作关系；并保障系统内沟通的有效性。

### 3.3.2 消费者决策程序

以风险管理机制和期望失验机制的对立统一性为基础，本书提出产品伤害危机中消费者会经历以下决策程序：首先消费者在接收到不一致的信息（积极的 CSR 声誉信息和消极的产品伤害危机信息）时容易产生认知失调，陷入决策困境；进而处于决策困境之中的消费者会对产品伤害危机信息进行解读，并可能对 CSR 声誉信息进行再解读；最终决定是否从 CSR 这种企业的劝说性尝试中抽离出来。对消费者产品伤害危机决策程序（如图 3-1 所示）的具体分析如下：

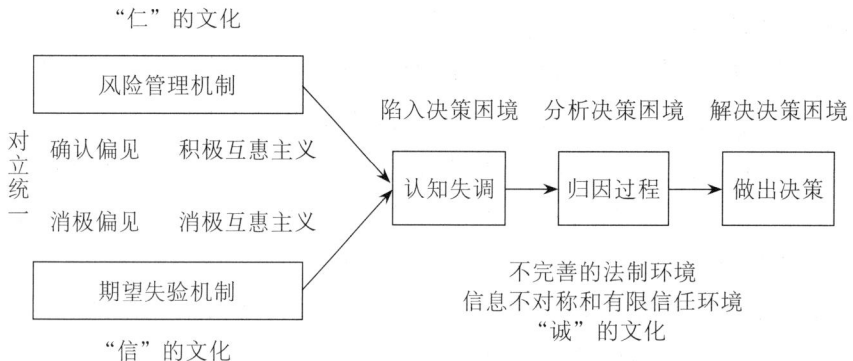

图 3-1　产品伤害危机决策程序

（1）陷入决策困境：认知失调

认知失调理论（Cognitive Dissonance Theory）认为消费者对环境以及他人的观念、态度等都具有固有认知。总体而言如果这些因素遵循相同逻辑，那么它们相辅相成，反之产生认知失调。Gillespie 等（2014）指出认知失调通过以下三种途径产生：第一种途径是做出一项重要并艰难的决定；第二种途径是被迫发表或做出与个人观念或信仰相违背的言论或行为；第三种途径是面临不一致信息。本书关注面临不一致信息时的认知失调。根据信号理论（Signal Theory），不一致的信息会传递出低匹配度的信号，信号匹配度是指信号与不可观测的潜在特征的一致程度，它是决定信息提示有效性的关键因素。当新信息出现时，消费者会同时更新其以往信念水平和对信息精确度的观念。具体而言，如果企业拥有积极的危机前 CSR 声誉，产品伤害危机发生时，消费者接收到的新信息与之前的预期高度不一致，消费者感知企业"言行不一"的程度较高。一致性信息创造了稳定的企业认同；而不一致信息容易导致消费者的困惑，造成消费者对市场的曲解或误解，并产生不舒服的感觉，从而影响消费者决策过程（Zhao 等，2011；Marín 等，2016）。

因此，如果企业拥有积极的危机前 CSR 声誉，产品伤害危机发生时，消费者会接收到高度不一致的信息。高度不一致的信息会向消费者传达匹配度低的 CSR 信号，进而促进认知失调的产生，使消费者陷入决策困境。

（2）分析决策困境：归因过程

陷入决策困境之中的消费者会努力解决困境从而减轻由困境带来的困惑和不适感。为此消费者会通过认知程序对危机事件进行解读，进而可能对危机前 CSR 声誉进行再解读，从而帮助其做出决策。

首先，消费者会通过认知程序对危机事件进行解读，Folkes（1984）指出在危机事件中最常见的认知程序是归因程序，归因程序可以构成消费者评价持续更新和修订的基础，对产品伤害危机事件的归因可以显著影响消费者的认知模版，因此归因理论被广泛应用在营销理论中去解释消费者的认知过程和消费者行为。

其次，根据调试水准理论（Adaptation Level Theory）的观点，消费者会根据后续经历调整对企业的先验评价，因此在对危机事件进行解读的基础上，消费者会进而对危机前 CSR 声誉进行再解读。从认知调试的角度，个体对自身和他人的意图和行为，以及对世界的运作机能均有一套既定的观念，而创伤经历可以动摇这种观念。为了从创伤中恢复，个体需要将现在的创伤经历融入既定观念中去，对既定观念做出调整和改变（Singh & Sirdeshmukh，2000）。

最后，在对危机前 CSR 声誉进行再解读的过程中，消费者怀疑发挥着主要作用，尽管 CSR 活动的初衷是造福社会，然而越来越多的公众怀疑 CSR 逐渐成了企业掩盖其具有社会危害性的行为的工具；并且相比其他类型的企业沟通策略，CSR 沟通更容易引起消费者的怀疑（Delmas & Cuerel Burbano，2011）。产品伤害危机事件的发生一方面可能使消费者怀疑 CSR 活动只是为回应外部压力而进行的迫不得已的行为或机会主义行为（Parguel 等，2011）；另一方面可能使消费者怀疑企业只是创造了虚假的 CSR 声誉。一旦消费者质疑 CSR 声誉的真诚性或真实性，积极危机前 CSR 声誉的风险管理作用就可能不复存在。极端情况下，消费者可能对企业所有的 CSR 活动都产生怀疑，导致信任崩塌。此时 CSR 市场的信号传递功能失灵，CSR 进程会由于失去应有的市场支持而裹足不前。

（3）走出决策困境：做出决策

根据劝说性知识模型（Persuasion Knowledge Model，PKM），CSR 沟通是企业试图构建积极消费者观念的一个劝说性尝试（Vanhamme & Grobben，2009）。陷入决策困境的消费者在对困境进行分析之后，要决定是否从 CSR 声誉这种劝说性尝试中抽离出来。

具体而言，劝说性知识模型是 Friestad & Wright（1994）提出的，该模型集成了有关态度转变的相关理论来解释消费者如何应对市场中的劝说性尝试。围绕营销人员的劝说尝试（比如广告、CSR 声誉），消费者会形成知识体系。当企业试图运用劝说性沟通策略时，消费者会结合已经形成的知识体系形成综合的判断。在此过程中，对于劝说性沟通策略潜在真实动机的怀疑会阻碍其有效性的发挥（Groza 等，2011）。

据此本书认为，一方面在消费者对产品伤害危机信息进行解读和对危机前 CSR 声誉信息进行再解读的过程中，如果消费者怀疑积极危机前 CSR 声誉的真诚性和真实性，消费者就会经历期望失验，于是从 CSR 沟通这种劝说性尝试中抽离出来；另一方面即便消费者没有对危机前 CSR 声誉的真诚性和真实性产生怀疑，积极危机前 CSR 声誉信息和消极产品伤害危机信息产生的"落差"也容易使消费者陷入被欺骗和被背叛的感受中而非常失望，从而使消费者从 CSR 沟通这种劝说性尝试中抽离出来。如果消费者决定从劝说性尝试中抽离，期望失验机制会发挥主导作用；反之，风险管理机制发挥主导作用。

（4）消费者决策程序中的法制、社会和文化因素

在中国当前的有限信任环境中，特定行为包括 CSR 行为会被严格审视，在审视过程中消费者会对 CSR 声誉的真诚性和真实性产生复杂评估。为完成这一评估程序，消费者需要充足的信息。然而作为全球最大的新兴市场和第二大经济实体，中国缺乏独立和有效的 CSR 司法体系和强制性的执法体系；CSR 信息管理和披露机制尚不完善；商业伦理尚在建设之中。这些都使得与 CSR 相关的法制规范在某种程度上只是纸上谈兵，导致中国消费者和企业之间存在更为严重的信息不对称。当同时处于有限信任和信息不对称环境中时，信息需求与信息供给之间的不匹配导致"信息鸿沟"的出现。产品伤害危机事件中，陷入决策困境的消费者在对 CSR 声誉信息进行再解读的过程中，"信息鸿沟"的存在可能会加剧消费者对积极危机前 CSR 声誉真诚性和真实性的怀疑。

具体而言在产品伤害危机后，由于企业的"言行不一"，消费者会经常面临宣称和真实行为自相矛盾的刺激。处于有限信任环境中的消费者有强烈欲望去探求危机前 CSR 声誉的真诚性和真实性，然而由于信息不对称，真实情况又很难明确。此时消费者容易对危机责任企业产生猜忌进而无法做出确定性评价。更糟糕的情况是，当信息不充分时，公众倾向于自行"脑补"最坏的信息（Folta & Janney，2004）。

并且受传统文化影响，中国消费者十分注重真诚，儒家经典《礼记·乐记》中提出"欲正其心者，先诚其意，意诚而后心正"；道家经典《庄子·渔父》提出"真者，精诚之至也，不精不诚，不能动人"；北宋理学家程颐提出"以诚感人者，人亦诚而应"。由此可见中国消费者对真诚性更为敏感，消费者对 CSR 声誉真诚性和真实性的怀疑很可能导致危机前积极 CSR 声誉的风险管理机制失效甚至产生适得其反的效果。

综上，本书提出从消费者认知的单向视角来看，风险管理机制中的确认偏见和期望失验机制中的消极偏见存在对立统一性；从消费者与企业互动的双向视角来看，风险管理机制中的积极互惠主义和期望失验机制中的消极互惠主义也存在对立统一性。因此无论从单向视角还是双向视角，风险管理机制和期望失验机制在本质上都具有对立统一性。由于对立统一性的存在，对于产品伤害危机后，积极的危机前 CSR 声誉是

否会抑制消极的消费者回应并推进积极的消费者回应的问题，风险管理理论和期望失验理论存在两种截然相反的观点。在消费者决策程序中，不一致信息造成的认知失调使消费者陷入决策困境；陷入决策困境中的消费者通过归因程序对产品伤害危机信息进行解读，并对 CSR 声誉信息进行再解读，以此决定是否从 CSR 沟通这种劝说性尝试中抽离出来。其中不完善的法制环境、有限信任环境和信息不对称环境以及重视真诚的传统文化对归因程序产生了显著影响。在某些情境中，确认偏见和积极互惠主义可能发挥主要作用，从而使风险管理机制发挥主导作用；在另一些情境中，消极偏见和消极互惠主义可能发挥主要作用，从而使期望失验机制发挥主导作用。可见解决矛盾和困境的关键在于对危机情境因素的把握，由于归因过程在消费者决策程序中所扮演的重要角色，本书通过引入归因理论来理解消费者对产品伤害危机信息和 CSR 声誉信息进行解读的心理机制；进而识别出影响消费者决策的归因情境；从而使风险管理理论和期望失验理论的矛盾观点达成和解。

## 3.4 归因理论

### 3.4.1 归因理论概述

归因理论（Attribution Theory）最初是在社会心理学中被提出的（吴江霖等，2004），之后该理论被扩展到管理学研究中。归因理论旨在理解个体为特殊事件或现象进行因果性解释的过程，其中，特殊事件或现象涵盖了管理学和组织研究中的诸多领域（Vaara 等，2014）。比如归因理论可以用于对组织业绩下滑、CEO 免职、CSR 活动评价、产品伤害危机事件成因等问题进行解释。尽管归因理论的应用范围极广，然而大多数相关研究依然集中在心理学领域，在管理学研究领域中归因理论仍有很大的应用空间。

Heider（1958）、Kelley（1973）和 Weiner（1986）将归因定义为人们对特定事件的原因进行解释的认知过程。因此归因描述了个体在试图理解事件发生的过程和原因时所形成的，对事件合乎逻辑、合乎道理的解释。归因理论的基本观点是，人们有一种根深蒂固的去理解和控制周围的环境，并试图去解释特定事件发生的原因的需求。例如对个人成绩的典型的归因解释是能力、努力、任务性质、运气等。

以往研究提出在对特定事件的解读和回应中，存在一个经典范式，即"认知—情绪—行为"范式。在这一经典范式中，人是理性信息加工者，归因程序可以显著影响个体对特定事件的认知，从而影响其后续情绪和行为回应（Mattila，2004）。Martinko等（2011）强调归因过程是激发个体行为的要件，归因理论可以用于解释几乎所有的奖惩行为。例如对CSR行为的归因可以显著影响消费者的购买意愿（Ellen等，2006）、重复光顾意愿（Vlachos等，2009）和推介意愿（Walker等，2010）。对危机的责任归因可以显著影响消费者对企业的未来态度和行为（Carvalho等，2015）。

根据以往研究，本书按照归因主体、归因客体、归因内容对归因进行了分类，具体内容见表3-2。

表3-2　　　　　　　　　　　归因的分类标准和类型

| 分类标准 | | 类型 |
|---|---|---|
| 主体 | 利益相关者 | 消费者归因 |
| | | 员工归因 |
| | | 投资者归因 |
| | | 供应商归因 |
| | | 债权人归因 |
| | | 政府归因 |
| | | 社区归因 |
| | | 非营利组织归因 |
| | 层次 | 个体层面归因 |
| | | 集体层面归因 |
| 客体 | | 针对个体的归因 |
| | | 针对组织的归因 |
| 内容 | | 因果归因 |
| | | 责任归因 |
| | | 动机归因 |

资料来源：作者整理。

按照归因的主体，以利益相关者为参照，归因大致可以被分为消费者归因、员工归因、投资者归因、供应商归因、债权人归因、政府归因、社区归因和非营利组织归因等。现有研究集中关注消费者归因，也有少量研究涉及员工工作场所归因，而关于投资者、供应商、债权人、政府、社区、非营利组织等利益相关者归因的研究则几乎为空白。以归因主体的层次为参照，归因大致可以被分为个体层面归因和集体层面归因，由于归因过程涉及个体的心理状态，而个体心理状态往往具有很大的变异性，将个体集成到集体层面去研究往往具有较大的难度和争议，因此大部分相关研究集中在个体层面，只有少量研究关注集体层面。

按照归因的客体，大致可以分为针对个体的归因和针对组织的归因。最初研究集中在针对个体的归因方面，针对个体的归因又可以进一步细分为针对自身和针对他人的归因。例如 Martinko 等（2007）研究了个体对其自身成功或失败的归因，Vaara 等（2014）研究了员工对经理人行为的归因。之后针对个体的归因研究被扩展到组织中，组织人格化的观点在扩展过程中起到重要作用。Whetten & Mackey（2002）等研究认为，组织决策是对单一个体决策进行集成和整合而得到的，因此组织可以被看作像个体一样生活、呼吸，并拥有独立意识和可预测行为倾向的实体。King 等（2010）等研究扩展了这一想法，提出组织可以被看作是具有特定动机、目标、意图的社会演员，这些观点启发相关研究将心理学的理论进行"垂直的理论借鉴"来解释组织的行为，从而将针对个体的归因扩展到针对组织的方面。

按照归因的内容，大致包括因果归因、责任归因、动机归因等。其中因果归因是指消费者会自发地对事件发生的原因进行思考，这种自发的因果归因过程在失败情境中更为普遍，因为消费者往往会试图推断失败发生的原因。责任归因是指消费者感知到的企业需要为既有的失败负责任的程度。动机归因是指消费者解读组织行为背后所隐藏的真实动机和意图，以此来评价组织的能力和道德。个体在对组织做出评价时，会采取与评价个人相同的方式，这就意味着人们会像解读个人一样去解读组织行为的动机和意图。

### 3.4.2  CSR 归因

归因理论应用在 CSR 研究领域产生了 CSR 归因的概念，CSR 归因（CSR Attribution）是指利益相关者对于 CSR 行为的潜在动机进行的归因（Du 等，2007）。以往大部分关于 CSR 归因的研究集中在消费者领域（Story & Neves，2015）。根据上文所提出的归因类型，按照归因主体，CSR 归因可以被归为消费者归因和个体层面归因；按照归因客体，CSR 归因可以被归为针对组织的归因；按照归因内容，CSR 归因主要涉及动机归因。

Heider（1944）区分了两种 CSR 归因，包括内部性动机归因（简称内部归因）和外部性动机归因（简称外部归因）。其中内部归因是指 CSR 行为被企业内部压力驱动；而外部性归因是指 CSR 行为被企业外部压力驱动。在 CSR 沟通中，内部归因可以向外部利益相关者传达利他性的 CSR 信号，表明 CSR 活动是单纯出于对利益相关者福利的关怀，从而引起利益相关者更多的真诚性感知；而外部归因则会向外部利益相关者传达自利性的 CSR 信号，表明 CSR 活动是出于工具性的目的，此时消费者可能认为企业参与 CSR 活动的动机仅仅是想要获取某种回馈或避免某种惩罚。

与内部归因和外部归因相似，Ahn 等（2016）将 CSR 归因分为利他性动机归因和利己性动机归因。其中利他性动机归因是指 CSR 行为是出于提高社会福利的内在意愿；利己性动机归因是指 CSR 行为是出于获取商业利益的自利意愿（田虹和袁海霞，2013）。利己性动机归因的责任人或责任组织容易被看作是欺骗性的、自私的、不可靠的个体或组织。

在这两种基本分类之外，也有研究进行了更为细致的划分。遵循 Ellen 等（2006）对企业动机的分类，Marín 等（2016）将 CSR 归因分为利己性动机归因、战略性动机归因、利益相关者驱动性动机归因、价值驱动性动机归因。在此基础上按照对消费者购买意愿的影响，将这四类动机归因整合为两组，积极性动机归因和消极性动机归因。其中积极性动机归因包括战略性动机归因和价值驱动型动机归因；消极性动机归因包括自利性动机归因和利益相关者驱动性动机归因。

### 3.4.3　产品伤害危机事件归因

作为典型的意料之外的负面事件，产品伤害危机事件发生时，消费者往往会自发地陷入推理程序。归因理论被认为是预测利益相关者危机回应的有效工具（Laufer & Coombs，2006）。根据上文所提出的归因类型，按照归因主体，产品伤害危机事件归因一般被归为消费者归因和个体层面归因；按照归因客体，产品伤害危机事件归因是针对组织的归因；按照归因内容，产品伤害危机事件会同时涉及因果归因、责任归因、动机归因等诸多方面，因为消费者会对产品伤害危机事件进行全方位的思考，内容涉及危机事件的原因、后果、过程、责任、动机等。

基于以往研究，本书认为产品伤害危机发生后，消费者一般会自发地思考以下问题：第一，谁该为危机事件的发生负责，事件发生是出于内部原因还是外部原因？（焦点）第二，企业可以控制危机事件的发生吗？（控制度）第三，类似危机事件在以前发生过并且还会再发生吗？（稳定性）第四，事件是否造成了恶劣影响和巨大损失？（严重性）第五，危机事件发生的动机是什么，伤害行为是出于企业的主观不良意图吗？（意向性）

在归因过程中观察者有两种不同的归因倾向，避免伤害和避免指责。当观察者与侵害者相似程度较大时，为了避免被指责，他们倾向于指责受害者；相反，当观察者与受害者的相似程度较大时，为了避免伤害，他们会倾向于指责侵害者。在产品伤害危机中，广大消费者是和受害者站在同一立场的，此时他们更倾向于避免伤害而非避免指责，因此他们会更多地指责责任企业。这种消费者出于自我保护动机，倾向于指责责任企业的现象被称作默认归因程序（Lei 等，2012），在负面事件中，消费者的默认归因倾向尤为明显。由于消费者通过审视其拥有的信息来分析问题，所以随着危机情境因素的改变，消费者掌握的信息也随之改变，默认归因程序因而也会随之调整。因此在不同危机情境中，由于消费者对危机事件的识别和解读不同，消费者做出的情绪和行为回应也会有所差异。

## 3.5　研究假设

### 3.5.1　CSR 声誉与消费者行为

随着 CSR 观念的流行，学术研究中学者们普遍认为 CSR 战略已经从单纯的道德驱动战略转变为"内生嵌入"企业价值创造过程中的全面社会管理战略（李伟阳等，2011；高汉祥，2012；王清刚和徐欣宇，2015）；在企业实践中经理人也已经达成了利用 CSR 声誉增加销售、提升企业形象、建立公共关系的普遍共识（Lii & Lee，2012）。因此在研究和实践中，主流观点支持风险管理理论，认为积极的 CSR 声誉可以作为一种有效的价值沟通手段发挥作用，在危机发生前帮助企业与消费者形成强有力的心理纽带（Korschun 等，2013），在危机发生时赢得消费者的情感和理智支持（Luo & Bhattacharya，2009；Xie 等，2015），在危机发生后帮助企业迅速从危机事件中恢复，从而减少消费者的报复行为倾向并增加其宽恕行为倾向，具体分析如下：

在危机发生前，与利益相关者建立强关系被看作是危机计划的重要环节（Ulmer，2001）。如果企业与利益相关者关系坚实，利益相关者可能在危机中为企业提供有助于危机缓和的政治支持或资源支持。作为危机前沟通策略的一种，积极 CSR 声誉可能引导消费者产生有利于企业的选择性注意和偏向性信息处理（方正等，2010），因此危机前积极 CSR 声誉的构建被看作建立危机前强关系的有效手段之一。相比其他沟通策略，如发布产品信息或广告，提供财务报表或工作合同等，CSR 沟通策略更能说明企业的价值观。

在危机发生时，对于拥有积极危机前 CSR 声誉的企业，消费者倾向于自觉抵制负面信息，并积极寻求正面信息，从而保护了企业形象免受或少受负面信息的影响（Eisingerich 等，2011）；在做出责任归因时，消费者更倾向于指责危机前 CSR 声誉较差的企业。Klein & Dawar（2004）检验了与 CSR 相关的消费者信念的作用，研究表明积极的 CSR 信念会对消费者在产品伤害危机事件中的责任归因和品牌评价产生积极影响。Lei 等（2012）的研究发现消费者持有积极观念的品牌更不容易受到危机事件冲击，这不是因为积极观念可以隔离消极信息，而是因为积极观念使消费者更容易接受基率信息的影响，减少对品牌的默认责任归因。此外积极的危机前 CSR 声誉还可以为企业争取更多的时间与利益相关者进行沟通（Vanhamme & Grobben，2009），而有效的沟通有助于平息消费者愤怒，减轻消费者怀疑，减缓负面信息对消费者情感认同的消极影响，减少消费者采取诸如报复行为等极端方式寻求发泄的概率，促进和解和宽恕的达成（Love & Kraatz，2009；Lin 等，2011）。

危机发生后，如果产品伤害危机的涉入企业拥有积极的危机前 CSR 声誉，消费者更容易选择"忘记"这场危机并重新购买该企业的新产品，可见危机前积极的 CSR 声誉可以帮助企业迅速从危机事件中恢复。根据以上分析，危机前积极的 CSR 声誉可以为企业提供一种防御负面事件影响的保险策略，减少消费者的报复行为倾向并增加其宽恕行为倾向。然而需要注意的是积极的危机前 CSR 声誉无法作为"一揽子保险"发挥作用，它的保险作用很大程度上被限制在与 CSR 相关的负面事件中（Eisingerich 等，2011）。

与主流观点相反，竞争性的观点认为在某些情境中，积极 CSR 声誉的积极"惯性效应"可能不复存在。此时积极 CSR 声誉非但无法发挥类似资产的保险作用，反而可能会形成一项特殊负债，增加消费者的报复行为倾向并减少其宽恕行为倾向，从而使企业承担更多的市场租金。从现代主义到后现代主义的推进过程中，社会元素逐渐向着多元化和碎片化的方向发展，多元化和碎片化在创造自由主义消费选择的同时，也加剧了消费过程中的不安全感。在这种不安全感的影响下，消费者对营销策略的怀疑和批判日渐增长。在此背景下消费者对于企业利用 CSR 的噱头实施机会主义行为，从而为企业产品、服务、形象等造势的质疑和问责也愈演愈烈。Vanhamme & Grobben（2009）的研究发现消费者对 CSR 宣称尤其是短期 CSR 涉入宣称的可信度已经在不断降低。Benn 等（2010）的研究发现，当消费者认为 CSR 活动仅仅是一种公关活动时，它会带来消极的品牌评价。Parguel 等（2011）发现当企业只参与一项 CSR 活动而不是多样化的 CSR 活动时，或者当言论和实践出现不一致时，消费者容易认为企业仅仅是利用 CSR 活动进行机会主义行为。Yoon 等（2006）和 Wagner 等（2009）的研究发现，当 CSR 被看作合规驱动时，消费者会产生愤世嫉俗的心理，批判 CSR 活动的真实性和真诚性。Marín 等（2016）的研究发现当消费者推测 CSR 活动的真实动机仅仅是销售产品而不是以消费者利益为出发点时，CSR 行为会产生消极后果。

延续这种竞争性观点，当产品伤害危机事件发生时，由于不一致信息所导致的认知障碍，消费者更容易质疑责任企业危机前 CSR 声誉的真诚性和真实性，并可能进一步将责任企业界定为伪善的企业。伪善是指企业宣称去进行 CSR 行为但并未付诸实际的现象（Wagner 等，2009）。Behnam & Maclean（2011）指出，CSR 方案很容易引发言论和行为的脱节，尤其是当 CSR 方案具有模棱两可的预期、低表面实施成本、高实质性合规成本、疲软的保障结构及有限的强制实行机制时，这种脱节更为普遍。同时信息不对称环境又加剧了这种脱节，为企业伪善提供了机会。当消费者认为危机前 CSR 声誉缺乏应有的真诚性和真实性时，会产生失望之感。即便消费者并未质疑危机前 CSR 声誉的真诚性和真实性，正面声誉和负面事件的不一致也会增加消费者对企业"失信"的指责。并且在组织心理学中，有一个通俗的效应是"站得越高，摔得越痛"，借鉴这一逻辑，危机前 CSR 声誉越积极的企业，越容易和消费者建立良好的关系，并使消费者产生更高的期望，从而在危机发生后容易使消费者感知到更大的失望程度（Grégoire & Fisher，2008）。此外危机前 CSR 声誉越积极的企业，越容易引起大众传媒的关注，较高的媒体关注度会使其更为频繁地暴露于公众视野中（Ahluwalia 等，2000），从而加剧危机发生时消费者的失望。

综上，消费者对企业的行为是他们对企业看法的函数（Klein & Dawar，2004）。消费者对于某一品牌的以往观念是基于先验信息形成的，而先验信息又与该品牌的以往行为以及其消费者与该品牌的以往互动经历有关。当新信息出现后，消费者会将先验信息和新信息进行综合性的解读，并在此基础上做出回应。虽然主流观点支持风险管理理论，认为先验信息在负面事件发生时依然会起到积极作用，但是竞争性观点也拥有数量可观的支持者，所以结论依然存在很大争议。Margolis & Walsh（2003）的研究通过文献综述指出，在营销领域，CSR 活动的商业后果是模棱两可的。基于以上分析，本书参照主流观点，根据风险管理理论和风险管理机制提出假设。若假设得到验证，则说明研究结论支持主流观点，风险管理机制发挥主导作用；若检验结果不显著，则说明风险管理机制和期望失验机制在博弈过程中势均力敌；若数据检验得到与假设截然相反的结果，则说明研究结论支持竞争性观点，期望失验机制发挥主导作用。

H1：危机前 CSR 声誉负向影响消费者报复行为，正向影响消费者宽恕行为。

H1a：危机前 CSR 声誉负向影响消费者报复行为。

H1b：危机前 CSR 声誉正向影响消费者宽恕行为。

### 3.5.2 义愤情绪的中介作用

（1）CSR 声誉和义愤情绪

心理学研究表明，道德情绪在个体感知到的道德标准和道德行为之间起到关键的联结作用。Haidt（2012）的社会直觉模型指出了如下处理程序：触发事件——直觉反应——判断——推理。Cronin 等（2012）检验了沃尔玛的商业活动对消费者信念、情绪和行为的影响。研究发现在消费者评价沃尔玛的非法行为对社区造成的伤害时，义愤情绪是一种常见的直觉反应。Xie 等（2015）的研究发现，企业的非绿色行为会导致蔑视、义愤、厌恶等负面道德情绪的产生，进而推进消费者的负面口碑和抵制行为；而企业的绿色行为会促进感激的积极道德情绪的生成，进而推进消费者的组织认同和正面口碑。

在产品伤害危机研究框架内，产品伤害危机事件是典型的、与道德相关的负面触发事件，而义愤情绪是消费者对触犯自身道德敏感点事件的典型直觉反应。具体而言，当消费者感知到自身或他人遭遇产品伤害危机事件时，个体的道德敏感点被触犯，同时道德标准被违背，从而触发了消费者的直觉反应，应激产生义愤情绪。在直觉反应的形成过程中，个体对责任企业危机前 CSR 声誉的感知会对义愤情绪产生影响。

根据风险管理理论和风险管理机制，积极的危机前 CSR 声誉有助于提升企业和消费者之间的认同，对消费者的观念、情绪、态度、行为产生积极影响。根据期望失验理论和期望失验机制，对于拥有积极的危机前 CSR 声誉的企业，危机事件信息会挑战消费者的以往观念从而呈现出信息不一致。当消费者对危机前 CSR 声誉的真诚性或真实性产生怀疑，或产生被欺骗和被背叛感时，积极的危机前 CSR 声誉可能对消费者的观念、情绪、态度、行为产生消极影响。由于主流研究支持风险管理理论的观点，所以本书据此提出危机前 CSR 声誉会减轻产品伤害危机中消费者的义愤情绪。

（2）义愤情绪和报复行为

现有关于消费者报复行为的模型一般是基于评估理论（Appraisal Theory）中的"认知—情绪—行为"模式发展的（Crossley，2009）。基于这一模式，消费者情绪在消费者认知和行为当中起到桥梁作用。当消费者体验到愤怒情绪时，其防御机制被激活以恢复情绪平衡，所以愤怒情绪通常包含一种强烈的想要回应和反抗的冲动，在这种冲动的作用下，愤怒的消费者通常会切实采取对抗性应对策略。很多实证研究表明愤怒的消费者会参与激进的报复行为，比如负面口碑（Lindenmeier 等，2012；涂铭，2013）、逆向传播行为（青平等，2014）等。因此愤怒情绪被认为是消费者报复行为的一个重要的预测变量（Zourrig 等，2009）。

在产品伤害危机事件中，宽泛的愤怒情绪被框定为具有道德色彩的义愤情绪更为恰当。与基本愤怒情绪类似，义愤情绪在引发报复行为的过程中也包含宣泄负面情绪、恢复心理平衡的因素。此外义愤情绪作用下的报复行为还包含寻求公正、维护社会规范、重建道德秩序、预防未来可能的剥削性行为，保护他人免受进一步伤害的道德功能（Barclay 等，2014）。基于报复行为的道德功能，义愤的消费者通常将报复行为看作对不公正待遇的有力回击。大量实证研究表明，有时个体做出某些社会行为仅是出于帮助他人或提升社会福利的动机。例如 Funches 等（2009）的研究发现，某些客户号召其他客户避免光顾某一目标公司不仅是为了宣泄负面情绪，更是出于利他性目的，希望通过给服务提供者一个教训以避免他人有同样的遭遇。

义愤情绪在消费者认知和报复行为之间的媒介作用不仅在静态视角下成立，在动态视角下也依然存在。在动态视角下，消费者的报复行为往往具有传染性，传染性是指某一个体的行为会激发其他个体做出相同或类似行为的特性（Schaefers 等，2016）。这种传染性可以用犯罪心理学的破窗效应理论（Broken Windows Theory）和社会学的社会学习理论（Social Learning Theory）来解释。基于破窗效应理论，环境中犯罪者的错误行为一旦被放任，就会诱使他人进行效仿，效仿者甚至可能变本加厉。基于社会学习理论，由于同化效应的存在，消费者可以通过社会学习过程学习他人的报复行为。报复行为的传染很多时候是通过义愤情绪的传染来实现的。义愤情绪往往会加剧破窗效应理论中的"诱导效应"和社会学习理论中的"同化效应"，迅速造成冲突升级和蔓延。随着义愤情绪和报复行为在空间范围内的传染，个体的义愤情绪容易衍变为"公愤"，同时零散的报复行为也容易衍变为集体抵制。公共关系和危机沟通的相关研究表明，如果不能妥善处理由企业行为引发的"公愤"，危机就会接踵而至。并且当"公愤"是由道德失败引起的时候，后果会更为严重（Linsley & Slack，2013）。此外网络环境的全球化、迅捷性、多样性、交互性和低成本的特点在一定程度上加强了义愤情绪和报复行为的传染，在监管不健全的情况下往往容易造成言论、情绪和行为的失控。据此本书提出义愤情绪可以推进消费者报复行为。

（3）义愤情绪和宽恕行为

在神学、哲学、伦理学和社会学的研究中，宽恕都被视为一项美德。首先作为一种应对策略，宽恕可以帮助受害者减少对侵犯行为的压力反应，提升其身心健康水平，从而增强个体的生活满意度；其次宽恕可以引导建设性沟通行为，增加受害者和侵害者之间的亲密感，促进双方的冲突降级和关系修复。Fincham & Beach（2007）的研究表明，宽恕对于增强关系质量的作用至少可以持续 12 个月。Ysseldyk & Wohl（2012）的研究表明宽恕促进了受害者和侵害者双向承诺的建立，对于现有关系的固化和新关系的建立都具有重要作用。此外得益于宽恕行为的传递性，在二元关系之外，宽恕对广义社会网络关系的构建也具有额外的、深远的影响。有鉴于此 Exline 等（2003）将宽恕比喻为一个利他的、自愿性的"礼物"。

在产品伤害危机中，相比于激进的报复行为，有时人们会采取较为缓和的回应方式，比如不报复但也不宽恕。认知和情绪对宽恕行为具有强烈影响（Finkel 等，2002），宽恕行为达成的一个重要基础是负面情绪的转换。当由关系型道德困境（不忠、背叛、被欺骗及其他故意性或非故意性的不当行为）产生的负面情绪被有效处理后，宽恕行为才会达成。消费者对危机事件所造成的既定伤害或潜在伤害往往具有敏感性，而负面道德情绪则直接激发着消费者行为（Grappi 等，2013），所以当消费者义愤情绪处于高水平时，宽恕行为很难达成。此时消费者会认为宽恕侵害者非但不是美德，反而是对当前侵害行为的接受甚至是对后续侵害行为的鼓励。据此本书提出义愤情绪会抑制消费者的宽恕行为。

（4）文化因素的考虑

在过去的几十年间，经济改革使中国从传统的计划经济转向了市场经济，个人的基本价值观也随之有了一定程度的改变。然而传统的价值观在当今中国社会依然根深蒂固，作为传统文化的精髓，儒家文化认为君子应当致力于促进整体社会的公义（Chan，2008）。"义"引导人们在不断追求完美的过程中去寻求自我修养的提升，而非纯粹物质利益的获取。由于儒家文化的影响，中国消费者在产品伤害危机发生时更容易产生义愤情绪，在义愤情绪的引导下，他们认为适当的报复和不轻易地宽恕不仅是为了发泄愤怒情绪，更是为了惩恶扬善。

并且集体主义的文化特征加强了中国消费者出于义愤而惩恶扬善的倾向。首先在个人主义文化中，社会成员主要形成独立型自我构念，拥有独立型自我构念的个体倾向于定义自己的独特属性，这些自我定义包含个体的特质、能力、动机、价值观等；而在集体主义文化中，社会成员主要形成依赖型自我构念，拥有依赖型自我构念的个体倾向于定义自身与其他群体成员之间的关系，这些自我定义包含社会规范、群体成员意见等。其次在个人主义社会中社会成员之间的关系是松散的，社会成员以照顾好自己以及其直系亲属为目标；在集体主义社会中社会成员从出生开始就被集成到强而有凝聚力的群体中，在群体中社会成员终其一生通过交换关系来进行自我保护并保持对群体的绝对忠诚（Hofstede，1987）。因此在"义"的文化和集体主义文化的影响下，义愤情绪的中介作用可能更为突出。综合以上分析，本书提出以下假设：

H2：消费者义愤情绪在危机前 CSR 声誉和消费者行为之间起到中介作用。

H2a：消费者义愤情绪在危机前 CSR 声誉和消费者报复行为之间起到中介作用，CSR 声誉可以通过减少消费者义愤情绪来减少消费者报复行为。

H2b：消费者义愤情绪在危机前 CSR 声誉和消费者宽恕行为之间起到中介作用，CSR 声誉可以通过减少消费者义愤情绪来增加消费者宽恕行为。

### 3.5.3 消费者归因的调节作用

冲突事件发生时，个体在对相关信息进行意会的过程中，往往会发现信息具有不确定性，即由于信息缺乏导致个体无法对事件做出完全一致的、明确的解释（Sonenshein，2007）。基于这一逻辑，产品伤害危机发生时，由于信息的不确定性，消费者在对危机事件和危机前 CSR 声誉进行归因的过程中，也会产生潜在多重解读的情况。如前文所述，不同的解读可能会导致期望失验机制和风险管理机制的不同博弈结果，从而使危机前 CSR 声誉产生截然相反的作用。青平等（2014）也指出无论是从信息传播的角度，还是从信息接收和信息处理的角度，消费者对伤害危机的认知情况对其情绪和行为都会产生很大影响。情绪在本质上源于个体认知，因此产品伤害危机事件的认知才是义愤情绪的启动装置。

（1）控制度归因的调节作用

产品伤害危机中，如果消费者认为责任企业对失败发生的控制度较低，即危机事件的发生很大程度上脱离了企业掌控，伤害被认为由不可控因素造成，企业处于相对无能为力的状态，那么消费者可能会将责任企业列为共同受害者。此时对于拥有积极的危机前 CSR 声誉的企业，消费者更倾向于同情和原谅（Maxham & Netemeyer，2002）。相反，如果消费者认为责任企业对失败发生的控制度较高，即企业原本可以采取一些合理和有效的措施预防危机事件的发生，那么责任企业会被认为对事件负有不可推卸的责任，同时消费者对企业危机前 CSR 声誉的信任程度也会大打折扣（Iglesias 等，2015）。此时对于拥有积极的危机前 CSR 声誉的企业，消费者更倾向于质疑和谴责。例如 Taylor（1994）的研究发现，在飞机晚点的服务失败情境中，如果企业被认为原本可以控制延迟的发生，消费者的愤怒就会升级。因此本书认为当消费者的控制度归因低时，积极的危机前 CSR 声誉会起到风险管理的作用，缓解消费者义愤情绪；相反，当控制度归因高时，积极的危机前 CSR 声誉会起到期望违背的作用，助推消费者义愤情绪。基于以上分析，本书提出如下假设：

H3：控制度归因越高，危机前 CSR 声誉对消费者义愤情绪的减轻作用越弱，即控制度归因正向调节危机前 CSR 声誉和消费者义愤情绪之间的负向关系。并且当控制度归因低时，危机前 CSR 声誉可以减少消费者义愤情绪；当控制度归因高时，危机前 CSR 声誉可以增加消费者义愤情绪。

（2）稳定性归因的调节作用

消费者和企业的关系不只依赖于消费者所掌握的企业过去和现在的信息，而且依赖于消费者对企业未来信息的预期。而稳定性归因既涉及企业过去和现在的信息，即类似伤害事件在过去是否频繁发生，引发伤害事件的问题是否典型；也牵涉企业未来的信息，即隐患是否依然存在，事件的未来结果是否存在不确定性，类似伤害事件是否会再度发生。

在产品伤害危机中，如果消费者认为责任企业失败发生的稳定性较低，即类似伤害事件在过去不曾发生，现在也不典型，而且在未来再度发生的概率也很低，那么消费者会认为事件只是由暂时性因素和偶然性因素引发的错误。此时对于拥有积极的危机前 CSR 声誉的企业，消费者更倾向于接受企业的道歉和赔偿并继续维持这段关系。相反，如果消费者认为责任企业失败发生的稳定性较高，即类似伤害事件不仅在过去曾经发生过，现在依然是企业的典型问题，而且在未来很可能再度发生，那么消费者会认为责任企业之所以"一错再错"，是因为对危机事件重视程度不足，修正错误的态度不端正，轻视消费者利益。此时对于拥有积极的危机前 CSR 声誉的企业，消费者一方面容易对 CSR 声誉的真诚性和真实性产生严重怀疑；另一方面会产生更为强烈的被欺瞒和被敷衍的感受，认为企业在修正自身错误时态度傲慢且缺乏诚意，从而对责任企业更为失望。正如 Magnini 等（2007）所指出的，当消费者认为企业有足够的诚意来修改其错误时，信任才会建立。因此本书认为当消费者的稳定性归因低时，积极的危机前 CSR 声誉会起到风险管理的作用，缓解消费者义愤情绪；相反稳定性归因高时，积极的危机前 CSR 声誉会起到期望违背的作用，助推消费者义愤情绪。

此外，中国文化具有典型的不确定性规避特征（Laufer & Coombs，2006），作为文化差异性的一个重要维度，不确定性规避是指当个体处于不确定或未知情境中时会感受到威胁并会倾向于回避这种威胁（Akkawanitcha 等，2015）。因此在面临高稳定性的产品伤害危机事件时，中国消费者会感受到高度的威胁（Triandis，1995），这种不确定性规避的文化特征可能会加强中国消费者在高稳定性归因场景中的期望失验机制。基于以上分析，本书提出如下假设：

H4：稳定性归因越高，危机前 CSR 声誉对消费者义愤情绪的缓冲作用越弱，即稳定性归因正向调节危机前 CSR 声誉和消费者义愤情绪之间的负向关系。并且稳定性归因低时，危机前 CSR 声誉可以减少消费者义愤情绪；当稳定性归因高时，危机前 CSR 声誉可以增加消费者义愤情绪。

（3）严重性归因的调节作用

对危机严重性的归因是影响利益相关者评价、责疚、情绪和行为回应的一个重要因素（Vassilikopoulou 等，2009）。随着危机严重程度的增加，情境信息对默认归因程序的调整力度可能越来越弱，如果危机非常严重，此时消费者不太可能转移对企业的指责（Johar 等，2010）。在对严重性归因的研究中，很多学者借鉴了犯罪心理学的理论和范式。McCullough 等（1998）指出，严重的犯罪更容易引起思考和愤怒。Robbennolt（2000）指出根据防御归因假设，严重性归因越高，观察者对侵害者的责疚越强烈。

在产品伤害危机中，如果消费者认为事件的严重性较低，即危机事件并未给消费者造成重大的、不可弥补的困扰和伤害，那么消费者容易产生"得饶人处且饶人"的心态。此时对于拥有积极的危机前 CSR 声誉的企业，消费者的负面评价、责任归因和义愤情绪会更为缓和。相反，如果消费者认为事件的严重性较高，即危机事件给消费者带来了不可估量和不可弥补的损失和伤害，那么当事人从情感上很难原谅责任企业，而旁观者也害怕类似恶劣的事件将会发生在自己或重要他人的身上。此时积极的 CSR 声誉非但不足以抵消严重伤害所造成的义愤情绪，反而更容易招致失望、指责和更难以平息的愤怒。Germann 等（2014）的研究提出了类似的观点，他们认为只有在低严重程度的产品召回事件中，具有高品牌承诺的消费者才倾向于抗辩针对企业的不利信息，而在高严重程度的产品召回事件中，品牌承诺的保护作用失灵。因此本书认为当消费者的严重性归因低时，积极的危机前 CSR 声誉会起到风险管理的作用，缓解消费者义愤情绪；相反，严重性归因高时，积极的危机前 CSR 声誉会起到期望违背的作用，助推消费者义愤情绪。基于以上分析，本书提出如下假设：

H5：严重性归因越高，危机前 CSR 声誉对消费者义愤情绪的缓冲作用越弱，即严重性归因正向调节危机前 CSR 声誉和消费者义愤情绪之间的负向关系。并且当严重性归因低时，危机前 CSR 声誉可以减少消费者义愤情绪；当严重性归因高时，危机前 CSR 声誉可以增加消费者义愤情绪。

（4）意向性归因的调节作用

意向性归因即消费者对行为背后所隐藏的意向、意图、动机进行推测和评估的过程。一个始料未及的负面事件往往会驱使人们去寻求因果解释。在寻求因果解释的过程中，消费者对企业不当行为的动机往往极为敏感。与严重性归因类似，很多学者认为不当行为发生时，消费者会调用犯罪学的认知模版去帮助形成适当的制裁，在制裁过程中对罪犯作案动机的评估在认知评价中起到举足轻重的作用（Godfrey，2005；Ahn 等，2016）。对罪犯作案动机的评估可以帮助受害者分析侵害者的特征，以决定侵害者是否值得被再次信任。

产品伤害危机事件可能是意外或者故意的，事实上 Baumann 等（2013）指出很多伤害行为是企业有意识的甚至是深思熟虑的决策；而另一些伤害则是由失误、缺乏规划以及一些被忽略的细节造成的。当感知到企业在此次产品伤害危机事件中具有低水平的不良意图时，消费者更容易将此次危机事件看作独立性而非关联性事件，此时消费者容易将危机前良好的 CSR 声誉看作是真实性信息，并认为伤害是由于疏忽造成的，从而缓解其义愤情绪（Darley & Pittman，2003）。Grégoire 等（2010）也指出当 CSR 可以帮助利益相关者将负面事件归因于操作失误而非恶意时，以 CSR 为基础的道德资本就会创造价值，此时利益相关者也会采取相对温和的回应方式。相反，当感知到企业在此次产品伤害危机中具有高水平的不良意图时，消费者更容易将此次危机事件看作关联性而非独立性事件，此时消费者容易将企业危机前积极的 CSR 声誉看作是欺骗性信息，从而产生强烈的背叛感，并将危机事件的责任企业定性为不良个体，最终引发更强烈的义愤情绪。Godfrey 等（2009）也指出当不良行为和不良意图共同作用时，惩罚可能更为严重。因此，本书认为当消费者的意向性归因低时，积极的危机前 CSR 声誉会起到风险管理的作用，缓解消费者义愤情绪；相反，意向性归因高时，积极的危机前 CSR 声誉会起到期望违背的作用，助推消费者义愤情绪。基于以上分析，本书提出如下假设：

H6：意向性归因越高，危机前 CSR 声誉对消费者义愤情绪的缓冲作用越弱，即意向性归因正向调节危机前 CSR 声誉和消费者义愤情绪之间的负向关系。并且当意向性归因低时，危机前 CSR 声誉可以减少消费者义愤情绪；当意向性归因高时，危机前 CSR 声誉可以增加消费者义愤情绪。

### 3.5.4  被调节的中介作用

通过上文的论述，本书假定：消费者义愤情绪在 CSR 声誉与消费者报复行为、宽恕行为之间起到中介作用。消费者控制度归因、稳定性归因、严重性归因、意向性归因会弱化 CSR 声誉对义愤情绪的缓解作用。并且消费者控制度归因、稳定性归因、严重性归因、意向性归因处于低水平时，风险管理机制发挥主导作用，此时 CSR 声誉负向影响消费者义愤情绪；消费者控制度归因、稳定性归因、严重性归因、意向性归因处于高水平时，期望失验机制发挥主导作用，此时 CSR 声誉正向影响消费者义愤情绪。

在中介作用和调节作用假设的基础上，本书根据 Preacher 等（2007）和 Edwards & Lambert（2007）的相关理论研究，将中介作用和调节作用相结合，提出被调节的中介效应。被调节的中介效应，也称条件化间接效果，是指调节变量不仅调节了自变量与中介变量之间的关系（第一阶段的调节效应），而且调节了自变量通过中介变量影响因变量的间接效应。本书综合的理论框架如图 3-2 所示。该模型将认知（CSR 声誉、消费者归因），情绪（义愤情绪）和行为（宽恕行为、报复行为）相结合，采用权变的视角揭示了产品伤害危机中，消费者在不同归因情境中的情绪和行为回应。条件化间接效应的探讨有助于整合变量之间的零散关系，从整体上探讨风险管理机制和期望失验机制的作用。

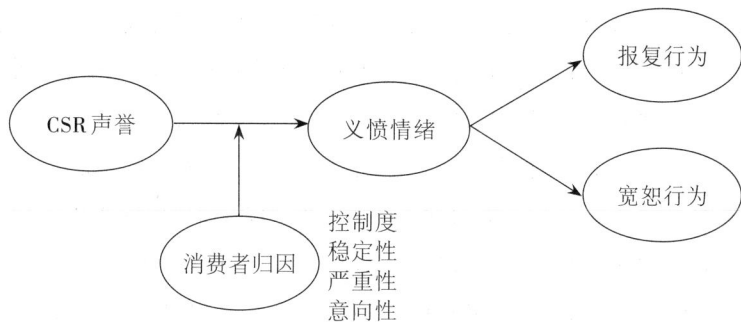

图 3-2　理论框架

事实上"认知—情绪—行为"的范式在消费者领域的研究中并不鲜见。一个通常的逻辑是，个体的情绪反应本质上与归因过程紧密相连（Aquino & Lamertz，2004），不同的归因情境可以使消费者形成不同的特定情绪感受，从而在报复和宽恕行为的形成过程中产生重要影响（Wade & Worthington，2003）。本书所提出的理论框架不仅遵循而且发展了这一经典范式。首先模型考虑了时间维度，提出消费者的后续认知（对产品伤害危机事件的归因）可能会调节先验认知（CSR 声誉）的效用；其次模型不仅考虑了效用的大小即条件化间接效应的强弱，而且考虑了效用的方向即差异性归因情境（例如高控制度归因和低控制度归因）下，间接效应的方向；最后该模型整合了风险管理理论、期望失验理论和归因理论的观点，将风险管理理论和期望失验理论的对立观点统一在"认知—情绪—行为"的范式中。在这一范式中，不同的归因情境下，风险管理机制和期望失验机制在消费者内心中博弈，并达到均衡状态。本书认为当消费者控制度归因、稳定性归因、严重性归因、意向性归因处于低水平时，博弈结果是风险管理机制发挥主导作用，此时CSR声誉可以通过减少消费者义愤情绪来减少其报复行为，同时增加其宽恕行为；当消费者控制度归因、稳定性归因、严重性归因、意向性归因处于高水平时，博弈结果是期望失验机制发挥主导作用，此时CSR声誉可以通过增加消费者义愤情绪来增加其报复行为，同时减少其宽恕行为。具体分析如下：

（1）控制度归因

在控制度归因低的情境中，积极的CSR声誉会发挥风险管理作用，此时消费者会认为企业无法合理预见或控制服务失败的发生，所以需要承担的责任较低，甚至有时消费者可能会同情责任企业无辜陷入危机，因此更容易理解并宽恕责任企业。相反在控制度归因高的情境中，积极CSR声誉会产生期望违背的作用，此时消费者会反复拷问企业"为什么原本可以阻止伤害发生而未阻止？"此时消费者的愤怒会升级并会试图惩罚责任企业以使其为失误付出代价，从而会引发更多的报复行为（Folkes，1984；Hess 等，2003）。基于以上分析，本书提出如下假设：

H7：控制度归因调节了危机前CSR声誉通过消费者义愤情绪对消费者行为的间接影响。

H7a：控制度归因调节了危机前CSR声誉通过消费者义愤情绪对消费者报复行为的间接影响。并且当控制度归因低时，危机前CSR声誉可以通过减少消费者义愤情绪来减少消费者报复行为；当控制度归因高时，危机前CSR声誉可以通过增加消费者义愤情绪来增加消费者报复行为。

H7b：控制度归因调节了危机前CSR声誉通过消费者义愤情绪对消费者宽恕行为的间接影响。并且当控制度归因低时，危机前CSR声誉可以通过减少消费者义愤情绪来增加消费者宽恕行为；当控制度归因高时，危机前 CSR 声誉可以通过增加消费者义愤情绪来减少消费者宽恕行为。

（2）稳定性归因

在稳定性归因低的情境中，积极的 CSR 声誉会发挥风险管理作用；相反，在稳定性归因高的情境中，积极的 CSR 声誉会产生期望违背的作用。此时除"屡教不改"容易激发更多的消费者义愤情绪和报复行为外，由于不确定性规避的文化特征，中国消费者也不会甘冒遭遇下一次失败、承担下一次损失的风险去宽恕责任企业。处于不确定性规避文化中的中国消费者大部分属于风险厌恶型。如果消费者被暴露在可能经历二次侵害的风险中，他们宽恕侵害者的意愿会显著下降，因为此时宽恕可能意味着姑息养奸，消费者会出于自我保护和对潜在剥削行为的警惕而不愿宽恕。这一观点与前景理论（Prospect Theory）中的"损失规避"观点相符，根据前景理论，相比收益，消费者更看重损失。基于以上分析，提出如下假设：

H8：稳定性归因调节了危机前 CSR 声誉通过消费者义愤情绪对消费者行为的间接影响。

H8a：稳定性归因调节了危机前 CSR 声誉通过消费者义愤情绪对消费者报复行为的间接影响。并且当稳定性归因低时，危机前 CSR 声誉可以通过减少消费者义愤情绪来减少消费者报复行为；当稳定性归因高时，危机前 CSR 声誉可以通过增加消费者义愤情绪来增加消费者报复行为。

H8b：稳定性归因调节了危机前 CSR 声誉通过消费者义愤情绪对消费者宽恕行为的间接影响。并且当稳定性归因低时，危机前 CSR 声誉可以通过减少消费者义愤情绪来增加消费者宽恕行为；当稳定性归因高时，危机前 CSR 声誉可以通过增加消费者义愤情绪来减少消费者宽恕行为。

（3）严重性归因

在严重性归因低的情境中，积极的 CSR 声誉会发挥风险管理作用，而在严重性归因高的情境中，积极的 CSR 声誉会产生期望违背的作用。

消费者很难对严重的伤害释然，因为伤害是不可逆的，严重的伤害会对消费者自身及其家庭造成不可弥补的创伤。McCullough 等（1998）指出：首先，严重的犯罪更容易导致报复；其次，一流的补救措施可以使遭遇服务失败的消费者满意度回归到平均值，然而如果损失过于严重，任何修复措施都无法使满意度提升到服务失败之前的满意度水平线上。基于以上分析，提出如下假设：

H9：严重性归因调节了危机前 CSR 声誉通过消费者义愤情绪对消费者行为的间接影响。

H9a：严重性归因调节了危机前 CSR 声誉通过消费者义愤情绪对消费者报复行为的间接影响。并且当严重性归因低时，危机前 CSR 声誉可以通过减少消费者义愤情绪来减少消费者报复行为；当严重性归因高时，危机前 CSR 声誉可以通过增加消费者义愤情绪来增加消费者报复行为。

H9b：严重性归因调节了危机前 CSR 声誉通过消费者义愤情绪对消费者宽恕行为的间接影响。并且当严重性归因低时，危机前 CSR 声誉可以通过减少消费者义愤情绪来增加消费者宽恕行为；当严重性归因高时，危机前 CSR 声誉可以通过增加消费者义愤情绪来减少消费者宽恕行为。

（4）意向性归因

高意向性归因反映了企业的机会主义和利己主义倾向（Grégoire 等，2010），为了自身利益的最大化，企业不惜公然违反道德准则。因此在意向性归因低的情境中，积极的 CSR 声誉会发挥风险管理作用；而在意向性归因高的情境中，积极的 CSR 声誉会产生期望违背的作用。此时消费者会认为责任企业是贪婪、冷酷甚至充满恶意的，此时他们认为主动参与报复行为才是公正的回应。如果不加报复，企业可能会延续以往的做法，甚至变本加厉，以致带来更恶劣的长远影响（Crossley 2009）。Iglesias（2015）指出故意犯罪容易使受害者变为谨小慎微、注重自我保护的个体。而当消费者感知到企业的不良意图较低时，义愤情绪和报复行为可能会得到缓解，因为消费者认为企业行为的主观故意性较低，而没有必要采取报复行为（Barclay 等，2014）。

H10：意向性归因调节了危机前 CSR 声誉通过消费者义愤情绪对消费者行为的间接影响。

H10a：意向性归因调节了危机前 CSR 声誉通过消费者义愤情绪对消费者报复行为的间接影响。并且当意向性归因低时，危机前 CSR 声誉可以通过减少消费者义愤情绪来减少消费者报复行为；当意向性归因高时，危机前 CSR 声誉可以通过增加消费者义愤情绪来增加消费者报复行为。

H10b：意向性归因调节了危机前 CSR 声誉通过消费者义愤情绪对消费者宽恕行为的间接影响。并且当意向性归因低时，危机前 CSR 声誉可以通过减少消费者义愤情绪来增加消费者宽恕行为；当意向性归因高时，危机前 CSR 声誉可以通过增加消费者义愤情绪来减少消费者宽恕行为。

# 第 4 章　研究设计

## 4.1　实验组设计

本书采用 4 项组间实验设计来验证上文所提出的研究假设。实验一至实验四同时操控了 CSR 声誉变量和消费者归因变量，以检验在产品伤害危机发生时，不同危机情境因素在危机前 CSR 声誉对消费者报复和宽恕行为的影响中所起的调节作用，以及义愤情绪在其中所起的中介作用。

实验一采用 2（高 CSR 声誉 VS. 低 CSR 声誉）×2（高控制度 VS. 低控制度）组间实验设计以探讨产品伤害危机事件发生时，差异化的消费者控制度归因下，危机前 CSR 声誉对消费者义愤情绪和行为的影响差异；实验二采用 2（高 CSR 声誉 VS. 低 CSR 声誉）×2（高稳定性 VS. 低稳定性）的组间实验设计以探讨产品伤害危机事件发生时，差异化的消费者稳定性归因下，危机前 CSR 声誉对消费者义愤情绪和行为的影响差异；实验三采用 2（高 CSR 声誉 VS. 低 CSR 声誉）×2（高严重性

VS. 低严重性）的组间实验设计以探讨产品伤害危机事件发生时，差异化的消费者严重性归因下，危机前 CSR 声誉对消费者义愤情绪和行为的影响差异；实验四采用 2（高 CSR 声誉 vs. 低 CSR 声誉）×2（高意向性 vs. 低意向性）的组间实验设计以探讨产品伤害危机事件发生时，差异化的消费者意向性归因下，危机前 CSR 声誉对消费者义愤情绪和行为的影响差异。

在实验一至实验四中采用组间实验设计而非组内实验设计的原因在于：首先组内实验设计容易产生练习效应，即被试者在第一次测试中所获取的经验可以被用在第二次测试中；其次组内实验设计容易产生疲劳效应，即被试因为重复已经做过的实验而感到无聊从而逐渐开始敷衍；最后组内实验设计容易产生需求特性（Shimp 等，1991），从而降低实验的外部效度，即重复参与实验可能引起被试者产生额外的人工关注进而引导被试者对实验目的做出猜测。

## 4.2 刺激物设计

### 4.2.1 刺激物的选取

本书中选取刺激物的原则是：消费者对该刺激物的熟悉度和敏感度较高；近年来关于该刺激物的伤害危机事件频繁发生，被试者容易产生代入感，增加实验的外部效度；在有关该刺激物的产品伤害危机事件发生后，对于拥有相似危机前 CSR 声誉的企业，消费者的反应存在较大差异，所以该刺激物的选取可以保证中介变量和因变量的较大变异性。此外，Iglesias 等（2015）指出对意向性的归因由于行业的不同会产生很大差异。比如在金融和保险服务行业，故意性伤害可能是一个司空见惯的现象，而在休闲服务行业则甚为罕见。因此将刺激物限定在同一个行业中有助于排除行业变异性对意向性归因的影响。

参照以上原则，本书组织了 20 名 MBA 学生进行访谈。作为一种探测性调研方式，访谈主要采取直接的、一对一的形式进行，内容主要涉及被访谈者对产品伤害危机事件的看法、态度、情绪、行为。基于访谈结果选取了 5 种产品，包括手机、笔记本电脑、私人汽车、酸奶和果汁。然后调查了消费者对这 5 种产品伤害危机事件的熟悉度和敏感度。调研结果显示，消费者的熟悉度由高到低排列为：酸奶、私人汽车、手机、果汁、笔记本电脑；消费者的敏感度由高到低排列为：酸奶、果汁、私人汽车、笔记本电脑、手机。综合访谈和调研结果，本书选取酸奶作为刺激物。消费者对与酸奶有关的产品伤害危机事件的熟悉度和敏感度较高的原因可能在于，酸奶作为一种食品类日常消费品，消费者对其安全性、健康性的关注度较高。研究以一篇报纸报道作为产品伤害危机的触发事件。该报道是以 2008 年"三鹿奶粉三聚氰胺事件"为原型，结合 2009 年"蒙牛特仑苏 OMP 事件"、2012 年"蒙牛黄曲霉素事件"、2015 年"圣元优聪性早熟事件"等多家媒体报道虚构而成的。为了避免责任不清的模糊场景出现，本书将制造企业设定为纵向一体化的企业。

由于测试真实的决策制定程序十分困难（May 等，2014），所以本书借助虚拟场景研究的方法进行研究。虚拟场景被广泛应用于营销领域的研究中，被视为提高问卷质量的有效工具（Singhapakdi 等，1996）；虚拟场景研究通常涉及角色扮演（Magnini 等，2007），从而为被试者提供了一种沉浸到现实活动中的途径，帮助规范参与者的社会刺激并使整个决策制定过程更接近真实（Husser 等，2014）。具体而言，运用虚拟场景研究的优势在于：首先，虚拟场景的运用简化了复杂的实验操控，避免了真实场景中可能存在的伦理问题；其次，虚拟场景研究方法保障了研究对额外因素的控制，使实验免受"噪音"干扰，提升了实验的"纯度"；再次，某一产品伤害危机事件从酝酿到发生，从发生再到发酵可能需要经历长达数周的时间，而虚拟场景研究使事件发生的时间得以压缩；最后，以虚拟场景为基础的研究方法可以避免对真实产品伤害危机事件的追溯可能引发的记忆偏差、再解释和合理化解释，并进一步避免由于记忆偏差、再解释和合理化解释所产生的回应偏差，同时追溯的方法还容易误导消费者回忆并报告极端案例，同样产生回应偏差（Smith & Bolton，1998）。

### 4.2.2 企业背景资料选取

为消除真实企业信息可能带来的额外干扰，实验虚拟了一个 A 乳制品企业。采用虚拟品牌的优势在于，首先可以避免品牌熟悉度的干扰。以往研究发现，在消费者对负面信息的评价中，品牌熟悉度可能会扮演一种"门卫"的角色。比如 Rao & Monroe（1989）指出，在评价熟悉度低的产品质量时，由于信息不对称，消费者很难获取内部线索，此时他们倾向于根据外部线索做出评价，从而导致对熟悉度低的产品产生更多的负面评价偏差；相反，在评价熟悉度高的产品质量时，消费者倾向于根据内部线索做出评价，从而使评价结果相对客观。再如 Dawar & Lei（2009）的研究指出，当危机涉及熟悉的品牌时，由于消费者的评估过程可能会牵涉记忆和主观态度，他们容易抵制与以往态度不一致的信息，从而减少对目标企业的客观评价；相反，当危机涉及不熟悉的品牌时，消费者会更依赖于当前信息进行评价，而不会涉及个人感情色彩。其次可以避免品牌忠诚度和品牌承诺的影响。Dawar & Pillutla（2000）发现，忠诚的客户更容易陷入偏差程序，他们倾向于抵制与固有信息不一致甚至截然相反的信息，所以忠诚的客户对陷入危机的品牌会展现出更多的同情情绪，并认为企业应当得到他们的帮助。Ahluwalia 等（2000）的研究则发现低品牌承诺的消费者对负面信息的敏感性较高；而高品牌承诺的消费者倾向于以抗辩负面信息的偏差方式来加工信息。总之，采用虚拟品牌可以避免与真实企业相关的以往评价可能产生的干扰（Kim，2014），从而减少被试偏差的影响。

由于大规模企业对负面事件存在"避雷针"效应（Rehbein 等，2004；Bertels & Peloza，2008），所以相对于小规模企业，大规模企业更不容易受到产品伤害危机事件的影响；并且大规模企业的受关注度、透明度、可见性都较高，所以其 CSR 活动更容易受到严格审查；此外为发挥 CSR 活动的保险作用，企业可能过度投资于 CSR 活动，由于大规模企业掌握着较为充足的资源，大规模企业更容易出现这种过度投资的现象。基于以上原因，规模因素对实验结果会带来多重影响，为排除这一影响，本书将 A 企业规模设定为行业平均水平。

### 4.2.3　变量操控

（1）CSR声誉的操控

借鉴Klein & Dawar（2004），Parguel等（2011）及Kim（2014）的做法，采用权威机构的评级来操控CSR声誉。在积极CSR声誉组，根据某权威机构的评级，在所有同行业企业中A企业在消费者保护、员工支持、社区努力、环境保护、慈善等方面的排名总是在前8名；在消极CSR声誉组，根据某权威机构的评级，在所有同行业企业中A企业在消费者保护、员工支持、社区努力、环境保护、慈善等方面的排名总是在后2名，这种极端排名使操控信息更容易被诊断出来。

此外，由于声誉的构建需要经历一个长期的纵向的过程（Fombrun & Shanley，1990），因此本书考虑了企业涉入CSR活动的时间。Vanhamme & Grobben（2009）指出在危机情境中，积极的CSR声誉会成为保护企业合法性的有效工具。但该工具的整体有效性取决于涉入CSR活动的时间的长短。长期涉入CSR活动并在长期内获取稳定的、积极的CSR声誉的企业可以在消费者中赢得充分信任；而涉入CSR活动时间较短，只在短期内赢得积极CSR声誉的企业则很难赢得消费者的信任。因此涉入CSR活动的历史可能会对产品伤害危机发生时CSR声誉的作用产生影响，过长或过短的历史都容易使实验结果发生偏离。为此本书将企业CSR活动的涉入时间控制在中期范围内，在连续5年内，企业在某权威机构的CSR评级保持在稳定水平。5年的时间设定是参照Vanhamme & Grobben（2009）关于长、短期的设定进行折中而得到的。

（2）控制度的操控

为了对控制度归因进行操控，本书设计了关于控制度的两个虚拟场景。在低控制度的场景中，制造X酸奶的原材料中存在非法添加剂，企业的质检环节正常，然而由于该添加剂是一种新型的、罕见的添加剂，常规检测和内部控制人员并不知晓；在高控制度的场景中，制造X酸奶的原材料中存在非法添加剂，该添加剂是一种常见的添加剂，然而由于质量检测环节中一个关键程序被忽视，同时企业的内部控制失效，没有及时发现和纠正该错误。

类似的利用虚拟场景来进行控制度操控的方法在以往研究中也比较常见。比如 Magnini 等（2007）编制了一个关于顾客无法在旅馆客房中上网的服务失败场景。在低控制度的场景中，顾客无法在客房中上网的原因并不是客房中的网络硬件被损坏，而是旅馆的前台客服并不知晓该问题。在高控制度的场景中，顾客无法在客房中上网的原因则是客房中的网络硬件被损坏，前台客服表示房间预订系统已经被打上了红色警告标签，所以该客户本不应该被安排到那间设备已损坏的客房中。在阅读相关场景后，被试者被要求对控制度进行排序。

（3）稳定性的操控

参照以往研究，对稳定性的操控依然以虚拟场景的方式来实现。在低稳定性的场景中，X 酸奶的质量状况一直良好，以往并未出现类似的非法添加事件，并且为从根本上杜绝类似问题再度出现，A 公司对内部控制系统进行了全面升级，并制定了对质检人员进行定期培训的制度；在高稳定性的场景中，X 酸奶以往曾经出现过几起类似事件，并且在事件发生后 A 公司并未对内部控制系统做出任何改进，也未加强对质检环节的重视。场景设计参照了 Magnini 等（2007）的研究。在该研究中高稳定性的场景被描述为，旅馆工作人员声称顾客无法在旅馆客房中上网的问题时有发生。而低稳定性的场景被描述为，旅馆工作人员声称相关问题虽然在以前时有发生，但是为避免类似问题再度发生，旅馆将在不久的将来转换网络供应商。在阅读相关场景后，被试者被要求对失败再次发生的可能性进行排序。

（4）严重性的操控

在 Weun 等（2004）的研究中，高严重性的场景被描述为，为参加滑雪旅行，一位顾客在某公司网站上预订了一件外套，但外套邮到之后，顾客发现不仅外套的尺码过小，而且与网站提供的图片不符；而低严重性的场景被描述为，为参加徒步旅行，一位顾客在某公司网站上预订了几双袜子，当袜子邮到之后，顾客发现袜子的尺码偏小。在 Magnini 等（2007）的研究中，低严重性的场景被描述为，无法在客房中访问互联网影响了客户的日常生活；而高严重性的场景被描述为，无法在客房中访问互联网影响了客户的商业活动。在 Germann 等（2014）关于产品召回的研究中，高严重性的场景被描述为，近期一篇科学报道表明，iPhone 智能手机用户遭受危及生命的脑出血的概率是其他智能手机用户的 207 倍，召回已经在所难免；低严重性的场景被描述为，近期一篇科学报道表明，10 000 台 iPhone 智能手机由于出现了电池问题而可能被召回。参照以上研究，本书设计了关于严重性的虚拟场景，在低严重性的场景中，X 酸奶销售之后造成了大规模的食物中毒，有大约几百名消费者出现中毒症状，并有几十名消费者症状严重，在重症监护病房接受治疗。在低严重性的场景中，X 酸奶销售之后有大约 30 名消费者反映出现轻微腹泻症状。

（5）意向性的操控

在 Crossley（2009）的研究中，高意向性的场景被描述为，某人为了自己获取升职机会，刻意告诉另一与会者关于一场重要会议的错误日期，致使该与会者在会议的关键展示中表现不佳，从而没有获取梦寐以求的升职机会。低意向性的场景则省略了关于侵害者行为动机的描述。在 Joireman 等（2013）的研究中，不良动机即高意向性的场景被描述为，顾客山姆来到某一电子用品商店提取预订的电子游戏机，商店销售人员却先接待了后来的客户而忽略了山姆。山姆听闻商店会对取得新订单的销售人员提供奖励（山姆的订单已经在上一次销售时完成），并且山姆听到店主对销售员说，后来者相比山姆是个更为重要的客户，因为后来者想要购买一台价值 3 000 美元的高清电视，店主希望销售员能在后来的顾客反悔之前完成订单。而低意向性的场景被描述为，商店销售人员虽然先接待了后来的客户，但是在接待山姆的时候，销售员解释他先帮助另一个客户的原因是，该客户刚刚退回一台与山姆的预订同款的电子游戏机，商店可以 20% 的折扣将这台游戏机销售给山姆。参照以上研究，本书中高意向性的场景被描述为，为了避免可能造成的损失，A 企业在明知 X 酸奶可能存在问题的情况下，依然正常出售了该产品，并在广告中宣称 X 酸奶是绿色健康的。低意向性的场景被描述为，伤害的造成并非出于 A 企业的本意，A 企业在出售 X 酸奶时并不知晓其存在非法添加剂。

## 4.3 研究工具

### 4.3.1 量表设计

为保证测量工具的信度和效度，本书所采用的量表均取自成熟量表，题项设计中运用了"双盲"翻译方法，两位分别来自商业伦理和消费者行为领域的学者对问卷题项和场景进行了评估和修订，以保证测量工具的内容效度。在阅读相关信息后被试者被要求对感知到的危机前 CSR 声誉水平、控制度归因水平、稳定性归因水平、严重性归因水平、意向性归因水平、义愤情绪、报复行为倾向和宽恕行为倾向进行评分。CSR 声誉、控制度归因、稳定性归因、义愤情绪、报复行为倾向和宽恕行为变量均采用 7 点 Likert 量表来测量，严重性归因和意向性归因则采用 7 点语意差别量表来度量。在数据整理过程中对反向计分题项进行了重新编码，题项得分越高，表示消费者对 CSR 声誉水平、控制度归因、稳定性归因、严重性归因、意向性归因的评分越高，义愤情绪、报复行为倾向和宽恕行为倾向越高。

CSR 声誉的测量量表取自 Lichtenstein 等（2004）的研究，该量表可以较为全面地反映 CSR 声誉水平，Berens 等（2005），Lii & Lee（2012）等的研究也采用了该量表。量表共包含三个题项，分别是"A 企业的商业活动水平高于行业标准""A 企业使用很大一部分利润帮助社区团体""A 企业的社会责任声誉高于行业平均水平"。

义愤情绪的测量量表来自 Lindenmeier 等（2012），该量表可以较好地将义愤情绪和基本愤怒情绪相区别。量表共包含五个题项，要求消费者分别评价感知到的 A 企业行为的可恶、可耻、放肆、过分和不恰当程度。

控制度归因的测量量表来源于 Hess 等（2003），该量表被后续研究如 Poon 等（2004），Wirtz & Mattila（2004），Pick 等（2016）等广泛采用。量表包含三个题项，分别是"引发该问题的原因是可以被 A 企业控制的""引发该问题的原因是可以被 A 企业预防的""A 企业原本可以做一些事来避免该问题的发生"。

稳定性归因的测量量表来源于 Klein & Dawar（2004），该量表被 Lei 等（2012），Whelan & Dawar（2016）等的研究采用，量表包含四个题项，分别是"该问题对于 A 企业是稳定和持续的""A 企业的产品在未来会再次发生此类问题""A 企业的产品曾在以前发生过类似问题""该问题是 A 企业产品的典型问题"。

严重性归因的测量量表来自 Grégoire & Fisher（2008），该量表被 Joireman 等（2013）等的研究采用，量表包含三个题项，分别是"A 企业的行为给我造成了很小的问题/很大的问题""A 企业的行为给我造成了很小的不便/很大的不便""A 企业的行为给我造成了很小的烦恼/很大的烦恼"。

意向性归因的测量量表来自 Campbell（1999），该量表被 Reeder 等（2002），Grégoire 等（2010），Joireman 等（2013）等的研究采用，量表包含四个题项，分别是"A 企业并不是故意利用消费者/故意利用消费者""A 企业主要以消费者的利益为驱动/以企业利益为驱动""A 企业没有试图伤害消费者/试图伤害消费者""A 企业的意图是好的/意图是坏的"。

报复行为的测量量表来自 Aquino 等（2001），该量表被 Crossley（2009）等的研究采用，量表包含三个题项，分别是"我将做一些事使 A 企业得到应有的惩罚""我将对 A 企业做一些坏事""我将做一些事使 A 企业付出代价"。

宽恕行为的测量量表来自 McCullough & Hoyt（2002），该量表被 Bobocel（2013）等的研究采用，量表包含七个题项，分别是"即使 A 企业的行为伤害到我，我依然会友好地对待 A 企业""我想我和 A 企业可以摒弃前嫌并推进我们的关系""尽管 A 企业做了错事，我依然想与 A 企业重新建立积极的关系""我已经放下了对我的伤害和怨恨""尽管 A 企业伤害了我，我会把伤害放到一边，恢复我们的关系""我宽恕了 A 企业对我做的事情""我已经放下了我的愤怒，所以可以让我们的关系恢复正常"。

### 4.3.2　分析方法与工具

在实验完成之后，通过下列方法和分析工具对实验数据进行整理和分析。首先采用 Excel2007 软件对实验数据进行录入和整理；然后运用 SPSS19.0 软件进行内部一致性信度检验、探索性因素分析、哈曼单因素检验、描述性统计分析、独立样本 T 检验、方差分析、相关分析和回归分析，并根据回归分析结果进行 Sobel 检验、Aroian 检验和 Goodman 检验以进一步验证中介作用是否成立；再运用 AMOS17.0 软件进行验证性因素分析，根据验证性因素分析的结果计算变量的组合信度（CR）和平均方差抽取量（AVE），并根据相关分析的结果将相关性较高的变量合并为一个潜在因子来比较零模型、单因子模型、双因子模型、三因子模型、四因子模型和五因子模型的拟合优度；最后运用 Mplus7.0 软件进行 Bootstrapping 分析，以检验被调节的中介效应即条件化间接效应是否成立。

## 4.4 预实验

为确保正式实验所采用的测量工具的结果清晰可信，正式实验之前，在网上随机选取了 128 位被试者进行了预实验，参与预实验的被试者被排除在正式实验之外。借鉴 Antonetti & Maklan（2014）的做法，用开放式问题的形式要求被试者指出测量题项的不清晰之处，结果并未发现题项有不清晰之处。进一步地，本书对每一个场景进行了清晰度（1=清晰，7=不清晰）和可信度（1=可信，7=不可信）评级，评级结果显示场景清晰可信（M$_{清晰度}$=2.18，M$_{可信度}$=1.70）。此外 Godfrey 等（2009）强调，只有当利益相关者认识到 CSR 活动的重要性时才会对 CSR 活动做出回应，因此要求被试者对 CSR 活动的重要性进行评估（1=非常不重要，7=非常重要），评估结果显示消费者普遍认识到了 CSR 活动的重要性（M$_{重视度}$=5.85）。

操控检验（Manipulation Checks）是预实验中最重要的环节，因为操控检验可以确保实验操控的有效性，并且设计不良的操控可以根据操控检验结果被及时修正（Perdue & Summers，1986）。为了检验变量的操控是否成功，在预实验中将 128 名被试者随机分配到 2（高 CSR 声誉 vs. 低 CSR 声誉）×2（高控制度 vs. 低控制度）×2（高稳定性 vs. 低稳定性）×2（高严重性 vs. 低严重性）×2（高意向性 vs. 低意向性）共计 32 组中。其中高 CSR 声誉组和低 CSR 声誉组分别有 64 人，其余各组与此类似。被试者被要求对以下五个方面做出评价：第一，A 企业的 CSR 声誉水平；第二，A 企业对事件的控制程度；第三，引发该事件的原因随时间变化的程度；第四，事件造成后果的严重程度；第五，A 企业持有不良意图的程度。以上操控检验的题项参照 Klein & Dawar（2004），Whelan & Dawar（2016）等的研究进行设计。本书采用独立样本 T 检验的方法来检验变量操纵是否成功，结果见表 4-1。高 CSR 声誉组中消费者感知到的 CSR 声誉水平（M=4.938，SD=1.379）要显著高于（T=8.321，P<0.01）低 CSR 声誉组中消费者感知到的 CSR 声誉水平（M=2.859，SD=1.446）。高控制度组中消费者感知到的控制度水平（M=4.703，SD=1.580）要显著高于（T=5.645，P<0.01）低控制度组中消费者感知到的控制度水平（M=3.344，SD=1.101）。高稳定性组中消费者感知到的稳定性水平（M=4.656，SD=1.324）要显著高于（T=6.231，P<0.01）低稳定性组中消费者感知到的稳定性水平（M=3.344，SD=1.042）。高严重性组中消费者感知到的严重性水平（M=4.734，SD=1.535）要显著高于（T=5.977，P<0.01）低严重性组中消费者感知到的严重性水平（M=3.234，SD=1.294）。高意向性组中消费者感知到的意向性水平（M=4.484，SD=1.098）要显著高于（T=8.328，P<0.01）低意向性组中消费者感知到的意向性水平（M=2.625，SD=1.409）。因此实验变量的操控达到了预期。

表 4-1                               操控检验

| 变量 | 水平 | 均值 | 标准差 | T 值 | 显著性 |
|---|---|---|---|---|---|
| CSR 声誉 | 高 CSR 声誉 | 4.938 | 1.379 | 8.321 | 0.000 |
| | 低 CSR 声誉 | 2.859 | 1.446 | | |
| 控制度 | 高控制度 | 4.703 | 1.580 | 5.645 | 0.000 |
| | 低控制度 | 3.344 | 1.101 | | |
| 稳定性 | 高稳定性 | 4.656 | 1.324 | 6.231 | 0.000 |
| | 低稳定性 | 3.344 | 1.042 | | |
| 严重性 | 高严重性 | 4.734 | 1.535 | 5.977 | 0.000 |
| | 低严重性 | 3.234 | 1.294 | | |
| 意向性 | 高意向性 | 4.484 | 1.098 | 8.328 | 0.000 |
| | 低意向性 | 2.625 | 1.409 | | |

## 4.5　正式实验

正式实验采用将被试者集中在实验室、现场给予实验指导并发放和回收问卷的形式进行。被试者是来自几所大学管理专业的 MBA 学生，他们接受过系统的商业伦理课程教育。由于正式实验包含四个平行实验，所以实验共分四个批次进行，每个实验包含 200 名参与者，实验操作人员承诺实验完成后向每位参与者赠送一份精美礼物。相对于现场实验，实验室实验的操作较为便宜；并且实验室实验的内部效度较高而外部效度较低。由于实验考察的是消费者在产品伤害危机中的义愤情绪及行为，而非一般愤怒情绪和行为，所以实验指导中要求被试者以旁观消费者的身份审视实验材料并完成相关测量题项，而不是要求被试者假定场景发生在自己身上，以受害消费者的身份参与实验。

实验按照以下程序进行：首先请被试者阅读 A 企业的背景信息和有关 CSR 声誉的信息，并对 CSR 声誉进行评分；其次请被试者阅读有关产品伤害危机的报道，以及有关控制度、稳定性、严重性和意向性归因的信息（实验一给出产品伤害危机和控制度的信息，实验二给出产品伤害危机和稳定性的信息，实验三给出产品伤害危机和严重性的信息，实验四给出产品伤害危机和意向性的信息），并对感知到的控制度、稳定性、严重性、意向性进行评分（实验一对控制度评分，实验二对稳定性评分，实验三对严重性评分，实验四对意向性评分）；再次要求被试者对义愤情绪进行评分；最后要求被试者对报复行为倾向和宽恕行为倾向进行评分，并列出人口统计学信息。企业背景信息、CSR 声誉信息、CSR 声誉测量题项放在第一页；产品伤害危机事件报道，控制度、稳定性、严重性和意向性的信息以及控制度、稳定性、严重性和意向性的测量量表放在第二页；义愤情绪、报复行为倾向和宽恕行为倾向的测量量表放在第三页；人口统计学信息放在第四页。

为了提高实验的内部效度，研究将被试者进行了随机分配以避免选择偏差的影响，同时执行实验的操作人员并不了解实验所要检验的假设以避免实验者偏差的影响；为了提高实验的外部效度，研究努力使实验的刺激材料接近真实；为避免被试者在接触后续信息后去修改之前的评分，资料是分批发放并在每一部分完成之后立即进行回收的。那么在实验设定中得出的结论能否推广到真实组织环境中呢？尽管实验场景是现实生活的高度浓缩，本书也尽力保障了实验的外部效度，然而实验环境与现实环境毕竟是有所区别的，在现实的产品伤害危机中，消费者可能会真实体验到由于产品缺陷对自身或亲人造成的伤害（比如丰田汽车踩踏板事件中，有消费者由于产品缺陷经历车祸），在实验设定中显然无法完全体验这种情绪。因此在结论推广的过程中仍需审慎（Zhao，2011）。

# 第5章 差异化控制度归因情境下CSR声誉对消费者行为的影响

## 5.1 实验一的描述性统计、信效度、同源方法偏差、方差检验

### 5.1.1 描述性统计分析

剔除不完整样本和明显错误样本后，有效问卷共有179个，有效问卷回收率为89.5%。其中男性92人（51.40%），女性87人（48.60%）；年龄在30岁以下的65人（36.31%），30岁到50岁之间的73人（40.78%），50岁以上的41人（22.91%）；月收入在3 000元以下的28人（15.64%），3 000元到5 000元的102人（56.98%），5 000元以上的49人（27.38%），样本基本符合主流消费者的特征。主要变量的描述性统计分析结果见表5-1。

表 5-1                       实验一的描述性统计分析

| 变量 | 均值 | 标准差 | 最小值 | 最大值 |
|------|------|--------|--------|--------|
| CSR 声誉 | 3.980 | 1.412 | 1.333 | 7.000 |
| 控制度 | 3.749 | 1.469 | 1.000 | 7.000 |
| 义愤情绪 | 3.749 | 1.280 | 1.000 | 6.800 |
| 报复行为 | 3.845 | 1.558 | 1.000 | 6.667 |
| 宽恕行为 | 3.853 | 1.277 | 1.286 | 6.571 |

### 5.1.2  信度效度检验

为了对量表的信度进行检验，本书计算了变量的 Cronbach′s α 值和 CR 值，结果见表 5-2 和表 5-3。变量的 Cronbach′s α 值均大于 0.8，表明量表具有较高的内在一致性信度。变量的 CR 值均大于 0.8，表明量表具有良好的组合信度。

表 5-2                     实验一的内在一致性信度分析

| 变量 | Cronbach′s α |
|------|-------------|
| CSR 声誉 | 0.827 |
| 控制度 | 0.839 |
| 义愤情绪 | 0.928 |
| 报复行为 | 0.928 |
| 宽恕行为 | 0.956 |

表 5-3                   实验一的相关性、CR 和 AVE

| 变量 | CSR 声誉 | 控制度 | 义愤情绪 | 报复行为 | 宽恕行为 |
|------|---------|--------|---------|---------|---------|
| CSR 声誉 | 0.798 | | | | |
| 控制度 | 0.149** | 0.801 | | | |
| 义愤情绪 | −0.396*** | 0.248*** | 0.850 | | |
| 报复行为 | −0.366*** | 0.179** | 0.481*** | 0.903 | |
| 宽恕行为 | 0.373*** | −0.127* | −0.469*** | −0.512*** | 0.871 |
| CR | 0.839 | 0.842 | 0.929 | 0.930 | 0.957 |
| AVE | 0.638 | 0.642 | 0.722 | 0.816 | 0.759 |

*、**、***分别代表在 0.05、0.01、0.001 的显著性水平下显著，对角线上为 AVE 的平方根。

　　为了对量表的效度进行检验，本书首先计算了变量的平均方差抽取量（AVE），并将 AVE 的平方根与 f 矩进行比较（Hair 等，2006），结果见表 5-3；其次进行了探索性因素分析，结果见表 5-4；最后以相关分析为依据进行了验证性因素分析，即将相关性较高的变量合并为一个潜在因子来比较零模型、单因子模型、双因子模型、三因子模型、四因子模型和五因子模型的拟合优度，结果见表 5-5。在判别效度方面，比较发现 AVE 的平方根均高于 f 矩，证明变量具有良好的判别效度。在聚合效度方面，AVE 值均大于 0.5，并且探索性因素分析结果显示，KMO 值为 0.903，卡方值为 3 024.632（DF=210，P<0.01），提取的 5 个成分可以解释总方差为 79.377%，各题项的因子载荷值均高于 0.7，各题项分组状况良好，说明变量具有良好的聚合效度。在区分效度方面，验证性因素分析的结果显示，五因子模型的拟合效果良好（$\chi^2$（179）= 209.414，RMSEA = 0.031，CFI = 0.990，TLI = 0.988），且拟合优度要明显优于其他模型，表明量表具有良好的区分效度。

表 5-4　　　　　　　　　　实验一的探索性因素分析

| 题项 | 成分 | | | | |
|------|------|------|------|------|------|
|      | 1 | 2 | 3 | 4 | 5 |
| FOR7 | 0.867 | | | | |
| FOR6 | 0.862 | | | | |
| FOR1 | 0.859 | | | | |
| FOR3 | 0.856 | | | | |
| FOR5 | 0.842 | | | | |
| FOR2 | 0.834 | | | | |
| FOR4 | 0.823 | | | | |
| MA3 | | 0.844 | | | |
| MA2 | | 0.838 | | | |
| MA1 | | 0.827 | | | |
| MA4 | | 0.825 | | | |
| MA5 | | 0.792 | | | |
| REV2 | | | 0.887 | | |
| REV3 | | | 0.831 | | |
| REV1 | | | 0.830 | | |
| CON2 | | | | 0.887 | |
| CON3 | | | | 0.860 | |
| CON1 | | | | 0.812 | |
| CSR2 | | | | | 0.846 |
| CSR3 | | | | | 0.802 |
| CSR1 | | | | | 0.789 |

表 5-5 实验一的验证性因素分析

| 模型 | $X^2$ | DF | RMSEA | CFI | TLI |
|---|---|---|---|---|---|
| 零模型 [a] | 3 163.866 | 210 | 0.281 | 0.000 | 0.000 |
| 单因子模型 [b] | 1 493.142 | 189 | 0.197 | 0.558 | 0.509 |
| 二因子模型 [c] | 1 278.406 | 188 | 0.181 | 0.631 | 0.588 |
| 三因子模型 [d] | 1 092.154 | 186 | 0.165 | 0.693 | 0.654 |
| 四因子模型 [e] | 761.811 | 183 | 0.133 | 0.804 | 0.775 |
| 四因子模型 [f] | 565.779 | 183 | 0.108 | 0.870 | 0.851 |
| 四因子模型 [g] | 563.191 | 183 | 0.108 | 0.871 | 0.852 |
| 五因子模型 [h] | 209.414 | 179 | 0.031 | 0.990 | 0.988 |

注：a 中所有变量之间没有关系，b 是将所有题项归属于一个潜在因子，c 是将义愤、报复、宽恕、CSR 声誉合并为一个潜在因子，d 是将义愤、报复、宽恕合并为一个潜在因子，e 是将宽恕和义愤合并为一个潜在因子，f 是将报复和义愤合并为一个潜在因子，g 是将报复和宽恕合并为一个潜在因子，h 是研究所用模型。

此外，相关分析的结果显示，首先 CSR 声誉与义愤情绪和报复行为显著负相关，而与宽恕行为显著正相关，初步说明 CSR 声誉可以起到减轻义愤情绪和报复行为、推进宽恕行为的积极作用。其次控制度与义愤情绪和报复行为显著正相关，与宽恕行为显著负相关，初步说明消费者的控制度归因越高，越容易产生义愤情绪和报复行为，越不容易产生宽恕行为。再次义愤情绪与报复行为显著正相关，与宽恕行为显著负相关，初步说明义愤情绪可推进报复行为并抑制宽恕的达成。最后宽恕行为与报复行为显著负相关，说明两种行为存在一定程度的对立性和关联性。

### 5.1.3 同源方法偏差检验

根据 Podsakoff 等（2003）和 Greenbaum 等（2015）的研究，本书运用 Harman 单因素检验的方法来检查是否存在同源偏差（Same Source Bias），使用非旋转主成分分析法对所有变量进行了探索性因素分析，因素分析的结果清晰呈现了 5 个不同的因子（特征值>1），并未有单因子出现；同时第一个因子只能解释总体变异的 26.662%（<50%），因此同源偏差对实验一不构成实质影响。

### 5.1.4　CSR 声誉与控制度归因组合的方差分析

本书运用方差分析来初步探索危机前 CSR 声誉与控制度归因组合对消费者义愤情绪及行为的影响，结果见表 5-6。由表 5-6 可见，总体而言，四组的义愤情绪（F=17.422，P<0.01）、报复行为（F=18.086，P<0.01）、宽恕行为（F=25.223，P<0.01）均存在显著差异。

表 5-6　　　　　CSR 声誉与控制度归因组合的方差分析

| 变量 | 高 CSR 声誉 | | | | 低 CSR 声誉 | | | | 均方 | F 值 | P 值 |
|---|---|---|---|---|---|---|---|---|---|---|---|
| | 高控制度 | | 低控制度 | | 高控制度 | | 低控制度 | | | | |
| | 均值 | 标准差 | 均值 | 标准差 | 均值 | 标准差 | 均值 | 标准差 | | | |
| 义愤情绪 | 3.932 | 1.278 | 2.987 | 0.862 | 4.676 | 0.976 | 3.483 | 1.327 | 22.372 | 17.422 | 0.000 |
| 报复行为 | 4.030 | 1.518 | 2.741 | 1.233 | 4.889 | 1.140 | 3.799 | 1.534 | 34.085 | 18.086 | 0.000 |
| 宽恕行为 | 3.799 | 1.357 | 4.825 | 0.905 | 2.820 | 0.892 | 3.896 | 1.079 | 29.203 | 25.223 | 0.000 |

运用 LSD 法进行进一步检验发现，当危机前 CSR 声誉低且控制度归因同高时，消费者义愤情绪（M=4.676，SD=0.976）和报复行为倾向（M=4.889，SD=1.140）显著高于其他三组，同时消费者宽恕行为倾向（M=2.820，SD=0.892）显著低于其他三组；而当危机前 CSR 声誉高且控制度归因低时，消费者义愤情绪（M=2.987，SD=0.862）和报复行为倾向（M=2.741，SD=1.233）显著低于其他三组，同时宽恕行为倾向（M=4.825，SD=0.905）显著高于其他三组。另外两组的消费者义愤情绪、报复行为倾向和宽恕行为倾向均处于中间水平。

因此当消费者感知到危机前 CSR 声誉较高且控制度归因较低时，企业面临最优状况；当消费者感知到危机前 CSR 声誉较低且控制度归因较高时，企业面临最差状况。

## 5.2 实验一的假设检验

### 5.2.1 主效应检验

假设 1 提出，危机前 CSR 声誉负向影响消费者报复行为，正向影响消费者宽恕行为。为了验证该假设，本书以 CSR 声誉为自变量，报复行为和宽恕行为分别作为因变量进行回归分析，结果见表 5-7。由模型 4 可见，CSR 声誉对消费者报复行为（M4，β=-0.366，P<0.01）具有显著负向的影响；由模型 7 可见，CSR 声誉对消费者宽恕行为（M7，β=0.373，P<0.01）具有显著正向的影响。因此假设 1a 和假设 1b 在实验一中得到验证。

表 5-7 实验一的假设检验

| 变量 | 义愤情绪 | | | 报复行为 | | | 宽恕行为 | | |
|---|---|---|---|---|---|---|---|---|---|
| | 模型 1 | 模型 2 | 模型 3 | 模型 4 | 模型 5 | 模型 6 | 模型 7 | 模型 8 | 模型 9 |
| 自变量 | | | | | | | | | |
| CSR 声誉 | -0.396*** | -0.442*** | -0.443*** | -0.366*** | | -0.208*** | 0.373*** | | 0.222*** |
| 中介变量 | | | | | | | | | |
| 义愤情绪 | | | | 0.481*** | 0.399*** | | | -0.469*** | -0.381*** |
| 调节变量 | | | | | | | | | |
| 控制度 | | 0.313*** | 0.305*** | | | | | | |
| 交互项 | | | | | | | | | |
| 乘积 | | | 0.169*** | | | | | | |
| $R^2$ | 0.157 | 0.253 | 0.281 | 0.134 | 0.232 | 0.268 | 0.139 | 0.220 | 0.261 |
| F 值 | 32.864*** | 29.748*** | 22.832*** | 27.406*** | 53.366*** | 32.261*** | 28.593*** | 49.884*** | 31.159*** |
| △$R^2$ | 0.157 | 0.096 | 0.029 | 0.134 | 0.232 | 0.134 | 0.139 | 0.220 | 0.122 |
| △F | 32.864*** | 22.618*** | 6.977*** | 27.406*** | 53.366*** | 32.274*** | 28.593*** | 49.884*** | 29.175*** |

*、**、***分别代表在 0.05、0.01、0.001 的显著性水平下显著。

### 5.2.2　中介效应检验

假设 2 提出消费者义愤情绪在危机前 CSR 声誉和消费者行为之间起到中介作用。为了验证该假设，根据 Baron & Kenny（1986）建议的分析步骤进行层次回归，结果见表 5-7。

首先分析义愤情绪在 CSR 声誉和报复行为之间的中介作用。CSR 声誉对消费者义愤情绪（M1，β=-0.396，P<0.01）具有显著负向的影响；CSR 声誉对报复行为具有显著负向的影响（M4，β=-0.366，P<0.01）；同时消费者义愤情绪对报复行为具有显著正向的影响（M5，β=0.481，P<0.01）；并且 CSR 声誉和消费者义愤情绪同时对报复行为回归时，CSR 声誉对报复行为的影响（M6，β=-0.208，P<0.01）显著变小（Sobel Test，Z=- 4.032，P<0.05；Aroian Test，Z=- 4.001，P<0.05；Goodman Test，Z=-4.063，P<0.05），而消费者义愤情绪对报复行为的影响仍显著为正（M6，β=0.399，P<0.01）。因此义愤情绪在 CSR 声誉和报复行为之间起到部分中介作用，假设 2a 在实验一中得到验证。

其次分析义愤情绪在 CSR 声誉和宽恕行为之间的中介作用。CSR 声誉对消费者义愤情绪（M1，β=-0.396，P<0.01）具有显著负向的影响；CSR 声誉对宽恕行为具有显著正向的影响（M7，β=0.373，P<0.01）；同时消费者义愤情绪对宽恕行为具有显著负向的影响（M8，β=-0.469，P<0.01）；并且 CSR 声誉和消费者义愤情绪同时对宽恕行为回归时，CSR 声誉对宽恕行为的影响（M9，β=0.222，P<0.01）显著减小（Sobel Test，Z=3.931，P<0.05；Aroian Test，Z=3.899，P<0.05；Goodman Test，Z=3.963，P<0.05），而消费者义愤情绪对宽恕行为的影响仍显著为负（M9，β=-0.381，P<0.01）。因此义愤情绪在 CSR 声誉和宽恕行为之间起到部分中介作用，假设 2b 在实验一中得到验证。

### 5.2.3　控制度归因的调节效应检验

假设 3 提出控制度归因越高，危机前 CSR 声誉对消费者义愤情绪的减轻作用越弱，即控制度归因正向调节危机前 CSR 声誉和消费者义愤情绪之间的负向关系。并且当控制度归因低时，危机前 CSR 声誉可以减少消费者义愤情绪；当控制度归因高时，危机前 CSR 声誉可以增加消费者义愤情绪。为了验证该假设，本书首先将义愤情绪设为因变量，依次引入自变量（CSR 声誉）、调节变量（控制度）、自变量和调节变量的乘积项进行层次回归，为消除共线性的影响，在构造乘积项时，将自变量和调节变量进行了标准化，结果见表 5-7。由模型 3 可见，交互项对义愤情绪的作用显著为正（M3，$\beta$=0.169，P<0.01）。可见控制度归因正向调节了危机前 CSR 声誉和义愤情绪之间的负向关系。在此之后，按照控制度归因高（+SD）低（-SD）进行分组检验的结果表明，在控制度归因低的情况下，CSR 声誉对义愤情绪具有减弱作用；在控制度归因高的情况下，符号方向不变，说明 CSR 声誉对义愤情绪同样具有减弱作用，假设 3 得到部分验证。差异化控制度归因情境下危机前 CSR 声誉对义愤情绪的影响差异如图 5-1 所示，图中呈现出两条斜率为负，但斜率值不同的直线。

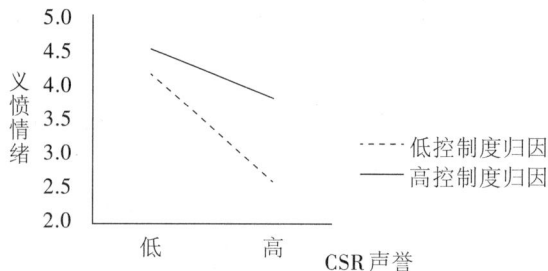

图 5-1  差异化控制度归因情境下危机前 CSR 声誉对义愤情绪的影响差异

### 5.2.4  控制度归因的条件化间接效应检验

假设 7 提出，控制度归因调节了危机前 CSR 声誉通过消费者义愤情绪对消费者行为的间接影响。为了验证此假设，本书用 Edwards & Lambert（2007）建议的方法，用 Bootstrapping5000 次计算结果分析，以报复行为为因变量的计算结果见表 5-8，以宽恕行为为因变量的计算结果见表 5-9。

由表 5-8 和表 5-9 可见，第一阶段，当控制度归因高时，CSR 声誉对义愤情绪具有负向影响（r=-0.296，P<0.001）；当控制度归因低时，CSR 声誉对义愤情绪也具有负向影响（r=-0.590，P<0.001）；且影

表5-8　控制度归因的条件化间接效应分析（报复行为为因变量）

| 调节变量 | CSR 声誉（X）→ 义愤情绪（M）→报复行为（Y） | | | | |
| | 阶段 | | 效应 | | |
| | 第一阶段 | 第二阶段 | 直接效应 | 间接效应 | 总效应 |
| | $P_{MX}$ | $P_{YM}$ | $P_{YX}$ | $P_{YM}P_{MX}$ | $P_{YX}+P_{YM}P_{MX}$ |
| 高控制度 | -0.296*** | 0.283*** | -0.152* | -0.084*** | -0.236*** |
| 低控制度 | -0.590*** | 0.386*** | -0.336*** | -0.228*** | -0.563*** |
| 差异 | 0.295*** | -0.103 | 0.184 | 0.144* | 0.328*** |

*、**、***分别表示在 0.05，0.01，0.001 的显著性水平下显著。

表5-9　控制度归因的条件化间接效应分析（宽恕行为为因变量）

| 调节变量 | CSR 声誉（X）→ 义愤情绪（M）→宽恕行为（Y） | | | | |
| | 阶段 | | 效应 | | |
| | 第一阶段 | 第二阶段 | 直接效应 | 间接效应 | 总效应 |
| | $P_{MX}$ | $P_{YM}$ | $P_{YX}$ | $P_{YM}P_{MX}$ | $P_{YX}+P_{YM}P_{MX}$ |
| 高控制度 | -0.296*** | -0.249** | 0.187* | 0.073** | 0.260*** |
| 低控制度 | -0.590*** | -0.465*** | 0.257** | 0.274*** | 0.531*** |
| 差异 | 0.295*** | 0.216 | -0.070 | -0.201*** | -0.271** |

*、**、***分别表示在 0.05、0.01、0.001 的显著性水平下显著。

响系数之间差异显著（Δr=0.295，P<0.001），进一步说明假设 3 只得到部分验证。

假设 7a 提出，控制度归因调节了危机前 CSR 声誉通过消费者义愤情绪对消费者报复行为的间接影响。并且当控制度归因低时，危机前CSR 声誉可以通过减少消费者义愤情绪来减少消费者报复行为；当控制度归因高时，危机前 CSR 声誉可以通过增加消费者义愤情绪来增加消费者报复行为。由表 5-8 可见，控制度归因高时，CSR 声誉对报复行为的直接效应和间接效应均显著为负；控制度归因低时，CSR 声誉对报复行为的直接效应和间接效应也显著为负；且间接效应差异显著（Δr=0.144，P<0.05），可见被调节的中介效应成立。然而无论控制度归

因高低，CSR 声誉都可以通过减少消费者义愤情绪来减少消费者报复行为；并且控制度归因低时，间接效应更强。因此假设 7a 只得到部分验证。

假设 7b 提出，控制度归因调节了危机前 CSR 声誉通过消费者义愤情绪对消费者宽恕行为的间接影响。并且当控制度归因低时，危机前 CSR 声誉可以通过减少消费者义愤情绪来增加消费者宽恕行为；当控制度归因高时，危机前 CSR 声誉可以通过增加消费者义愤情绪来减少消费者宽恕行为。由表 5-9 可见，控制度归因高时，CSR 声誉对宽恕行为的直接效应和间接效应均正向显著；控制度归因低时，CSR 声誉对宽恕行为的直接和间接效应均显著为正，且间接效应的差异显著（Δr=-0.201，P<0.001），被调节的中介效应成立。然而无论控制度归因高低，CSR 声誉都可以通过减少义愤情绪来增加宽恕行为；并且控制度归因低时，间接效应更强。因此假设 7b 只得到部分验证。

# 第6章 差异化稳定性归因情境下CSR声誉对消费者行为的影响

## 6.1 实验二的描述性统计、信效度、同源方法偏差、方差检验

### 6.1.1 描述性统计分析

剔除不完整样本和明显错误样本后，有效问卷共有 179 个，有效问卷回收率为 89.5%。其中男性 85 人（47.49%），女性 94 人（52.51%）；年龄在 30 岁以下的 72 人（40.22%），30 岁到 50 岁之间的 68 人（37.99%），50 岁以上的 39 人（21.79%）；月收入在 3 000 元以下的 34 人（19.00%），3 000 元到 5 000 元的 87 人（48.60%），5 000 元以上的 58 人（32.40%），样本基本符合主流消费者的特征。主要变量的描述性统计分析结果见表 6-1。

表 6-1　　　　　　　　实验二的描述性统计分析

| 变量 | 均值 | 标准差 | 最小值 | 最大值 |
|------|------|--------|--------|--------|
| CSR 声誉 | 3.957 | 1.461 | 1.000 | 7.000 |
| 稳定性 | 3.788 | 1.426 | 1.000 | 6.750 |
| 义愤情绪 | 3.905 | 1.195 | 1.400 | 6.800 |
| 报复行为 | 3.717 | 1.386 | 1.000 | 6.667 |
| 宽恕行为 | 3.839 | 1.189 | 1.143 | 6.286 |

### 6.1.2　信度效度检验

为了对量表的信度进行检验，本书计算了变量的 Cronbach´s α 值和 CR 值，结果见表 6-2 和表 6-3。变量的 Cronbach´s α 值均大于 0.8，表明量表具有较高的内在一致性信度。变量的 CR 值均大于 0.8，表明量表具有良好的组合信度。

表 6-2　　　　　　　　实验二的内在一致性信度分析

| 变量 | Cronbach´s α |
|------|--------------|
| CSR 声誉 | 0.823 |
| 稳定性 | 0.911 |
| 义愤情绪 | 0.909 |
| 报复行为 | 0.878 |
| 宽恕行为 | 0.942 |

为了对量表的效度进行检验，本书首先计算了变量的平均方差抽取量（AVE），并将 AVE 的平方根与 f 矩进行比较，结果见表 6-3；其次进行了探索性因素分析，结果见表 6-4；最后以相关分析为依据进行了验证性因素分析，即将相关性较高的变量合并为一个潜在因子来比较零模型、单因子模型、双因子模型、三因子模型、四因子模型和五因子模型的拟合优度，结果见表 6-5。在判别效度方面，比较发现 AVE 的平方

| 表6-3 | | | 实验二的相关性、CR 和 AVE | | |
|---|---|---|---|---|---|
| 变量 | CSR 声誉 | 稳定性 | 义愤情绪 | 报复行为 | 宽恕行为 |
| CSR 声誉 | 0.798 | | | | |
| 稳定性 | 0.094 | 0.859 | | | |
| 义愤情绪 | −0.147** | 0.224*** | 0.818 | | |
| 报复行为 | −0.171** | 0.209*** | 0.430*** | 0.846 | |
| 宽恕行为 | 0.131* | −0.197*** | −0.504*** | −0.371*** | 0.836 |
| CR | 0.837 | 0.918 | 0.910 | 0.882 | 0.942 |
| AVE | 0.636 | 0.738 | 0.669 | 0.716 | 0.700 |

*、**、***分别代表在 0.05、0.01、0.001 的显著性水平下显著，对角线上为 AVE 的平方根。

根均高于 f 矩，证明变量具有良好的判别效度。在聚合效度方面，AVE 值均大于 0.5，并且探索性因素分析结果显示，KMO 值为 0.878，卡方值为 2 864.806（DF=231，P<0.01），提取的 5 个成分可以解释总方差为 76.857%，各题项的因子载荷值均高于 0.7，各题项分组状况良好，说明变量具有良好的聚合效度。在区分效度方面，验证性因素分析的结果显示，五因子模型的拟合效果良好（$\chi^2$（199）=270.368，RMSEA = 0.045，CFI =0.974，TLI = 0.970），且拟合优度要明显优于其他模型，表明量表具有良好的区分效度。

此处，相关分析的结果显示，首先 CSR 声誉与义愤情绪和报复行为显著负相关，而与宽恕行为显著正相关，初步说明 CSR 声誉可以起到减轻义愤情绪和报复行为、推进宽恕行为的积极作用。其次稳定性归因与义愤情绪和报复行为显著正相关，与宽恕行为显著负相关，初步说明消费者的稳定性归因越高，越容易产生义愤情绪和报复行为，越不容易产生宽恕行为。再次义愤情绪与报复行为显著正相关，与宽恕行为显著负相关，初步说明义愤情绪可推进报复行为并抑制宽恕的达成。最后宽恕行为与报复行为显著负相关，说明两种行为存在一定程度的对立性和关联性。

表6-4 实验二的探索性因素分析

| 题项 | 成分 | | | | |
|---|---|---|---|---|---|
| | 1 | 2 | 3 | 4 | 5 |
| FOR5 | 0.858 | | | | |
| FOR1 | 0.839 | | | | |
| FOR6 | 0.839 | | | | |
| FOR7 | 0.825 | | | | |
| FOR3 | 0.824 | | | | |
| FOR4 | 0.818 | | | | |
| FOR2 | 0.803 | | | | |
| MA2 | | 0.817 | | | |
| MA4 | | 0.812 | | | |
| MA5 | | 0.808 | | | |
| MA1 | | 0.797 | | | |
| MA3 | | 0.793 | | | |
| STA4 | | | 0.925 | | |
| STA2 | | | 0.891 | | |
| STA1 | | | 0.876 | | |
| STA3 | | | 0.831 | | |
| REV2 | | | | 0.881 | |
| REV1 | | | | 0.866 | |
| REV3 | | | | 0.789 | |
| CSR2 | | | | | 0.904 |
| CSR1 | | | | | 0.826 |
| CSR3 | | | | | 0.822 |

表6-5　　　　　　　　　　实验二的验证性因素分析

| 模型 | X² | DF | RMSEA | CFI | TLI |
|---|---|---|---|---|---|
| 零模型 [a] | 3 002.564 | 231 | 0.260 | 0.000 | 0.000 |
| 单因子模型 [b] | 1 647.415 | 209 | 0.197 | 0.481 | 0.426 |
| 二因子模型 [c] | 1 436.112 | 208 | 0.182 | 0.557 | 0.508 |
| 三因子模型 [d] | 922.474 | 206 | 0.140 | 0.741 | 0.710 |
| 四因子模型 [e] | 677.342 | 203 | 0.115 | 0.829 | 0.805 |
| 四因子模型 [f] | 536.196 | 203 | 0.096 | 0.880 | 0.863 |
| 四因子模型 [g] | 504.111 | 203 | 0.091 | 0.891 | 0.876 |
| 五因子模型 [h] | 270.368 | 199 | 0.045 | 0.974 | 0.970 |

注：a中所有变量之间没有关系，b是将所有题项归属于一个潜在因子，c是将义愤、报复、宽恕、稳定性合并为一个潜在因子，d是将义愤、报复、宽恕合并为一个潜在因子，e是将宽恕和义愤合并为一个潜在因子，f是将报复和宽恕合并为一个潜在因子，g是将报复和义愤合并为一个潜在因子，h是研究所用模型。

### 6.1.3　同源方法偏差检验

与实验一相似，本书运用Harman单因素检验的方法来检查是否存在同源偏差，使用非旋转主成分分析法对所有变量进行了探索性因素分析，因素分析的结果清晰呈现了5个不同的因子（特征值>1），并未有单因子出现；同时第一个因子只能解释总体变异的23.931%（<50%），因此同源偏差对实验二不构成实质影响。

### 6.1.4　CSR声誉与稳定性归因组合的方差分析

本书运用方差分析来初步探索危机前CSR声誉与稳定性归因组合对消费者义愤情绪及行为的影响，结果见表6-6。由表6-6可见，总体而言，四组的义愤情绪（F=23.615，P<0.01）、报复行为（F=14.314，P<0.01）、宽恕行为（F=17.168，P<0.01）均存在显著差异。

表6-6　　　　　　　CSR声誉与稳定性归因组合的方差分析

| 变量 | 高CSR声誉 | | | | 低CSR声誉 | | | | 均方 | F值 | P值 |
| | 高稳定性 | | 低稳定性 | | 高稳定性 | | 低稳定性 | | | | |
| | 均值 | 标准差 | 均值 | 标准差 | 均值 | 标准差 | 均值 | 标准差 | | | |
|---|---|---|---|---|---|---|---|---|---|---|---|
| 义愤情绪 | 4.814 | 0.997 | 3.029 | 0.942 | 3.936 | 0.888 | 3.921 | 1.220 | 24.401 | 23.615 | 0.000 |
| 报复行为 | 4.455 | 1.235 | 2.785 | 1.202 | 3.871 | 1.343 | 3.845 | 1.231 | 22.468 | 14.314 | 0.000 |
| 宽恕行为 | 2.997 | 0.974 | 4.574 | 1.029 | 3.880 | 0.961 | 3.837 | 1.237 | 19.082 | 17.168 | 0.000 |

运用 LSD 法进行进一步检验发现，当危机前 CSR 声誉和稳定性归因同高时，消费者义愤情绪（M=4.814，SD=0.997）和报复行为倾向（M=4.455，SD=1.235）显著高于其他三组，同时消费者宽恕行为倾向（M=2.997，SD=0.974）显著低于其他三组；而当危机前 CSR 声誉高且稳定性归因低时，消费者义愤情绪（M=3.029，SD=0.942）和报复行为倾向（M=2.785，SD=1.202）显著低于其他三组，同时消费者宽恕行为倾向（M=4.574，SD=1.029）显著高于其他三组。另外两组的消费者义愤情绪、报复行为倾向和宽恕行为倾向均处于中间水平。

因此，当危机前 CSR 声誉高且稳定性归因低时，企业面临最优状况；当危机前 CSR 声誉高且稳定性归因高时，企业面临最差状况。可见良好的危机前 CSR 声誉并不一定会起到积极作用，当消费者的稳定性归因较高时，危机前 CSR 声誉越好，可能越容易起到适得其反的作用。

## 6.2　实验二的假设检验

### 6.2.1　主效应检验

假设 1 提出，危机前 CSR 声誉负向影响消费者报复行为，正向影响消费者宽恕行为。为了验证该假设，本书以 CSR 声誉为自变量，报复行为和宽恕行为分别作为因变量进行回归分析，结果见表6-7。由模型 4 可见，CSR 声誉对消费者报复行为（M4，β=-0.171，P<0.05）具

有显著负向的影响；由模型 7 可见，CSR 声誉对消费者宽恕行为（M7，β=0.131，P<0.1）具有显著正向的影响。因此假设 1a 和假设 1b 在实验二中得到验证。

表6-7　　　　　　　　　　　　实验二的假设检验

| 变量 | 义愤情绪 | | | 报复行为 | | | 宽恕行为 | | |
|---|---|---|---|---|---|---|---|---|---|
| | 模型 1 | 模型 2 | 模型 3 | 模型 4 | 模型 5 | 模型 6 | 模型 7 | 模型 8 | 模型 9 |
| 自变量 | | | | | | | | | |
| CSR 声誉 | -0.147** | -0.170** | -0.187*** | -0.171** | | -.0110 | 0.131* | | 0.058 |
| 中介变量 | | | | | | | | | |
| 义愤情绪 | | 0.240*** | | | 0.430*** | 0.414*** | | -0.504*** | -0.496*** |
| 调节变量 | | | | | | | | | |
| 稳定性 | | | 0.260*** | | | | | | |
| 交互项 | | | | | | | | | |
| 乘积 | | | 0.446*** | | | | | | |
| R² | 0.022 | 0.079 | 0.277 | 0.029 | 0.185 | 0.197 | 0.017 | 0.254 | 0.258 |
| F 值 | 3.933** | 7.528*** | 22.384*** | 5.308** | 40.172*** | 21.552*** | 3.0861* | 60.378*** | 30.538*** |
| △R² | 0.022 | 0.057 | 0.199 | 0.029 | 0.185 | 0.168 | 0.017 | 0.254 | 0.240 |
| △F | 3.933** | 10.902*** | 48.072*** | 5.308** | 40.172*** | 36.725*** | 3.086* | 60.378*** | 57.014*** |

*、**、***分别代表在 0.05、0.01、0.001 的显著性水平下显著。

### 6.2.2　中介效应检验

假设 2 提出消费者义愤情绪在危机前 CSR 声誉和消费者行为之间起到中介作用。为了验证该假设，根据 Baron & Kenny（1986）建议的分析步骤进行层次回归，结果见表 6-7。

首先分析义愤情绪在 CSR 声誉和报复行为之间的中介作用。CSR 声誉对消费者义愤情绪（M1，β=-0.147，P<0.05）具有显著负向的影响；CSR 声誉对报复行为具有显著负向的影响（M4，β=-0.171，P<0.05）；同时消费者义愤情绪对报复行为具有显著正向的影响（M5，β=

0.430，P<0.01）；并且 CSR 声誉和消费者义愤情绪同时对报复行为回归时，CSR 声誉对报复行为的影响（M6，β=-0.110，n.s.）变得不显著（Sobel Test，Z=-1.886，P<0.05；Aroian Test，Z=-1.863，P<0.05；Goodman Test，Z=-1.909，P<0.05），而消费者义愤情绪对报复行为的影响仍显著为正（M6，β=0.414，P<0.01）。因此义愤情绪在 CSR 声誉和报复行为之间起到完全中介作用，假设 2a 在实验二中得到验证。

其次分析义愤情绪在 CSR 声誉和宽恕行为之间的中介作用。CSR 声誉对消费者义愤情绪（M1，β=-0.147，P<0.05）具有显著负向的影响；CSR 声誉对宽恕行为具有显著正向的影响（M7，β=0.131，P<0.1）；同时消费者义愤情绪对宽恕行为具有显著负向影响（M8，β=-0.504，P<0.01）；并且 CSR 声誉和消费者义愤情绪同时对宽恕行为回归时，CSR 声誉对宽恕行为的影响（M9，β=0.058，n.s.）变得不显著（Sobel Test，Z=1.919，P<0.05；Aroian Test，Z=1.904，P<0.05；Goodman Test，Z=1.935，P<0.05），而消费者义愤情绪对宽恕行为的影响仍显著为负（M9，β=-0.496，P<0.01）。因此义愤情绪在 CSR 声誉和宽恕行为之间起到完全中介作用，假设 2b 在实验二中得到验证。

### 6.2.3　稳定性归因的调节效应检验

假设 4 提出，稳定性归因越高，危机前 CSR 声誉对消费者义愤情绪的缓冲作用越弱，即稳定性归因正向调节危机前 CSR 声誉和消费者义愤情绪之间的负向关系。并且当稳定性归因低时，危机前 CSR 声誉可以减少消费者义愤情绪；当稳定性归因高时，危机前 CSR 声誉可以增加消费者义愤情绪。为了验证该假设，本书首先将义愤情绪设为因变量，依次引入自变量（CSR 声誉）、调节变量（稳定性）、自变量和调节变量的乘积项进行层次回归，为消除共线性的影响，在构造乘积项时，将自变量和调节变量进行了标准化，结果见表 6-7。由模型 3 可见，交互项对义愤情绪的作用显著为正（M3，β=0.446，P<0.01）。可见稳定性归因在 CSR 声誉和义愤情绪之间起到正向调节作用。在此之后，按照稳定性归因高低进行分组检验的结果表明，在稳定性归因低的情况下，CSR 声誉对义愤情绪具有显著的减弱作用；在稳定性归因高

的情况下，符号发生变化，说明 CSR 声誉对义愤情绪具有显著的增强作用，假设 4 得到验证。差异化稳定性归因情境下危机前 CSR 声誉对义愤情绪的影响差异如图 6-1 所示，两条交叉的直线具有符号相反的斜率。

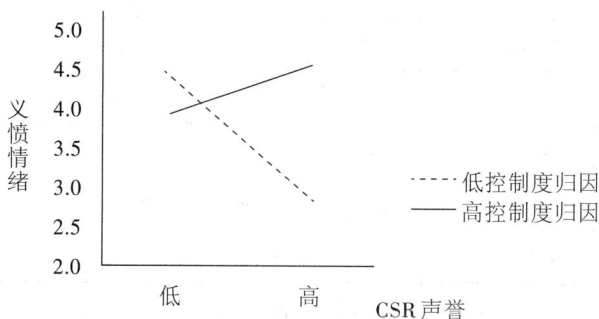

图6-1　差异化稳定性归因情境下危机前CSR声誉对义愤情绪的影响差异

### 6.2.4　稳定性归因的条件化间接效应检验

假设 8 提出，稳定性归因调节了危机前 CSR 声誉通过消费者义愤情绪对消费者行为的间接影响。为了验证该假设，本书用 Edwards & Lambert（2007）建议的方法，用 Bootstrapping5 000 次计算结果分析，以报复行为为因变量的计算结果见表 6-8，以宽恕行为为因变量的计算结果见表 6-9。

表6-8　稳定性归因的条件化间接效应分析（报复行为为因变量）

| 调节变量 | CSR 声誉（X）→ 义愤情绪（M）→报复行为（Y） | | | | |
| --- | --- | --- | --- | --- | --- |
| | 阶段 | | 效应 | | |
| | 第一阶段 | 第二阶段 | 直接效应 | 间接效应 | 总效应 |
| | $P_{MX}$ | $P_{YM}$ | $P_{YX}$ | $P_{YM}P_{MX}$ | $P_{YX}+P_{YM}P_{MX}$ |
| 高稳定性 | 0.178** | 0.132 | 0.124 | 0.024 | 0.147 |
| 低稳定性 | −0.554*** | 0.304*** | −0.368*** | −0.169*** | −0.536*** |
| 差异 | 0.732*** | −0.172 | 0.491*** | 0.192*** | 0.684*** |

*、**、***分别表示在 0.05、0.01、0.001 的显著性水平下显著。

由表 6-8 和表 6-9 可见，第一阶段，当稳定性归因高时，CSR 声誉对义愤情绪具有显著正向影响（r=0.178，P<0.01）；当稳定性归因低时，

表6-9　稳定性归因的条件化间接效应分析（宽恕行为为因变量）

| 调节变量 | CSR 声誉（X）→ 义愤情绪（M）→宽恕行为（Y） | | | | |
| --- | --- | --- | --- | --- | --- |
| | 阶段 | | 效应 | | |
| | 第一阶段 | 第二阶段 | 直接效应 | 间接效应 | 总效应 |
| | $P_{MX}$ | $P_{YM}$ | $P_{YX}$ | $P_{YM}P_{MX}$ | $P_{YX}+P_{YM}P_{MX}$ |
| 高稳定性 | 0.178** | −0.384*** | −0.096 | −0.069** | −0.164* |
| 低稳定性 | −0.554*** | −0.322*** | 0.330*** | 0.178*** | 0.508*** |
| 差异 | 0.732*** | −0.062 | −0.425*** | −0.247*** | −0.672*** |

*、**、***分别表示在 0.05、0.01、0.001 的显著性水平下显著。

CSR 声誉对义愤情绪具有显著负向影响（r=−0.554，P<0.001）；且影响系数之间差异显著（Δr=0.732，P<0.001），假设 4 得到进一步验证。

假设 8a 提出，稳定性归因调节了危机前 CSR 声誉通过消费者义愤情绪对消费者报复行为的间接影响。并且当稳定性归因低时，危机前 CSR 声誉可以通过减少消费者义愤情绪来减少消费者报复行为；当稳定性归因高时，危机前 CSR 声誉可以通过增加消费者义愤情绪来增加消费者报复行为。由表 6-8 可见，稳定性归因高时，CSR 声誉对报复行为的直接效应和间接效应均为正但不显著；稳定性归因低时，CSR 声誉对报复行为的直接效应和间接效应均显著为负；且间接效应差异显著（Δr=0.192，P<0.001），可见条件化间接效应成立。并且稳定性归因低时，CSR 声誉对报复行为的负向间接效应显著；然而由于稳定性归因高时，CSR 声誉对报复行为的正向间接效应不显著，假设 8a 只得到部分验证。

假设 8b 提出，稳定性归因调节了危机前 CSR 声誉通过消费者义愤情绪对消费者宽恕行为的间接影响。并且当稳定性归因低时，危机前 CSR 声誉可以通过减少消费者义愤情绪来增加消费者宽恕行为；当稳定性归因高时，危机前 CSR 声誉可以通过增加消费者义愤情绪来减少消费者宽恕行为。由表 6-9 可见，稳定性归因高时，CSR 声誉对宽恕行为的直接效应为负但不显著，间接效应显著为负；稳定性归因低时，CSR 声誉对宽恕行为的直接效应和间接效应均显著为正；且间接效应的差异显著（Δr=0.192，P<0.001），条件化间接效应成立。并且稳定性归因低时，CSR 声誉可通过减少义愤情绪来增加宽恕行为；稳定性归因高时，CSR 声誉可以通过增加消费者义愤情绪来减少宽恕行为，假设 8b 得到验证。

# 第7章 差异化严重性归因情境下CSR声誉对消费者行为的影响

## 7.1 实验三的描述性统计、信效度、同源方法偏差、方差检验

### 7.1.1 描述性统计分析

剔除不完整样本和明显错误样本后，有效问卷共有 187 个，有效问卷回收率为 93.5%。其中男性 100 人（53.48%），女性 87 人（46.52%）；年龄在 30 岁以下的 65 人（34.76%），30 岁到 50 岁之间的 92 人（49.20%），50 岁以上的 30 人（16.04%）；月收入在 3 000 元以下的 26 人（13.90%），3 000 元到 5 000 元的 108 人（57.75%），5 000 元以上的 53 人（28.35%），样本基本符合主流消费者的特征。主要变量的描述性统计分析结果见表 7-1。

表7-1 实验三的描述性统计分析

| 变量 | 均值 | 标准差 | 最小值 | 最大值 |
|---|---|---|---|---|
| CSR声誉 | 3.918 | 1.468 | 1.000 | 7.000 |
| 严重性 | 3.777 | 1.419 | 1.000 | 7.000 |
| 义愤情绪 | 3.643 | 1.138 | 1.200 | 6.200 |
| 报复行为 | 3.665 | 1.395 | 1.000 | 6.667 |
| 宽恕行为 | 3.822 | 1.179 | 1.286 | 6.429 |

### 7.1.2 信度效度检验

为了对量表的信度进行检验，本书计算了变量的Cronbach's α值和CR值，结果见表7-2和表7-3。变量的Cronbach's α值均大于0.7，表明量表具有较高的内在一致性信度。变量的CR值均大于0.7，表明量表具有良好的组合信度。

表7-2 实验三的内在一致性信度分析

| 变量 | Cronbach's α |
|---|---|
| CSR声誉 | 0.829 |
| 严重性 | 0.795 |
| 义愤情绪 | 0.908 |
| 报复行为 | 0.908 |
| 宽恕行为 | 0.949 |

表7-3 实验三的相关性、CR和AVE

| 变量 | CSR声誉 | 严重性 | 义愤情绪 | 报复行为 | 宽恕行为 |
|---|---|---|---|---|---|
| CSR声誉 | 0.806 | | | | |
| 严重性 | 0.116 | 0.763 | | | |
| 义愤情绪 | -0.176** | 0.222*** | 0.817 | | |
| 报复行为 | -0.136* | 0.223*** | 0.431*** | 0.879 | |
| 宽恕行为 | 0.127* | -0.219*** | -0.461*** | -0.396*** | 0.869 |
| CR | 0.845 | 0.805 | 0.909 | 0.772 | 0.956 |
| AVE | 0.650 | 0.583 | 0.667 | 0.772 | 0.756 |

*、**、***分别代表在0.05、0.01、0.001的显著性水平下显著，对角线上为AVE的平方根。

　　为了对量表的效度进行检验，本书首先计算了变量的平均方差抽取量（AVE），并将 AVE 的平方根与 f 矩进行比较，结果见表 7-3；其次进行了探索性因素分析，结果见表 7-4；最后以相关分析为依据进行了验证性因素分析，即将相关性较高的变量合并为一个潜在因子来比较零模型、单因子模型、双因子模型、三因子模型、四因子模型和五因子模型的拟合优度，结果见表 7-5。在判别效度方面，比较发现 AVE 的平方根均高于 f 矩，证明变量具有良好的判别效度。在聚合效度方面，AVE 值均大于 0.5，并且探索性因素分析结果显示，KMO 值为 0.870，卡方值为 2 798.672（DF=210，P<0.01），提取的 5 个成分可以解释总方差为 76.860%，各题项的因子载荷值均高于 0.7，各题项分组状况良好，说明变量具有良好的聚合效度。在区分效度方面，验证性因素分析的结果显示，五因子模型的拟合效果良好（$\chi^2(179)$=253.626，RMSEA = 0.047，CFI = 0.972，TLI = 0.968），且拟合优度要明显优于其他模型，表明量表具有良好的区分效度。

表 7-4　　　　　　　　实验三的探索性因素分析

| 题项 | 成分 | | | | |
|---|---|---|---|---|---|
| | 1 | 2 | 3 | 4 | 5 |
| FOR7 | 0.864 | | | | |
| FOR6 | 0.853 | | | | |
| FOR4 | 0.847 | | | | |
| FOR1 | 0.846 | | | | |
| FOR5 | 0.841 | | | | |
| FOR3 | 0.835 | | | | |
| FOR2 | 0.833 | | | | |
| MA3 | | 0.831 | | | |
| MA5 | | 0.824 | | | |
| MA4 | | 0.821 | | | |
| MA2 | | 0.801 | | | |
| MA1 | | 0.777 | | | |
| REV2 | | | 0.886 | | |
| REV1 | | | 0.884 | | |
| REV3 | | | 0.824 | | |
| CSR2 | | | | 0.911 | |
| CSR1 | | | | 0.836 | |
| CSR3 | | | | 0.819 | |
| SEV2 | | | | | 0.878 |
| SEV1 | | | | | 0.800 |
| SEV3 | | | | | 0.799 |

| 表 7-5 | | | 实验三的验证性因素分析 | | |
|---|---|---|---|---|---|
| 模型 | X² | DF | RMSEA | CFI | TLI |
| 零模型 ᵃ | 2 921.720 | 210 | 0.263 | 0.000 | 0.000 |
| 单因子模型 ᵇ | 1 431.965 | 189 | 0.188 | 0.542 | 0.491 |
| 二因子模型 ᶜ | 1 198.086 | 188 | 0.170 | 0.628 | 0.584 |
| 三因子模型 ᵈ | 1 028.691 | 186 | 0.156 | 0.689 | 0.649 |
| 四因子模型 ᵉ | 709.839 | 183 | 0.124 | 0.806 | 0.777 |
| 四因子模型 ᶠ | 593.991 | 183 | 0.110 | 0.848 | 0.826 |
| 四因子模型 ᵍ | 563.168 | 183 | 0.106 | 0.860 | 0.839 |
| 五因子模型 ʰ | 253.626 | 179 | 0.047 | 0.972 | 0.968 |

注：a 中所有变量之间没有关系，b 是将所有题项归属于一个潜在因子，c 是将义愤、报复、宽恕、严重性合并为一个潜在因子，d 是将义愤、报复、宽恕合并为一个潜在因子，e 是将宽恕和义愤合并为一个潜在因子，f 是将报复和宽恕合并为一个潜在因子，g 是将报复和义愤合并为一个潜在因子，h 是研究所用模型。

此外，相关分析的结果显示，首先 CSR 声誉与义愤情绪和报复行为显著负相关，而与宽恕行为显著正相关，初步说明 CSR 声誉可以起到减轻义愤情绪和报复行为，推进宽恕行为的积极作用。其次严重性归因与义愤情绪和报复行为显著正相关，与宽恕行为显著负相关，初步说明消费者的严重性归因越高，越容易产生义愤情绪和报复行为，越不容易产生宽恕行为。再次义愤情绪与报复行为显著正相关，与宽恕行为显著负相关，初步说明义愤情绪可推进报复行为并抑制宽恕的达成。最后宽恕行为与报复行为显著负相关，说明两种行为存在一定程度的对立性和关联性。

### 7.1.3 同源方法偏差检验

与实验一和实验二相同，实验三运用 Harman 单因素检验的方法来检查是否存在同源偏差，使用非旋转主成分分析法对所有变量进行了探索性因素分析，因素分析的结果清晰呈现了 5 个不同的因子（特征值>1），并未有单因子出现；同时第一个因子只能解释总体变异的 25.672%

（<50%），因此同源偏差对实验三不构成实质影响。

### 7.1.4　CSR 声誉与严重性归因组合的方差分析

本书运用方差分析来初步探索危机前 CSR 声誉与严重性归因组合对消费者义愤情绪及行为的影响，结果见表 7-6。由表 7-6 可见，总体而言，四组的义愤情绪（F=11.077，P<0.01）、报复行为（F=13.234，P<0.01）、宽恕行为（F=16.318，P<0.01）均存在显著差异。

表7-6　　　　　　　　　CSR声誉与严重性归因组合的方差分析

| 变量 | 高 CSR 声誉 | | | | 低 CSR 声誉 | | | | 均方 | F 值 | P 值 |
|------|-----|------|-----|------|-----|------|-----|------|------|------|------|
| | 高严重性 | | 低严重性 | | 高严重性 | | 低严重性 | | | | |
| | 均值 | 标准差 | 均值 | 标准差 | 均值 | 标准差 | 均值 | 标准差 | | | |
| 义愤情绪 | 4.205 | 1.013 | 3.040 | 0.935 | 3.936 | 0.888 | 3.490 | 1.314 | 12.331 | 11.077 | 0.000 |
| 报复行为 | 4.455 | 1.235 | 2.827 | 1.196 | 3.871 | 1.343 | 3.626 | 1.324 | 21.505 | 13.234 | 0.000 |
| 宽恕行为 | 2.997 | 0.974 | 4.523 | 1.079 | 3.828 | 1.019 | 3.843 | 1.131 | 18.183 | 16.318 | 0.000 |

运用 LSD 法进行进一步检验发现，当危机前 CSR 声誉和严重性归因同高时，消费者义愤情绪（M=4.205，SD=1.013）和报复行为倾向（M=4.455，SD=1.235）均高于其他三组，同时消费者宽恕行为倾向（M=2.997，SD=0.974）显著低于其他三组；而危机前 CSR 声誉高且严重性归因低时，消费者义愤情绪（M=3.040，SD=0.935）和报复行为倾向（M=2.827，SD=1.196）显著低于其他三组，同时消费者宽恕行为倾向（M=4.523，SD=1.079）显著高于其他三组。另外两组中，消费者义愤情绪、报复行为倾向和宽恕行为倾向均处于中间水平。

因此与实验二结果类似，当消费者感知到危机前 CSR 声誉较高且严重性归因较低时，企业面临最优状况；当消费者感知到危机前 CSR 声誉较高且严重性归因较高时，企业面临最差状况。可见良好的危机前 CSR 声誉并不一定会起到积极作用，当消费者对产品伤害危机的严重性归因较高时，危机前积极的 CSR 声誉可能起到消极作用。

## 7.2 实验三的假设检验

### 7.2.1 主效应检验

假设 1 提出，危机前 CSR 声誉负向影响消费者报复行为，正向影响消费者宽恕行为。为了验证该假设，本书以 CSR 声誉为自变量，报复行为和宽恕行为分别作为因变量进行回归分析，结果见表 7-7。由模型 4 可见，CSR 声誉对消费者报复行为（M4，β=−0.134，P<0.1）具有显著负向的影响；由模型 7 可见，CSR 声誉对消费者宽恕行为（M7，β=0.127，P<0.1）具有显著正向的影响。因此假设 1a 和假设 1b 在实验三中也得到了验证。

表 7-7　　　　　　　　　　　　实验三的假设检验

| 变量 | 义愤情绪 | | | 报复行为 | | | 宽恕行为 | | |
|---|---|---|---|---|---|---|---|---|---|
| | 模型 1 | 模型 2 | 模型 3 | 模型 4 | 模型 5 | 模型 6 | 模型 7 | 模型 8 | 模型 9 |
| 自变量 | | | | | | | | | |
| CSR 声誉 | −0.175** | −0.203*** | −0.224*** | −0.134* | | −0.060 | 0.127* | | 0.047 |
| 中介变量 | | | | | | | | | |
| 义愤情绪 | | | | | 0.430*** | 0.419*** | | −0.461*** | −0.453*** |
| 调节变量 | | | | | | | | | |
| 严重性 | | 0.244*** | 0.257*** | | | | | | |
| 交互项 | | | | | | | | | |
| 乘积 | | | 0.375*** | | | | | | |
| R² | 0.031 | 0.09 | 0.229 | 0.018 | 0.185 | 0.188 | 0.016 | 0.213 | 0.215 |
| F 值 | 5.854** | 9.045*** | 18.157*** | 3.365* | 41.858*** | 21.305*** | 3.026*** | 49.982*** | 25.175*** |
| △R² | 0.031 | 0.059 | 0.14 | 0.018 | 0.185 | 0.17 | 0.016 | 0.213 | 0.199 |
| △F | 5.854** | 11.892*** | 33.213*** | 3.365* | 41.858*** | 38.562*** | 3.026*** | 49.982*** | 46.578*** |

*、**、***分别代表在 0.05、0.01、0.001 的显著性水平下显著。

### 7.2.2 中介效应检验

假设 2 提出消费者义愤情绪在危机前 CSR 声誉和消费者行为之间起到中介作用。为了验证该假设，根据 Baron & Kenny（1986）建议的分析步骤进行层次回归，结果见表 7-7。

首先分析义愤情绪在 CSR 声誉和报复行为之间的中介作用。CSR 声誉对消费者义愤情绪（M1，$\beta$=-0.175，P<0.05）具有显著负向的影响；CSR 声誉对报复行为具有显著负向的影响（M4，$\beta$=-0.134，P<0.1）；同时消费者义愤情绪对报复行为具有显著正向的影响（M5，$\beta$=0.430，P<0.01）；并且 CSR 声誉和消费者义愤情绪同时对报复行为回归时，CSR 声誉对报复行为的影响（M6，$\beta$=-0.060，n.s.）变得不显著（Sobel Test，Z=-2.247，P<0.05；Aroian Test，Z=-2.221，P<0.05；Goodman Test，Z=-2.272，P<0.05），而消费者义愤情绪对报复行为的影响仍显著为正（M6，$\beta$=0.419，P<0.01）。因此义愤情绪在 CSR 声誉和报复行为之间起到完全中介作用，假设 2a 在实验三中也得到验证。

其次分析义愤情绪在 CSR 声誉和宽恕行为之间的中介作用。CSR 声誉对消费者义愤情绪（M1，$\beta$=-0.175，P<0.05）具有显著负向的影响；CSR 声誉对宽恕行为具有显著正向的影响（M7，$\beta$=0.127，P<0.1）；同时消费者义愤情绪对宽恕行为具有显著负向的影响（M8，$\beta$=-0.461，P<0.01）；并且 CSR 声誉和消费者义愤情绪同时对宽恕行为回归时，CSR 声誉对宽恕行为的影响（M9，$\beta$=0.047，n.s.）变得不显著（Sobel Test，Z=2.302，P<0.05；Aroian Test，Z=2.280，P<0.05；Goodman Test，Z=2.324，P<0.05），而消费者义愤情绪对宽恕行为的影响仍显著为负（M9，$\beta$=-0.453，P<0.01）。因此义愤情绪在 CSR 声誉和宽恕行为之间起到完全中介作用，假设 2b 在实验三中也得到验证。

### 7.2.3 严重性归因的调节效应检验

假设 5 提出严重性归因越高，危机前 CSR 声誉对消费者义愤情绪的缓冲作用越弱，即严重性归因正向调节危机前 CSR 声誉和消费者义愤情绪之间的负向关系。并且当严重性归因低时，危机前 CSR 声誉可以减少消费者义愤情绪；当严重性归因高时，危机前 CSR 声誉可以增加消费者义愤情绪。为了验证该假设，本书首先将义愤情绪设为因变量，依次引入自变量（CSR 声誉）、调节变量（严重性）、自变量和调节变量的乘积项进行层次回归，为消除共线性的影响，在构造乘积项时，将自变量和调节变量进行了标准化，结果见表 7-7。由模型 3 可见，交互项对义愤情绪的作用显著为正（M3，β=0.375，P<0.01）。可见严重性归因在 CSR 声誉和义愤情绪之间起到正向调节作用。在此之后，按照严重性归因高低进行分组检验的结果表明，在严重性归因低的情况下，CSR 声誉对义愤情绪具有显著的减弱作用；在严重性归因高的情况下，符号发生变化，说明 CSR 声誉对义愤情绪具有增强作用，然而系数并不显著，假设 5 得到部分验证。差异化严重性归因情境下危机前 CSR 声誉对义愤情绪的影响差异如图 7-1 所示，与实验二的结果类似，两条交叉的直线具有符号相反的斜率。

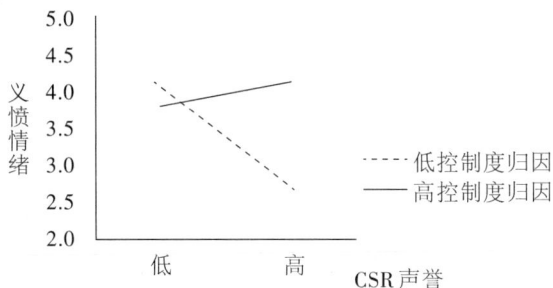

图 7-1　差异化严重性归因情境下危机前 CSR 声誉对义愤情绪的影响差异

## 7.2.4　严重性归因的条件化间接效应检验

假设 9 提出，严重性归因调节了危机前 CSR 声誉通过消费者义愤情绪对消费者行为的间接影响。为了验证该假设，本书用 Edwards & Lambert（2007）建议的方法，用 Bootstrapping5 000 次计算结果分析，以报复行为为因变量的计算结果见表 7-8，以宽恕行为为因变量的计算结果见表 7-9。

由表 7-8 和表 7-9 可见，第一阶段，当严重性归因高时，CSR 声誉对义愤情绪具有正向影响，但不显著（r=0.085，n.s.）；当严重性归因

表7-8　严重性归因的条件化间接效应分析（报复行为为因变量）

| 调节变量 | CSR声誉（X）→ 义愤情绪（M）→报复行为（Y） | | | | |
| | 阶段 | | 效应 | | |
| | 第一阶段 | 第二阶段 | 直接效应 | 间接效应 | 总效应 |
| | $P_{MX}$ | $P_{YM}$ | $P_{YX}$ | $P_{YM}P_{MX}$ | $P_{YX}+P_{YM}P_{MX}$ |
| 高严重性 | 0.085 | 0.226** | 0.102 | 0.019 | 0.121 |
| 低严重性 | −0.535*** | 0.318*** | −0.307*** | −0.170*** | −0.477*** |
| 差异 | 0.620*** | −0.092 | 0.409*** | 0.189*** | 0.598*** |

*、**、***分别表示在0.05、0.01、0.001的显著性水平下显著。

表7-9　严重性归因的条件化间接效应分析（宽恕行为为因变量）

| 调节变量 | CSR声誉（X）→ 义愤情绪（M）→宽恕行为（Y） | | | | |
| | 阶段 | | 效应 | | |
| | 第一阶段 | 第二阶段 | 直接效应 | 间接效应 | 总效应 |
| | $P_{MX}$ | $P_{YM}$ | $P_{YX}$ | $P_{YM}P_{MX}$ | $P_{YX}+P_{YM}P_{MX}$ |
| 高严重性 | 0.085 | −0.268** | −0.172** | −0.023 | −0.195** |
| 低严重性 | −0.535*** | −0.283** | 0.399*** | 0.151** | 0.550*** |
| 差异 | 0.620*** | 0.014 | −0.571*** | −0.174*** | −0.745*** |

*、**、***分别表示在0.05、0.01、0.001的显著性水平下显著。

低时，CSR声誉对义愤情绪具有负向显著影响（r=−0.535，P<0.001）；且影响系数之间差异显著（Δr=0.620，P<0.001），进一步说明假设5只得到部分验证。

假设9a提出，严重性归因调节了危机前CSR声誉通过消费者义愤情绪对消费者报复行为的间接影响。并且当严重性归因低时，危机前CSR声誉可以通过减少消费者义愤情绪来减少消费者报复行为；当严重性归因高时，危机前CSR声誉可以通过增加消费者义愤情绪来增加消费者报复行为。由表7-8可见，严重性归因高时，CSR声誉对报复行为的直接效应和间接效应均为正但不显著；严重性归因低时，CSR声誉对报复行为的直接效应和间接效应均显著为负；且间接效应差异显著（Δr=0.189，P<0.001），可见被调节的中介效应成立。并且严重性归因低时，CSR 声誉可以通过减少消费者义愤情绪来减少消费者报复行为；然而严重性归因高时，由于间接效应不显著，不能说明 CSR 声誉可以通过增加消费者义愤情绪来增加消费者报复行为。因此假设 9a 只得到部分验证。

假设 9b 提出，严重性归因调节了危机前 CSR 声誉通过消费者义愤情绪对消费者宽恕行为的间接影响。并且当严重性归因低时，危机前 CSR 声誉可以通过减少消费者义愤情绪来增加消费者宽恕行为；当严重性归因高时，危机前 CSR 声誉可以通过增加消费者义愤情绪来减少消费者宽恕行为。由表 7-9 可见，严重性归因高时，CSR 声誉对宽恕行为的直接效应为负且显著，间接效应显著为负但不显著；严重性归因低时，CSR 声誉对宽恕行为的直接和间接效应均显著为正；且间接效应的差异显著（Δr=-0.174，P<0.001），被调节的中介效应成立。并且严重性归因低时，CSR 声誉可以通过减少义愤情绪来增加宽恕行为；然而严重性归因高时，由于间接效应不显著，并不能说明 CSR 声誉可以通过增加消费者义愤情绪来减少宽恕行为。因此假设 9b 只得到部分验证。

# 第8章 差异化意向性归因情境下CSR 声誉对消费者行为的影响

## 8.1 实验四的描述性统计、信效度、同源方法偏差、方差检验

### 8.1.1 描述性统计分析

剔除不完整样本和明显错误样本后，有效问卷共有 186 个，有效问卷回收率为93%。其中男性 102 人（54.84%），女性 84 人（45.16%）；年龄在 30 岁以下的 90 人（48.39%），30 岁到 50 岁之间的 84 人（45.16%），50 岁以上的 12 人（6.45%）；月收入在 3 000 元以下的 25 人（13.44%），3 000 元到 5 000 元的 126 人（67.74%），5 000 元以上的 35 人（18.82%），样本基本符合主流消费者的特征。主要变量的描述性统计分析结果见表 8-1。

表8-1 实验四的描述性统计分析

| 变量 | 均值 | 标准差 | 最小值 | 最大值 |
|---|---|---|---|---|
| CSR 声誉 | 3.909 | 1.442 | 1.000 | 7.000 |
| 意向性 | 3.827 | 1.466 | 1.000 | 7.000 |
| 义愤情绪 | 3.749 | 1.089 | 1.400 | 6.200 |
| 报复行为 | 3.778 | 1.260 | 1.000 | 6.333 |
| 宽恕行为 | 3.903 | 1.185 | 1.286 | 6.286 |

## 8.1.2 信度效度检验

为了对量表的信度进行检验，本书计算了变量的 Cronbach′s α 值和 CR 值，结果见表 8-2 和表 8-3。变量的 Cronbach′s α 值均大于 0.8，表明量表具有较高的内在一致性信度。变量的 CR 值均大于 0.8，表明量表具有良好的组合信度。

表8-2 实验四的内在一致性信度分析

| 变量 | Cronbach′s α |
|---|---|
| CSR 声誉 | 0.845 |
| 意向性 | 0.880 |
| 义愤情绪 | 0.882 |
| 报复行为 | 0.809 |
| 宽恕行为 | 0.942 |

表8-3 实验四的相关性、CR 和 AVE

| 变量 | CSR 声誉 | 意向性 | 义愤情绪 | 报复行为 | 宽恕行为 |
|---|---|---|---|---|---|
| CSR 声誉 | 0.813 | | | | |
| 意向性 | 0.055 | 0.882 | | | |
| 义愤情绪 | −0.161** | 0.172** | 0.883 | | |
| 报复行为 | −0.148** | 0.122* | 0.397*** | 0.821 | |
| 宽恕行为 | 0.143* | −0.083 | −0.420*** | −0.348*** | 0.943 |
| CR | 0.852 | 0.882 | 0.883 | 0.821 | 0.943 |
| AVE | 0.661 | 0.651 | 0.601 | 0.608 | 0.701 |

*、**、***分别代表在 0.05、0.01、0.001 的显著性水平下显著，对角线上为 AVE 的平方根。

　　为了对量表的效度进行检验，本书首先计算了变量的平均方差抽取量（AVE），并将 AVE 的平方根与 f 矩进行比较，结果见表 8-3；其次进行了探索性因素分析，结果见表 8-4；最后以相关分析为依据进行了验证性因素分析，即将相关性较高的变量合并为一个潜在因子来比较零模型、单因子模型、双因子模型、三因子模型、四因子模型和五因子模型的拟合优度，结果见表 8-5。在判别效度方面，比较发现 AVE 的平方根均高于 f 矩，证明变量具有良好的判别效度。在聚合效度方面，AVE 值均大于 0.5，并且探索性因素分析结果显示，KMO 值为 0.856，卡方值为 2 621.265（DF=231，P<0.01），提取的 5 个成分可以解释总方差为 73.695%，各题项的因子载荷值均高于 0.7，各题项分组状况良好，说明变量具有良好的聚合效度。在区分效度方面，验证性因素分析的结果显示，五因子模型的拟合效果良好（$\chi^2$（199）=306.779，RMSEA = 0.054，CFI = 0.957，TLI = 0.950），且拟合优度要明显优于其他模型，表明量表具有良好的区分效度。

表 8-4　　　　　　　　　　实验四的探索性因素分析

| 题项 | 成分 | | | | |
|---|---|---|---|---|---|
| | 1 | 2 | 3 | 4 | 5 |
| FOR5 | 0.876 | | | | |
| FOR2 | 0.857 | | | | |
| FOR6 | 0.854 | | | | |
| FOR4 | 0.834 | | | | |
| FOR3 | 0.825 | | | | |
| FOR1 | 0.819 | | | | |
| FOR7 | 0.812 | | | | |
| MA4 | | 0.816 | | | |
| MA3 | | 0.803 | | | |
| MA1 | | 0.789 | | | |
| MA5 | | 0.770 | | | |
| MA2 | | 0.765 | | | |
| INT2 | | | 0.881 | | |
| INT3 | | | 0.859 | | |
| INT1 | | | 0.847 | | |
| INT4 | | | 0.823 | | |
| CSR2 | | | | 0.906 | |
| CSR3 | | | | 0.872 | |
| CSR1 | | | | 0.813 | |
| REV2 | | | | | 0.863 |
| REV1 | | | | | 0.804 |
| REV3 | | | | | 0.760 |

表 8-5                                    实验四的验证性因素分析

| 模型 | X² | DF | RMSEA | CFI | TLI |
|---|---|---|---|---|---|
| 零模型 a | 2 742.323 | 231 | 0.242 | 0.000 | 0.000 |
| 单因子模型 b | 1 474.052 | 209 | 0.181 | 0.496 | 0.443 |
| 二因子模型 c | 1 088.282 | 208 | 0.151 | 0.649 | 0.611 |
| 三因子模型 d | 843.978 | 206 | 0.129 | 0.746 | 0.715 |
| 四因子模型 e | 675.763 | 203 | 0.112 | 0.812 | 0.786 |
| 四因子模型 f | 492.743 | 203 | 0.088 | 0.885 | 0.869 |
| 四因子模型 g | 461.965 | 203 | 0.083 | 0.897 | 0.883 |
| 五因子模型 h | 306.779 | 199 | 0.054 | 0.957 | 0.950 |

注：a 中所有变量之间没有关系，b 是将所有题项归属于一个潜在因子，c 是将义愤、报复、宽恕、CSR 声誉合并为一个潜在因子，d 是将义愤、报复、宽恕合并为一个潜在因子，e 是将宽恕和义愤合并为一个潜在因子，f 是将报复和宽恕合并为一个潜在因子，g 是将报复和义愤合并为一个潜在因子，h 是研究所用模型。

此外，相关分析的结果显示，首先 CSR 声誉与义愤情绪和报复行为显著负相关，而与宽恕行为显著正相关，初步说明 CSR 声誉可以起到减轻义愤情绪和报复行为、推进宽恕行为的积极作用。其次意向性归因与义愤情绪和报复行为显著正相关，初步说明消费者感知到企业在产品伤害危机中的不良意图越高，越容易产生义愤情绪和报复行为。再次义愤情绪与报复行为显著正相关，与宽恕行为显著负相关，初步说明义愤情绪可推进报复行为并抑制宽恕的达成。最后宽恕行为与报复行为显著负相关，说明两种行为存在一定程度的对立性和关联性。

### 8.1.3　同源方法偏差检验

与实验一、实验二和实验三相同，实验四依然运用 Harman 单因素检验的方法来检查是否存在同源偏差，使用非旋转主成分分析法对所有变量进行了探索性因素分析，因素分析的结果清晰呈现了 5 个不同的因子（特征值>1），并未有单因子出现；同时第一个因子只能解释总体变异的 23.755%（<50%），因此同源偏差对实验四不构成实质影响。

## 8.1.4 CSR 声誉与意向性归因组合的方差分析

本书运用方差分析来初步探索危机前 CSR 声誉与意向性归因组合对消费者义愤情绪及行为的影响，结果见表 8-6。由表 8-6 可见，总体而言，四组的义愤情绪（F=16.182，P<0.01）、报复行为（F=10.074，P<0.01）、宽恕行为（F=24.075，P<0.01）均存在显著差异。

表 8-6　　　　　CSR 声誉与意向性归因组合的方差分析

| 变量 | 高 CSR 声誉 | | | | 低 CSR 声誉 | | | | 均方 | F 值 | P 值 |
| --- | --- | --- | --- | --- | --- | --- | --- | --- | --- | --- | --- |
| | 高意向性 | | 低意向性 | | 高意向性 | | 低意向性 | | | | |
| | 均值 | 标准差 | 均值 | 标准差 | 均值 | 标准差 | 均值 | 标准差 | | | |
| 义愤情绪 | 4.317 | 0.968 | 2.963 | 0.798 | 3.919 | 0.884 | 3.831 | 1.218 | 15.406 | 16.182 | 0.000 |
| 报复行为 | 4.370 | 0.997 | 3.056 | 1.159 | 3.837 | 1.307 | 3.881 | 1.217 | 13.932 | 10.074 | 0.000 |
| 宽恕行为 | 3.022 | 0.924 | 4.786 | 0.869 | 3.967 | 0.989 | 3.797 | 1.235 | 24.608 | 24.075 | 0.000 |

运用 LSD 法进行进一步检验发现，当感知到的危机前 CSR 声誉和企业意向性同高时，消费者义愤情绪（M=4.317，SD=0.968）和报复行为倾向（M=4.370，SD=0.997）显著高于其他三组，同时消费者宽恕行为倾向（M=3.022，SD=0.924）显著低于其他三组；而当感知到的危机前 CSR 声誉高且企业意向性低时，消费者义愤情绪（M=2.963，SD=0.798）和报复行为倾向（M=3.056，SD=1.159）显著低于其他三组，同时消费者宽恕行为倾向（M=4.786，SD=0.869）显著高于其他三组。另外两组的消费者义愤情绪、报复行为倾向和宽恕行为倾向均处于中间水平。

因此，当消费者感知到危机前 CSR 声誉较高且意向性归因较低时，企业面临最优状况；当消费者感知到危机前 CSR 声誉较高且意向性归因较高时，企业面临最差状况。可见与高稳定性和高严重性归因情境类似，在高意向性归因情境中，积极的危机前 CSR 声誉可能会起到适得其反的作用。

## 8.2 实验四的假设检验

### 8.2.1 主效应检验

假设 1 提出，危机前 CSR 声誉负向影响消费者报复行为，正向影响消费者宽恕行为。为了验证该假设，本书以 CSR 声誉为自变量，报复行为和宽恕行为分别作为因变量进行回归分析，结果见表 8-7。由模型 4 可见，CSR 声誉对消费者报复行为（M4，$\beta$=-0.148，P<0.05）具有显著负向的影响；由模型 7 可见，CSR 声誉对消费者宽恕行为（M7，$\beta$=0.143，P<0.01）具有显著正向的影响。因此假设 1a 和假设 1b 在实验四中得到验证。

表 8-7                      **实验四的假设检验**

| 变量 | 义愤情绪 | | | 报复行为 | | | 宽恕行为 | | |
|---|---|---|---|---|---|---|---|---|---|
| | 模型 1 | 模型 2 | 模型 3 | 模型 4 | 模型 5 | 模型 6 | 模型 7 | 模型 8 | 模型 9 |
| 自变量 | | | | | | | | | |
| CSR 声誉 | -0.161** | -0.171** | -0.170*** | -0.148** | | -0.086 | 0.143* | | 0.077 |
| 中介变量 | | | | | | | | | |
| 义愤情绪 | | | | | 0.397*** | 0.383*** | | -0.420*** | -0.408*** |
| 调节变量 | | | | | | | | | |
| 意向性 | | 0.182** | 0.203*** | | | | | | |
| 交互项 | | | | | | | | | |
| 乘积 | | | 0.434*** | | | | | | |
| $R^2$ | 0.026 | 0.059 | 0.247 | 0.022 | 0.157 | 0.164 | 0.02 | 0.176 | 0.182 |
| F 值 | 4.915** | 5.736*** | 19.911*** | 4.093** | 34.333*** | 18.005*** | 3.818** | 39.416*** | 20.382*** |
| △$R^2$ | 0.026 | 0.033 | 0.188 | 0.022 | 0.157 | 0.143 | 0.02 | 0.176 | 0.162 |
| △F | 4.915** | 6.413*** | 45.472*** | 4.093** | 34.333*** | 31.244*** | 3.818** | 39.416*** | 36.215*** |

*、**、***分别代表在 0.05、0.01、0.001 的显著性水平下显著。

### 8.2.2　中介效应检验

假设 2 提出消费者义愤情绪在危机前 CSR 声誉和消费者行为之间起到中介作用。为了验证该假设，根据 Baron & Kenny（1986）建议的分析步骤进行层次回归，结果见表 8-7。

首先分析义愤情绪在 CSR 声誉和报复行为之间的中介作用。CSR 声誉对消费者义愤情绪（M1，β=-0.161，P<0.05）具有显著负向的影响；CSR 声誉对报复行为具有显著负向的影响（M4，β=-0.148，P<0.05）；同时消费者义愤情绪对报复行为具有显著正向的影响（M5，β=0.397，P<0.01）；并且 CSR 声誉和消费者义愤情绪同时对报复行为回归时，CSR 声誉对报复行为的影响（M6，β=-0.086，n.s.）变得不显著（Sobel Test，Z=- 2.063，P<0.05；Aroian Test，Z=- 2.035，P<0.05；Goodman Test，Z=-2.092，P<0.05），而消费者义愤情绪对报复行为的影响仍显著为正（M6，β=0.383，P<0.01）。因此义愤情绪在 CSR 声誉和报复行为之间起到完全中介作用，假设 2a 在实验四中也得到验证。

其次分析义愤情绪在 CSR 声誉和宽恕行为之间的中介作用。CSR 声誉对消费者义愤情绪（M1，β=-0.161，P<0.05）具有显著负向的影响；CSR 声誉对宽恕行为具有显著正向的影响（M7，β=0.143，P<0.01）；同时消费者义愤情绪对宽恕行为具有显著负向的影响（M8，β=-0.420，P<0.01）；并且 CSR 声誉和消费者义愤情绪同时对宽恕行为回归时，CSR 声誉对宽恕行为的影响（M9，β=0.077，n.s.）变得不显著（Sobel Test，Z=2.081，P<0.05；Aroian Test，Z=2.056，P<0.05；Goodman Test，Z=2.106，P<0.05），而消费者义愤情绪对宽恕行为的影响仍显著为负（M9，β=-0.408，P<0.01）。因此义愤情绪在 CSR 声誉和宽恕行为之间起到完全中介作用，假设 2b 在实验四中得到验证。

### 8.2.3　意向性归因的调节效应检验

假设 6 提出意向性归因越高，危机前 CSR 声誉对消费者义愤情绪的缓冲作用越弱，即意向性归因正向调节危机前 CSR 声誉和消费者义愤情绪之间的负向关系。并且当意向性归因低时，危机前 CSR 声誉可以减少消费者义愤情绪；当意向性归因高时，危机前 CSR 声誉可以增加消费者义愤情绪。为了验证该假设，本书首先将义愤情绪设为因变量，依次引入自变量（CSR 声誉）、调节变量（意向性）、自变量和调节变量的乘积项进行层次回归，为消除共线性的影响，在构造乘积项时，将自变量和调节变量进行了标准化，结果见表 8-7。由模型 3 可见，交互项对义愤情绪的作用显著为正（M3，$\beta$=0.434，P<0.01）。可见意向性归因在 CSR 声誉和义愤情绪之间起到正向调节作用。在此之后，按照意向性归因高低进行分组检验的结果表明，在意向性归因低的情况下，CSR 声誉对义愤情绪具有显著的减弱作用；在意向性归因高的情况下，符号发生变化，说明 CSR 声誉对义愤情绪具有显著的增强作用，假设 6 得到验证。差异化意向性归因情境下危机前 CSR 声誉对义愤情绪的影响差异如图 8-1 所示，与实验二和实验三的结果类似，两条交叉的直线具有符号相反的斜率。

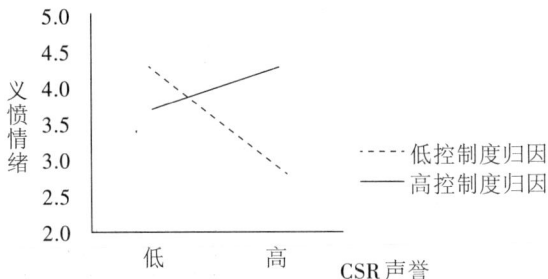

图 8-1　差异化意向性归因情境下危机前 CSR 声誉对义愤情绪的影响差异

### 8.2.4　意向性归因的条件化间接效应检验

假设 10 提出，意向性归因调节了危机前 CSR 声誉通过消费者义愤情绪对消费者行为的间接影响。为了验证该假设，本书用 Edwards & Lambert（2007）建议的方法，用 Bootstrapping5 000 次计算结果分析，以报复行为为因变量的计算结果见表 8-8，以宽恕行为为因变量的计算结果见表 8-9。

由表 8-8 和表 8-9 可见，第一阶段，当意向性归因高时，CSR 声誉对义愤情绪具有显著正向影响（r=0.175，P<0.01）；当意向性归因低时，

表8-8　意向性归因的条件化间接效应分析（报复行为为因变量）

| 调节变量 | CSR 声誉（X）→ 义愤情绪（M）→报复行为（Y） | | | | |
| --- | --- | --- | --- | --- | --- |
| | 阶段 | | 效应 | | |
| | 第一阶段 | 第二阶段 | 直接效应 | 间接效应 | 总效应 |
| | $P_{MX}$ | $P_{YM}$ | $P_{YX}$ | $P_{YM}P_{MX}$ | $P_{YX}+P_{YM}P_{MX}$ |
| 高意向性 | 0.175** | 0.253** | 0.137 | 0.045** | 0.182 |
| 低意向性 | −0.518*** | 0.188* | −0.403*** | −0.098* | −0.500*** |
| 差异 | 0.696*** | 0.065 | 0.540*** | 0.143** | 0.682*** |

*、**、***分别表示在 0.05、0.01、0.001 的显著性水平下显著。

表8-9　意向性归因的条件化间接效应分析（宽恕行为为因变量）

| 调节变量 | CSR 声誉（X）→ 义愤情绪（M）→宽恕行为（Y） | | | | |
| --- | --- | --- | --- | --- | --- |
| | 阶段 | | 效应 | | |
| | 第一阶段 | 第二阶段 | 直接效应 | 间接效应 | 总效应 |
| | $P_{MX}$ | $P_{YM}$ | $P_{YX}$ | $P_{YM}P_{MX}$ | $P_{YX}+P_{YM}P_{MX}$ |
| 高意向性 | 0.175** | −0.415*** | −0.056 | −0.074** | −0.130 |
| 低意向性 | −0.518*** | −0.184 | 0.370*** | 0.095 | 0.465*** |
| 差异 | 0.696*** | −0.231 | −0.426*** | −0.169** | −0.595*** |

*、**、***分别表示在 0.05、0.01、0.001 的显著性水平下显著。

CSR 声誉对义愤情绪具有负向影响（r=−0.518，P<0.001）；且影响系数之间差异显著（Δr=0.696，P<0.001），假设 6 得到进一步验证。

假设 10a 提出，意向性归因调节了危机前 CSR 声誉通过消费者义愤情绪对消费者报复行为的间接影响。并且当意向性归因低时，危机前 CSR 声誉可以通过减少消费者义愤情绪来减少消费者报复行为；当意向性归因高时，危机前 CSR 声誉可以通过增加消费者义愤情绪来增加消费者报复行为。由表 8-8 可见，意向性归因高时，CSR 声誉对报复行为的直接效应为正但不显著，间接效应显著为正；意向性归因低时，CSR 声誉对报复行为的直接效应和间接效应均显著为负；且间接效应差异显著（Δr=0.143，P<0.01），可见被调节的中介效应成立。且意向

性归因低时，CSR 声誉可以通过减少消费者义愤情绪来减少消费者报复行为；意向性归因高时，CSR 声誉可以通过增加消费者义愤情绪来增加消费者报复行为。因此假设 10a 得到验证。

假设 10b 提出，意向性归因调节了危机前 CSR 声誉通过消费者义愤情绪对消费者宽恕行为的间接影响。并且当意向性归因低时，危机前 CSR 声誉可以通过减少消费者义愤情绪来增加消费者宽恕行为；当意向性归因高时，危机前 CSR 声誉可以通过增加消费者义愤情绪来减少消费者宽恕行为。由表 8-9 可见，意向性归因高时，CSR 声誉对宽恕行为的直接效应为负但不显著，间接效应显著为负；意向性归因低时，CSR 声誉对宽恕行为的直接效应显著为正，间接效应为正但不显著；且间接效应的差异显著（$\Delta r = -0.169$，$P < 0.01$），被调节的中介效应成立。且意向性归因低时，CSR 声誉可以直接增加宽恕行为，但通过减少义愤情绪来增加报复行为的间接效应并不显著；意向性归因高时，CSR 声誉可以通过增加消费者义愤情绪来增加消费者报复行为。因此假设 10b 只得到部分验证。

# 第9章 研究结论与管理启示

## 9.1 假设检验结果汇总

  本书将主效应、中介效应、调节效应、被调节的中介效应的假设检验结果分别汇总在表 9-1 至表 9-4 中。由表 9-1 至表 9-4 可见，本书所提出的假设大部分得到了验证。

表 9-1 主效应的假设验证情况

| 假设 | 具体描述 | 验证情况 | 实验 |
|------|----------|----------|------|
| H1 | 危机前 CSR 声誉负向影响消费者报复行为，正向影响消费者宽恕行为 | 验证 | 1，2，3，4 |
| H1a | 危机前 CSR 声誉负向影响消费者报复行为 | 验证 | 1，2，3，4 |
| H1b | 危机前 CSR 声誉正向影响消费者宽恕行为 | 验证 | 1，2，3，4 |

表9-2 中介效应假设验证情况

| 假设 | 具体描述 | 验证情况 | 实验 |
|---|---|---|---|
| H2 | 消费者义愤情绪在危机前 CSR 声誉和消费者行为之间起到中介作用 | 验证 | 1, 2, 3, 4 |
| H2a | 消费者义愤情绪在危机前 CSR 声誉和消费者报复行为之间起到中介作用 | 验证 | 1, 2, 3, 4 |
| H2b | 消费者义愤情绪在危机前 CSR 声誉和消费者宽恕行为之间起到中介作用 | 验证 | 1, 2, 3, 4 |

表9-3 调节效应假设验证情况

| 假设 | 具体描述 | 验证情况 | 实验 |
|---|---|---|---|
| H3 | 控制度归因正向调节危机前 CSR 声誉和消费者义愤情绪之间的负向关系 | 验证 | 1 |
| | 控制度归因低时，危机前 CSR 声誉可以减少消费者义愤情绪 | 验证 | |
| | 控制度归因高时，危机前 CSR 声誉可以增加消费者义愤情绪 | 未验证 [a] | |
| H4 | 稳定性归因正向调节危机前 CSR 声誉和消费者义愤情绪之间的负向关系 | 验证 | 2 |
| | 稳定性归因低时，危机前 CSR 声誉可以减少消费者义愤情绪 | 验证 | |
| | 稳定性归因高时，危机前 CSR 声誉可以增加消费者义愤情绪 | 验证 | |
| H5 | 严重性归因正向调节危机前 CSR 声誉和消费者义愤情绪之间的负向关系 | 验证 | 3 |
| | 严重性归因低时，危机前 CSR 声誉可以减少消费者义愤情绪 | 验证 | |
| | 严重性归因高时，危机前 CSR 声誉可以增加消费者义愤情绪 | 未验证 [b] | |
| H6 | 意向性归因正向调节危机前 CSR 声誉和消费者义愤情绪之间的负向关系 | 验证 | 4 |
| | 意向性归因低时，危机前 CSR 声誉可以减少消费者义愤情绪 | 验证 | |
| | 意向性归因高时，危机前 CSR 声誉可以增加消费者义愤情绪 | 验证 | |

注：a 中假设未验证的原因是符号与假设相反且显著；b 中假设未验证的原因是符号与假设相同但不显著。

表 9-4 被调节的中介效应假设验证情况

| 假设 | 具体描述 | 验证情况 | 实验 |
|---|---|---|---|
| H7 | 控制度归因调节了危机前 CSR 声誉通过消费者义愤情绪对消费者行为的间接影响 | | |
| H7a | 控制度归因调节了危机前 CSR 声誉通过消费者义愤情绪对消费者报复行为的间接影响 | 验证 | |
| H7a | 控制度归因低时，危机前 CSR 声誉可以通过减少消费者义愤情绪来减少消费者报复行为 | 验证 | |
| H7a | 控制度归因高时，危机前 CSR 声誉可以通过增加消费者义愤情绪来增加消费者报复行为 | 未验证 [a] | 1 |
| H7b | 控制度归因调节了危机前 CSR 声誉通过消费者义愤情绪对消费者宽恕行为的间接影响 | 验证 | |
| H7b | 控制度归因低时，危机前 CSR 声誉可以通过减少消费者义愤情绪来增加消费者宽恕行为 | 验证 | |
| H7b | 控制度归因高时，危机前 CSR 声誉可以通过增加消费者义愤情绪来减少消费者宽恕行为 | 未验证 [b] | |
| H8 | 稳定性归因调节了危机前 CSR 声誉通过消费者义愤情绪对消费者行为的间接影响 | | |
| H8a | 稳定性归因调节了危机前 CSR 声誉通过消费者义愤情绪对消费者报复行为的间接影响 | 验证 | |
| H8a | 稳定性归因低时，危机前 CSR 声誉可以通过减少消费者义愤情绪来减少消费者报复行为 | 验证 | |
| H8a | 稳定性归因高时，危机前 CSR 声誉可以通过增加消费者义愤情绪来增加消费者报复行为 | 未验证 [c] | 2 |
| H8b | 稳定性归因调节了危机前 CSR 声誉通过消费者义愤情绪对消费者宽恕行为的间接影响 | 验证 | |
| H8b | 稳定性归因低时，危机前 CSR 声誉可以通过减少消费者义愤情绪来增加消费者宽恕行为 | 验证 | |
| H8b | 稳定性归因高时，危机前 CSR 声誉可以通过增加消费者义愤情绪来减少消费者宽恕行为 | 验证 | |

续表

| 假设 | 具体描述 | 验证情况 | 实验 |
|---|---|---|---|
| H9 | 严重性归因调节了危机前 CSR 声誉通过消费者义愤情绪对消费者行为的间接影响 | | |
| H9a | 严重性归因调节了危机前 CSR 声誉通过消费者义愤情绪对消费者报复行为的间接影响 | 验证 | |
| | 严重性归因低时，危机前 CSR 声誉可以通过减少消费者义愤情绪来减少消费者报复行为 | 验证 | |
| | 严重性归因高时，危机前 CSR 声誉可以通过增加消费者义愤情绪来增加消费者报复行为 | 未验证 [d] | 3 |
| H9b | 严重性归因调节了危机前 CSR 声誉通过消费者义愤情绪对消费者宽恕行为的间接影响 | 验证 | |
| | 严重性归因低时，危机前 CSR 声誉可以通过减少消费者义愤情绪来增加消费者宽恕行为 | 验证 | |
| | 严重性归因高时，危机前 CSR 声誉可以通过增加消费者义愤情绪来减少消费者宽恕行为 | 未验证 [e] | |
| H10 | 意向性归因调节了危机前 CSR 声誉通过消费者义愤情绪对消费者行为的间接影响 | | |
| H10a | 意向性归因调节了危机前 CSR 声誉通过消费者义愤情绪对消费者报复行为的间接影响 | 验证 | |
| | 意向性归因低时，危机前 CSR 声誉可以通过减少消费者义愤情绪来减少消费者报复行为 | 验证 | |
| | 意向性归因高时，危机前 CSR 声誉可以通过增加消费者义愤情绪来增加消费者报复行为 | 验证 | 4 |
| H10b | 意向性归因调节了危机前 CSR 声誉通过消费者义愤情绪对消费者宽恕行为的间接影响 | 验证 | |
| | 意向性归因低时，危机前 CSR 声誉可以通过减少消费者义愤情绪来增加消费者宽恕行为 | 未验证 [f] | |
| | 意向性归因高时，危机前 CSR 声誉可以通过增加消费者义愤情绪来减少消费者宽恕行为 | 验证 | |

注：a、b 中假设未验证的原因是符号与假设相反且显著；c、d、e、f 中假设未验证的原因是符号与假设相同但不显著。

由表 9-1 和表 9-2 可见，对于主效应和中介效应的假设，四项实验得出了相同的结论。对于调节作用的假设，四项实验中消费者归因的正向调节作用均成立，即消费者的控制度归因、稳定性归因、严重性归因和意向性归因越高，危机前 CSR 声誉对于义愤情绪的减轻作用越弱。然而进一步分组检验的结果表明在不同的消费者归因情境下，危机前 CSR 声誉对消费者义愤情绪的影响方向和显著性与假设并不完全相同。差异主要体现在消费者归因高的情境中，具体在表 9-3 的注释中说明。同样对于被调节的中介作用假设，四项实验中消费者归因的条件化间接效应均成立，即消费者的控制度归因、稳定性归因、严重性归因和意向性归因显著调节了危机前 CSR 声誉通过消费者义愤情绪对消费者行为的间接影响。然而在不同的消费者归因情境下，间接效应的方向、显著性与假设也并不完全相同。差异依然主要体现在消费者归因高的情境中，具体在表 9-4 中的注释中说明。

## 9.2 研究结论

本书通过探讨"不同危机情境下消费者对危机事件的解读是否以及如何影响危机前 CSR 声誉对消费者报复和宽恕行为的作用"这一问题来解答"积极的危机前 CSR 声誉是否有助于缓解消费者报复行为并推进其宽恕行为"的问题。围绕以上问题，采用权变视角，综合考虑认知和情绪的作用展开讨论。研究主要得出以下结论：

（1）危机前 CSR 声誉的风险管理作用

在不考虑危机情境因素的情况下，产品伤害危机发生时，危机前 CSR 声誉负向影响消费者报复行为，正向影响消费者宽恕行为。该结论肯定了构建积极的危机前 CSR 声誉这一预防策略的有效性，危机前积极的 CSR 声誉在产品伤害危机中会对消费者报复行为起到"缓冲垫"的作用，并对消费者宽恕行为起到"助推器"的作用。该结论与强调"防微杜渐、未雨绸缪"的中国文化相吻合。《周易·既济》指出"君子以思患而豫防之"，《乐府诗集·君子行》指出"君子防未然"。高瞻远瞩的经理人应当对潜在危机事件有所准备。

（2）消费者义愤情绪的中介作用

在不考虑危机情境因素的情况下，一方面消费者义愤情绪在危机前 CSR 声誉和消费者报复行为之间起到中介作用，CSR 声誉可以通过减少消费者义愤情绪来减少消费者报复行为；另一方面消费者义愤情绪在危机前 CSR 声誉和消费者宽恕行为之间起到中介作用，CSR 声誉可以通过减少消费者义愤情绪来增加消费者宽恕行为。该结论揭示出在产品伤害危机框架内，义愤情绪作为一种典型的道德情绪，在消费者认知和行为之间所起到的关键桥梁作用。深化了"认知—情绪—行为"这一范式在道德失败情境下的研究，并为产品伤害危机情境中经理人的 CSR 沟通策略和消费者关系管理提供了可操作性的指南和评判基准。

（3）消费者归因的调节作用

本书识别出产品伤害危机中消费者的控制度归因、稳定性归因、严重性归因和意向性归因作为四种权变因素在其感知到的危机前 CSR 声誉和义愤情绪之间所起的调节作用。并且为了清晰呈现差异化归因情境下危机前 CSR 声誉对义愤情绪的作用，在检验调节作用的基础上，进一步分析了四种消费者归因分别处于高、低状态时，CSR 声誉对义愤情绪作用的方向和显著性。该部分包括四个子结论：

第一，控制度归因越高，危机前 CSR 声誉对消费者义愤情绪的减轻作用越弱，即控制度归因正向调节危机前 CSR 声誉和消费者义愤情绪之间的负向关系。并且当控制度归因低时，危机前 CSR 声誉可以减少消费者义愤情绪；当控制度归因高时，危机前 CSR 声誉同样可以减少消费者义愤情绪，但其减少程度要弱于控制度归因低的情况。

第二，稳定性归因越高，危机前 CSR 声誉对消费者义愤情绪的减轻作用越弱，即稳定性归因正向调节危机前 CSR 声誉和消费者义愤情绪之间的负向关系。并且当稳定性归因低时，危机前 CSR 声誉可以减少消费者义愤情绪；当稳定性归因高时，危机前 CSR 声誉可以增加消费者义愤情绪。

第三，严重性归因越高，危机前 CSR 声誉对消费者义愤情绪的减轻作用越弱，即严重性归因正向调节危机前 CSR 声誉和消费者义愤情绪之间的负向关系。并且当严重性归因低时，危机前 CSR 声誉可以减少消费者义愤情绪；当严重性归因高时，危机前 CSR 声誉对消费者义愤情绪的增加作用不显著。

第四，意向性归因越高，危机前 CSR 声誉对消费者义愤情绪的减轻作用越弱，即意向性归因正向调节危机前 CSR 声誉和消费者义愤情绪之间的负向关系。并且当意向性归因低时，危机前 CSR 声誉可以减少消费者义愤情绪；当意向性归因高时，危机前 CSR 声誉可以增加消费者义愤情绪。

以上结论揭示了：首先，创建积极的危机前 CSR 声誉并非"放之四海而皆准"的战略，当消费者对产品伤害危机事件的归因不同时，良好 CSR 声誉的积极"惯性效应"有可能不复存在，也有可能产生适得其反的破坏效果。具体而言，在低控制度归因、高控制度归因、低稳定性归因、低严重性归因和低意向性归因的危机情境中，积极的 CSR 声誉可以被看作是组织资产，减少消费者义愤情绪；在高稳定性和高意向性的归因情境中，积极的 CSR 声誉非但不能成为组织资产，反而可能形成一项组织负债，助推消费者的义愤情绪。其次，对于归因低的情境，消费者呈现出了一致的敏感性，即在低控制度归因、低稳定性归因、低严重性归因和低意向性归因情境中，危机前 CSR 声誉对义愤情绪都有显著的减轻作用。而对于归因高的情境，消费者呈现出了差异化的敏感性，具体而言，消费者对高稳定性和高意向性的归因情境最为敏感，此时期望失验机制发挥主导作用，危机前 CSR 声誉对义愤情绪有显著的增加作用；消费者对高严重性的归因情境敏感度居中，此时期望失验机制和风险管理机制作用均不显著，危机前 CSR 声誉对义愤情绪的增加作用不显著；消费者对高控制度的归因情境敏感性最低，此时风险管理机制发挥主导作用，危机前 CSR 声誉对义愤情绪具有显著的减轻作用。

根据调节作用的分析结果，将风险管理机制和期望失验机制的验证结果汇总在表 9-5 中。本书通过识别差异化归因情境下，危机前 CSR 声誉对义愤情绪的作用的方向与显著性来检验在风险管理机制和期望失验机制中何者发挥主导作用，即依据调节变量进行分组来检验自变量对中介变量的作用。比如在高稳定性归因情境中，CSR 声誉对义愤情绪存在正向显著的影响，即可间接验证期望失验机制在此种情境中发挥主导作用；在低稳定性归因情境中，CSR 声誉对义愤情绪存在负向显著的影响，即可间接验证风险管理机制在此种情境中发挥主导作用。依据调节变量进行分组来检验条件化间接效应的方向和显著性也可以对心理机制进行间接验证，然而后者达成的条件比前者更为严苛并且也不必要。本书在假设提出过程中分析指出，在消费者归因高的情况下，期望失验机制会发挥主导作用；在消费者归因低的情况下，风险管理机制会发挥主导作用。除控制度归因高和严重性归因高的情境外，实验结果基本验证了关于心理机制的假设。控制度归因高的情境中风险管理机制依然会发挥主导作用的原因可能在于消费者认为疏忽是不可完全避免的，由疏忽造成的错误在一定程度上是情有可原的。在严重性归因高的情境中期望失验机制的作用不显著的原因可能在于面临严重的伤害时消费者会更多地产生无助、伤感而非义愤的情绪。

表9-5 **心理机制的验证结果**

| 归因 | 水平 | 假设 | 实际 | | |
|---|---|---|---|---|---|
| | | | 对义愤的影响 | 对报复的间接效应 | 对宽恕的间接效应 |
| 控制度 | 低 | 风险管理机制 | 风险管理机制 | 显著 | 显著 |
| | 高 | 期望失验机制 | 风险管理机制 | 显著 | 显著 |
| 稳定性 | 低 | 风险管理机制 | 风险管理机制 | 显著 | 显著 |
| | 高 | 期望失验机制 | 期望失验机制 | — | 显著 |
| 严重性 | 低 | 风险管理机制 | 风险管理机制 | 显著 | 显著 |
| | 高 | 期望失验机制 | — | — | — |
| 意向性 | 低 | 风险管理机制 | 风险管理机制 | 显著 | 显著 |
| | 高 | 期望失验机制 | 期望失验机制 | 显著 | 显著 |

注：—表示不显著。

（4）消费者归因的条件化间接作用

本书发现产品伤害危机中消费者的控制度归因、稳定性归因、严重性归因和意向性归因不仅在危机前 CSR 声誉和义愤情绪之间起到调节作用，而且在危机前 CSR 声誉通过消费者义愤情绪对消费者行为的间接影响中起到条件化间接作用。与调节作用的分析思路类似，本书首先分析了条件化间接效应是否存在。在此基础上为了清晰呈现差异化归因情境下危机前 CSR 声誉通过消费者义愤情绪对消费者行为的间接影响，进一步分析了四种消费者归因分别处于高、低状态时 CSR 声誉通过消费者义愤情绪对消费者行为的间接影响的方向和显著性。该部分同样包含四个子结论：

第一，一方面，控制度归因调节了危机前 CSR 声誉通过消费者义愤情绪对消费者报复行为的间接影响。并且控制度归因低时，危机前 CSR 声誉可以通过减少消费者义愤情绪来减少消费者报复行为；控制度归因高时，危机前 CSR 声誉同样可以通过减少消费者义愤情绪来减少消费者报复行为，只是其间接效应弱于控制度归因低的情况。另一方面，控制度归因调节了危机前 CSR 声誉通过消费者义愤情绪对消费者宽恕行为的间接影响。并且控制度归因低时，危机前 CSR 声誉可以通过减少消费者义愤情绪来增加消费者宽恕行为；当控制度归因高时，危机前 CSR 声誉同样可以通过减少消费者义愤情绪来增加消费者宽恕行为，只是其间接效应要弱于控制度归因低的情况。

第二，一方面，稳定性归因调节了危机前 CSR 声誉通过消费者义愤情绪对消费者报复行为的间接影响。并且稳定性归因低时，危机前 CSR 声誉可以通过减少消费者义愤情绪来减少消费者报复行为；稳定性归因高时，危机前 CSR 声誉通过增加消费者义愤情绪来增加消费者报复行为的间接影响不显著。另一方面，稳定性归因调节了危机前 CSR 声誉通过消费者义愤情绪对消费者宽恕行为的间接影响。并且稳定性归因低时，危机前 CSR 声誉可以通过减少消费者义愤情绪来增加消费者宽恕行为；稳定性归因高时，危机前 CSR 声誉可以通过增加消费者义愤情绪来减少消费者宽恕行为。

第三，一方面，严重性归因调节了危机前 CSR 声誉通过消费者义愤情绪对消费者报复行为的间接影响。并且严重性归因低时，危机前 CSR 声誉可以通过减少消费者义愤情绪来减少消费者报复行为；严重性归因高时，危机前 CSR 声誉通过增加消费者义愤情绪来增加消费者报复行为的间接效应不显著。另一方面，严重性归因调节了危机前

CSR 声誉通过消费者义愤情绪对消费者宽恕行为的间接影响。并且严重性归因低时，危机前 CSR 声誉可以通过减少消费者义愤情绪来增加消费者宽恕行为；当严重性归因高时，危机前 CSR 声誉通过增加消费者义愤情绪来减少消费者宽恕行为的间接效应不显著。

第四，一方面，意向性归因调节了危机前 CSR 声誉通过消费者义愤情绪对消费者报复行为的间接影响。并且当意向性归因低时，危机前 CSR 声誉可以通过减少消费者义愤情绪来减少消费者报复行为；另一方面，当意向性归因高时，危机前 CSR 声誉可以通过增加消费者义愤情绪来增加消费者报复行为。意向性归因调节了危机前 CSR 声誉通过消费者义愤情绪对消费者宽恕行为的间接影响。并且当意向性归因低时，危机前 CSR 声誉通过减少消费者义愤情绪来增加消费者宽恕行为的间接效应不显著；当意向性归因高时，危机前 CSR 声誉可以通过增加消费者义愤情绪来减少消费者宽恕行为。

根据以上结论，本书对照心理机制的检验结果来分析不同的归因情境中，期望失验机制或风险管理机制对消费者行为的最终作用。比如期望失验机制仅止于推动消费者的义愤情绪吗？还是会通过义愤情绪继续推进报复行为或抑制宽恕达成？如表 9-5 所示，在消费者敏感度最高的归因情境即高稳定性和高意向性归因情境中，期望失验机制发挥作用的结果并不相同。其中在高稳定性归因情境下，CSR 声誉只会通过增加义愤情绪来减少宽恕行为，而不会通过增加义愤情绪来助推报复行为，即此时最可能发生"不报复但也不宽恕"的情况。而在高意向性归因情境下，CSR 声誉既会通过增加义愤情绪来减少宽恕行为，也会通过增加义愤情绪来助推报复行为，即此种情境下最可能发生"既报复也不宽恕"的情况。该现象产生的原因可能在于，文化因素对情绪表达具有至关重要的作用，不同文化中冲突的"语言"可能有所区别。作为典型的集体主义社会，中国文化包含高度的回避冲突和创造和谐的意愿（Akkawanitcha 等，2015）。因此东方文化中冲突表达的方式较西方可能更为含蓄，如非必要中国消费者并不愿意采取主动报复的方式。可见由于高意向性的归因情境涉及对侵害者主观不良意图的推断，所以中国消费者对高意向性归因情境的忍受力最差，只有在这种情景下期望失验的消费者才会"忍无可忍"地主动采取报复行为。而在其他可以忍受的归因情境中（高稳定性）的归因情境，即使期望失验机制发挥主导作用，中国消费者仍不愿主动采取报复行动。然而"不报复但也不宽恕"的结果也可能造成一些更为隐秘、长远的恶劣影响，因而也需要经理人予以额外关注。

综上，尽管总体上构建积极的危机前 CSR 声誉是一种有效的危机预防策略，然而考虑危机情境因素的作用时，它更像一把"双刃剑"（Double-Edged Sword），在为企业提供了取悦消费者的机会的同时，也为企业埋下了使消费者失望的隐患。这种辩证思想植根于中国传统文化，比如儒家哲学强调整体性的思维方式，即考虑事物均有好坏两个方面（Kang 等，2017），启示企业应当趋利避害，在发挥危机前 CSR 声誉的风险管理作用的同时，也必须警惕期望失验的作用。

## 9.3　理论贡献

（1）采用权变视角，识别出消费者归因的调节作用，调和了理论研究中的矛盾观点

对于"积极的危机前 CSR 声誉是否有助于缓解消费者报复行为并推进其宽恕行为"这一命题，现有学术研究存在截然相反的观点。有研究认为产品伤害危机发生时，危机前 CSR 声誉可以起到风险管理的作用，抑制消费者负面回应，促进其正面回应；也有的观点认为产品伤害危机发生时，危机前 CSR 声誉不仅无法起到风险管理的作用，而且会引起期望失验作用，加剧消费者负面回应，抑制其正面回应。对此本书梳理总结了以往研究的零散观点，提出以往研究并未得出定论的原因主要在于忽略了对危机情境因素的考虑；忽略了消费者对危机事件的解读或反馈的心理机制；忽略了情绪尤其是道德情绪在消费者认知和回应的关系中所起的作用；忽略了消费者报复行为和宽恕行为在道德失败情境中的研究；忽略了对中国情境因素的考虑。有鉴于此，本书立足于中国情境，采用权变视角将消费者对产品伤害危机事件的归因纳入分析框架，将研究问题进一步聚焦为"不同危机情境下消费者对危机事件的解

读是否以及如何影响危机前 CSR 声誉对产品伤害危机中消费者的报复和宽恕行为的作用",提出不同的消费者归因情境下,由于消费者对相关信息的解读不同,危机前 CSR 声誉的作用也大相径庭。因此通过对消费者归因调节作用的检验,本书将"是否"的问题"转变为"何时"的问题,从而走出了"非此即彼"的研究陷阱。

(2)构建产品伤害危机决策程序模型,解析消费者对危机事件解读与反馈的心理机制

以往关于风险管理理论和期望失验理论的研究忽略了理论背后所隐藏的深层心理机制。有鉴于此,本书从消费者自身认知的单向视角以及消费者与企业互动的双向视角,解析了风险管理机制和期望失验机制,以此来挖掘风险管理理论和期望失验理论背后所隐藏的深层心理机制。明确风险管理机制和期望失验机制本质上存在对立统一性,有助于解释风险管理理论和期望失验理论在对同一问题的解答中存在两种截然相反的观点的原因。在此基础上,构建了产品伤害危机决策程序模型,阐明了陷入决策困境的消费者如何通过归因过程对危机事件和 CSR 声誉信息进行解读和再解读从而走出决策困境的过程。研究深化了归因理论在消费者行为领域的应用,并响应了 Bhattacharya 等(2009),Homburg 等(2013)等学者关于 CSR 的未来研究应当关注利益相关者对 CSR 活动进行解读或反馈的心理机制的呼吁。对心理机制的探讨有助于将组织宏观层面和微观层面的视野进行整合,得出相互印证的结论。

(3)识别出义愤情绪的中介作用

探讨消费者报复和宽恕行为形成的内在路径机制是本书的重点。通过系统的理论回顾和文献整理,发现现有的关于消费者行为研究的缺陷在于更注重认知的作用而忽略了情绪的作用(Ahn 等,2016)。而涉及消费者情绪的研究也通常是针对基本情绪而非道德情绪。由于产品伤害危机不仅涉及企业的产品失败,也关联着企业的道德失败,所以研究道德情绪而非基本情绪的作用更为恰当。有鉴于此,在以往研究的基础上,本书识别出了义愤情绪作为一种典型的道德情绪在危机前 CSR 声誉感知与消费者报复和宽恕行为之间的中介作用机制。义愤情绪中介作用的检验响应了以往研究关于"深入探索情绪在 CSR 认知及消费者回

应中所扮演角色"的呼吁（Grappi，2013；Romani 等，2013），并且认知与情绪的结合将"理性"与"感性"层面进行了融合性考虑，使对消费者认知与行为的研究得到了纵深性的发展。

（4）识别出消费者归因的调节作用和条件化间接作用

现有关于消费者行为的研究，重心依然落在消费者行为的前因变量方面，而忽略了危机情境因素的作用。然而单纯地对前因变量进行探索和检验容易误导学者们将异质性的产品伤害危机事件看作同质性事件，从而无法实现对消费者行为的清晰解读。有鉴于此，本书探讨了消费者对产品伤害危机的不同归因（控制度归因、稳定性归因、严重性归因、意向性归因）在危机前 CSR 声誉对消费者情绪及行为的影响中可能起到的调节作用以及条件化间接作用。一方面对情境因素的考量可以使过度简化的研究图景更为贴近现实，因为现实状况本身是复杂多变的（Garcia-Castro 等，2014）；另一方面调节作用以及条件化间接作用的发现有助于厘清风险管理机制与期望失验机制的作用边界；此外不同归因情境下调节作用以及条件化间接作用的差异有助于识别消费者对不同危机情境的敏感性和忍受力差异。

（5）拓展了适用于中国情境的管理理论

研究中的中国情境见表 9-6。

在文献梳理、理论框架构建、研究假设的推演和结论分析的过程中，贯穿了中国独特的法制、社会和文化环境。如表 9-6 所示，在法制环境方面，强调了在 CSR 披露和监管不完善的法制环境中，公众的敏感程度不断增加（Leonidou 等，2013），导致在产品伤害危机发生后消费者更容易对危机前积极的 CSR 声誉的真诚性和真实性产生怀疑。在社会环境方面，强调了同时处于有限信任和信息不对称环境中，中国消费者对信息的需求和信息匮乏的现实产生了矛盾，该矛盾导致消费者在对企业行为动机的评估过程中容易陷入困境。在文化环境方面，综合考虑了"仁""义""诚""信"等传统文化的影响；集体主义文化重视互惠主义，容易形成依赖型自我构念和关系型社会以及倾向于冲突回避的特征；不确定性规避的文化特征；传统文化中防微杜渐、未雨绸缪的思想和整体性的思维方式。对中国独特的法制、社会和文化环境的考虑，

表 9-6 　研究中的中国情境

| 章节 | 具体模块 | 中国情境 |
|---|---|---|
| 文献综述 | 企业社会责任声誉 | 不完善的法制环境 |
| | | 信息不对称环境 |
| 理论分析 | 风险管理理论和风险管理机制 | "仁"的传统文化 |
| | | 集体主义文化——积极互惠主义 |
| | 期望失验机制理论和期望失验机制 | "信"的传统文化 |
| | | 集体主义文化——消极互惠主义 |
| | 风险管理机制与期望失验机制述评 | 不完善的法制环境 |
| | | 信息不对称环境 |
| | | 有限信任环境 |
| | | "诚"的传统文化 |
| 研究假设 | 义愤情绪的中介作用 | "义"的传统文化 |
| | | 集体主义文化——依赖型自我构念和关系型社会 |
| | 稳定性归因的调节作用 | 不确定性规避的文化 |
| 结论 | "不报复但也不宽恕"的情境 | 集体主义文化——回避冲突 |
| | 积极 CSR 声誉作为危机预防策略 | 传统文化中防微杜渐、未雨绸缪的思想 |
| | 积极 CSR 声誉"双刃剑"作用 | 传统文化中整体性的思维方式 |

使本书拓展了对国外产品伤害危机领域，CSR 领域，消费者认知、情绪和行为领域的研究；避免了直接引用国外理论可能带来的理论与中国本土化管理实践相脱节的问题；并有助于延展西方理论，发展适用于中国情境的管理理论。

## 9.4　管理启示

在实践中，作为一把"双刃剑"，CSR 声誉往往难以被驾驭。企业应当趋利避害，在发挥积极的危机前 CSR 声誉的风险管理作用的同时，必须警惕可能的期望失验作用。因此，总体而言，创建真诚的、与企业真实 CSR 水平相匹配的 CSR 声誉；同时摒弃浮夸的、明显优于实际水平的 CSR 声誉可能是危机前 CSR 沟通策略的核心。具体而言，本书从责任企业、消费者、政府和社区三个方面提出产品伤害危机管理动态联动模型，如图 9-1 所示。该模型一方面提示了责任企业、消费者、政府和社区三方行为之间可能存在的联动机制和反馈回路；另一方面强调了危机沟通策略的动态性，随着时间和地点的变更，消费者对危机事件和 CSR 信息的解读会不断变更，相应策略也会不断重构。管理启示概览见表 9-7。

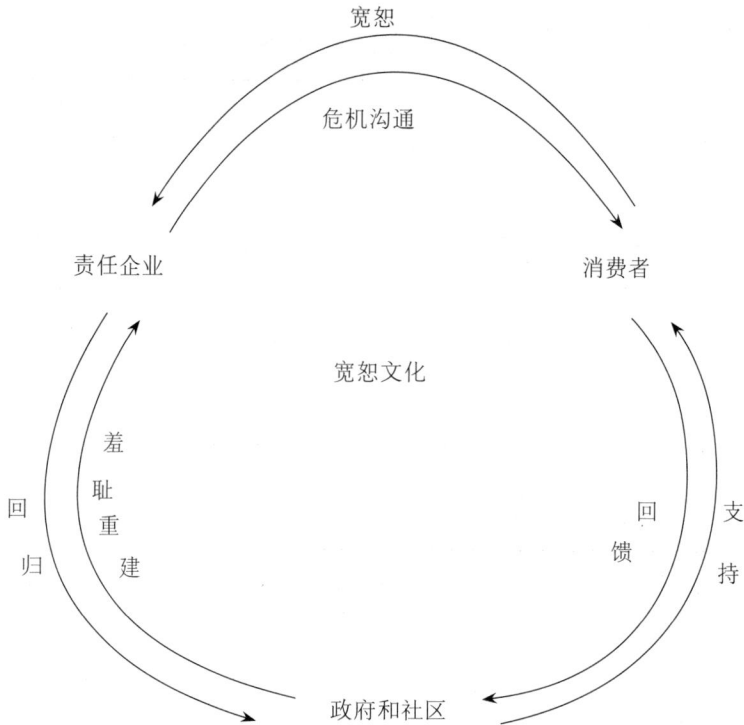

图9-1  产品伤害危机管理动态联动模型

## 9.4.1  给企业的建议

（1）事前策略

①构建真诚的 CSR 声誉。

在战略和组织理论研究领域，真诚的内涵是展现真实的一面，即

表 9-7 **管理启示**

| 主体 | 策略类型 | | 具体策略 | 注意事项 |
|---|---|---|---|---|
| 责任企业 | 事前策略 | | 构建真诚的 CSR 声誉 | 对真诚的归因能随着时间和地点的转变而转变 |
| | | | 量化和监控 CSR 声誉、消费者预期 | 利用社会媒体对 CSR 声誉和消费者预期进行测算监控 |
| | | | 避免制造不切实际的预期 | 慎用"广告闪电战"来推进良好 CSR 形象的策略 |
| | 事中策略 | 危机沟通策略选择 | 降低控制度、稳定性、严重性和意向性归因 | 警惕意向性归因高的情境,关注严重性和稳定性归因高的情景 |
| | | 危机沟通策略实施 | 与消费者进行及时沟通 | 利用社会媒体作为沟通的平台和工具 |
| | | | 提供积极信息支持 | 新的信息尽量通过第三方机构发布 |
| | 事后策略 | 与消费者关系的修复 | 以问题为焦点的修复策略 | 满足消费者"补偿心理",避免"二次期望失验" |
| | | | | 不应只注重交易关系修复,还应注重道德关系修复 |
| | | | 以情绪为焦点的修复策略 | 先排解消极情绪,继而积极情绪才会显现 |
| | | | | 发挥这两种修复策略的互补作用 |
| | | 与自我关系的修复 | 自我沟通、自我审视、自我反思 | 不是为自己的错误找借口或将错误行为合理化 |
| 政府和社区 | 为消费者提供支持 | | 调停机构、咨询机构、心理治疗机构介入 | 发挥针对性作用 |
| | 为责任企业提供支持 | | 羞耻重建 | 旨在重新接纳,而非侮辱侵害者或使双方关系破裂 |
| | 促进双方的宽恕 | | 双向宽恕 | 宽恕是自由选择的过程 |
| | | | | 宽恕是一个耗时的过程 |
| | | | | 辩证地看待侵害者和受害者 |
| 消费者 | 积极寻求解决问题的方法 | | 将注意力从伤害转向修复 | 积极态度 |
| | 通过正常渠道排解负面情绪 | | 表达性书写 | 坚持五周表达性书写 |

组织行为与其核心价值观一致（Mazutis & Slawinski，2015）。消费者寻求真诚以探寻生活的意义并加强其自我认同（Lehman 等，2014）。产品伤害危机发生时真诚的 CSR 声誉可以减少消费者怀疑，抑制期望失验机制的作用，并增强风险管理机制的作用。将 CSR 集成到企业核心价值观中是构建真诚的 CSR 声誉的必要条件。Marín 等（2016）指出当 CSR 策略与企业核心价值观不一致，即善因营销匹配度较低时，消费者更容易认知失调；并且负责任的自我价值承诺有助于企业在危机事件之后进行自我沟通、自我审视、自我反思，从而重获自尊并达成自我宽恕（Dillon，2001）。此外根据 Godfrey（2005）和 Mazutis & Slawinski（2015）的研究，提高 CSR 活动的稳定性、透明度、响应性、独特性、社会联系性也是构建真诚的 CSR 声誉的有效手段，它们会影响利益相关者对 CSR 活动真实意图和潜在动机的看法。其中稳定性是指稳定的慈善资金水平、受众和决策制定程序；透明度是指向利益相关者告知慈善活动的目标、资金水平及原理；响应性是指随着经济或社会条件的变化，慈善决策也应随之变化；独特性是指慈善活动与企业核心使命、愿景相关；社会联系性是指慈善行为应当嵌入社会环境中。需要注意的是在 CSR 研究领域，真实性或真诚的研究集中在领域的外围而非核心（Mazutis & Slawinski，2015），并且对真诚的归因能随着时间和地点的转变而转变。

②量化和监控 CSR 声誉、消费者预期。

由于 CSR 声誉是建立在消费者信念当中的，所以十分脆弱。当实际证据驳斥预期时，消费者信念容易突然转变甚至失控，此时企业应当极力避免最差状况的发生，即在拥有积极的 CSR 声誉时更应谨小慎微，谨防突发恶性伤害事件使企业辛苦建立的 CSR 声誉起到适得其反的作用，避免"千里之堤，溃于蚁穴"的情况发生。为了掌握 CSR 声誉和消费者预期水平，企业需要对 CSR 声誉和消费者预期进行量化和实时监控，并将其纳入危机管理战略尤其是危机预防战略中。在互联网 2.0 时代，社会媒体为信息传播和信息沟通提供了新的平台和渠道。企业可以利用社会媒体对 CSR 声誉和消费者预期进行测算监控。

③避免制造不切实际的预期。

考虑到在产品伤害危机中，消费者的期望被违背后容易激发义愤情绪，增加报复行为倾向，减少宽恕行为倾向，经理人应当注意避免促进不切实际的消费者期望的形成，以免"弄巧成拙"，造成"骑虎难下"的局面。Exline 等（2003）的研究表明，只有当真实结果与预期结果不符所造成的"不公平差距"减小时，受害者才会宽恕侵害者。然而真实结果往往难以改变，所以企业需要对预期结果进行控制。近年来，利用广告宣传 CSR 活动的现象越来越普遍（Eisingerich 等，2011），例如肯德基在近年来推出大量公益广告，广告涉及食品安全、助学活动、关爱弱势群体等。这些广告导致肯德基在接踵而至的产品伤害危机事件，如"苏丹红事件""速成鸡事件""冰块事件"等发生后遭受了更多的指责，尤其是有关食品安全的广告使消费者认为肯德基伪善。因此除非企业能够严格遵守承诺，否则应当慎用"广告闪电战"来推进良好 CSR 声誉的策略，以免造成潜在损害。

（2）事中策略

①危机沟通策略的选择。

产品伤害危机发生时，在危机沟通策略选择中企业应当努力降低消费者的控制度归因、稳定性归因、严重性归因和意向性归因。在保持真诚的前提下，应当注意强调危机是由不可控因素造成的，危机事件并未造成严重的伤害，企业在危机事件中并无主观不良意图，并且说明类似危机事件在过去并未发生过，也保证在未来不会再次发生。

在此过程中应特别警惕意向性归因高的情境，因为在这种情境中危机前积极的 CSR 声誉会助推消费者"撕破脸皮"地去实施报复行为。具体而言，消费者对意向性归因高的情境不仅敏感性最高而且忍受力最弱，当消费者感知到企业在产品伤害危机中具有主观不良意图时，期望失验机制会发挥作用，此时积极的危机前 CSR 声誉反而会减少消费者宽恕行为倾向并增加其报复行为倾向。

此外，对稳定性归因高的情境也需予以格外关注。本书发现，消费者对高稳定性归因情境也极为敏感。此时危机前积极的 CSR 声誉虽不会助推消费者的报复行为，但却会减少消费者的宽恕行为倾向。前文指出在此种情境中消费者最可能采取"不报复但也不宽恕"的态度。相比于"既不报复也不宽恕"的态度,"不报复但也不宽恕"的态度产生的后果较为缓和,但影响时间和潜伏时间可能更为长久,也更容易对企业造成长期的消极影响。

②危机沟通策略的实施。

首先,企业应当与消费者进行及时的沟通。为了降低消费者的控制度归因、稳定性归因、严重性归因和意向性归因,减轻期望失验机制的效用,增强风险管理机制的效用,管理者应当注意在危机发生时与消费者进行及时、充分的沟通。企业在沟通中,应注意利用社会媒体作为有效的沟通工具。一方面受视角和空间所限,社会媒体中感性化和带有情感宣泄色彩的谣言更容易得到公众的响应,谣言的扩散助长了不良舆论的形成(郭光华,2004),从而产生逆向传播行为(青平等,2014),对企业品牌资产和股权价格造成了严重损害(Clarkson 等,2006)。然而另一方面社会媒体又为企业提供了妥善处理危机事件的平台和工具。在GM 公司召回事件中,公司利用社会媒体,如"脸书"和"推特网"与消费者进行直接沟通,对危机事件进行了妥善处理。

其次,向消费者提供积极信息支持。对于特定事件,个体是基于其获取的信息做出归因的(Story & Neves,2015)。当消费者对当前信息的怀疑程度较高时,容易呈现茫然无措的状态从而陷入决策困境。怀疑可能会触发更多的信息搜寻程序,导致行为主体陷入更复杂的信息加工程序,以此来决定是否去信任目标企业(Sinaceur,2010)。此时积极的信息支持可以强化消费者已有的正面信息从而帮助其走出决策困境。Gelbrich(2010)也强调信息支持一般被研究和实践所忽略,然而额外的信息可以帮助消费者重新审视企业的道德失败问题,进而容易达成谅解。并且当新的信息通过第三方机构发布时,消费者的信赖程度会提高(李巍和王志章,2010)。

(3)事后策略

①与消费者关系的修复。

Folkman & Lazarus(1980)提出两种互补的压力应对策略,以情绪为焦点的应对策略和以解决问题为焦点的应对策略。借鉴该研究的观点，本书提出两种互补的失败修复策略，以问题为焦点的修复策略和以情绪为焦点的修复策略。以问题为焦点的修复策略关注问题解决，而以情绪为焦点的修复策略关注情绪体验。

在以问题为焦点的修复策略中，除一般的道歉、损害赔偿等修复策略之外，还需注意消费者"补偿心理"的影响。"补偿心理"是一种常见的心理适应机制。由于"补偿心理"的存在，个体在某些方面（产品伤害危机）越失望，会越希望从其他方面得到补偿；并且失望越大，希望得到的补偿会越多。基于这一逻辑，以往CSR声誉越积极，产品伤害危机后修复策略的标准应当越高，并且该标准至少应当超过消费者对修复策略的预期，否则消费者的"补偿心理"难以得到满足，从而可能产生"二次期望失验"。此外，由于产品伤害危机事件涉及道德失败，因此在与消费者的关系修复中，不只应当注重交易关系的修复，还应当注重道德关系的修复。Walker（2006）提出道德修复（Moral Repair）的概念，当道德关系被损害时，在侵犯者、受害者和旁观者之间，需要道德修复来重建信任关系。Goodstein等（2015）呼吁伦理学者们应当关注在不当行为之后的道德修复。

在以情绪为焦点的修复策略中，本书的结论表明义愤情绪在CSR声誉和消费者报复、宽恕行为中起到中介作用，因此义愤情绪等消极情绪的及时发泄可以帮助受害者相对迅速地从负面事件中抽离出来（Barclay & Saldanha，2016）。并且，积极情绪的唤起也可抵消掉部分消极情绪的影响。Wade & Worthington（2003）指出侵害者的悔恨和对被害者的安抚可以有效刺激消费者积极情绪（如同情、怜悯、支持和爱）的产生，这些积极情绪又可引发消费者的同理心。在同理心的作用下，消费者可能对侵害者产生一定程度的积极认同，从而会尝试理解侵害者的经历和处境。

需要注意的是，和解的达成必须先排解消极情绪，继而积极情绪才会显现（Baskin & Enright，2004）。此外建议危机企业在实践中应注意发挥这两种修复策略的互补作用。正如Strizhakova等（2012）指出的那样，当问题得以解决时消费者更容易恢复心理平衡。而平和的情绪也有助于消费者理性地解决问题。

②与自我关系的修复。

在关系修复的过程中，企业不应当只注重与消费者关系的修复，还应当关注与自我关系的修复（Goodstein等，2015）。与自我关系的修复是企业在危机事件之后重新自我沟通、自我审视、自我反思，从而重获自尊并达成自我宽恕的过程。Enright（1996）将自我宽恕定义为愿意直面和原谅自己所犯的错误，并在此过程中培养对自身的同情、慷慨和爱。作为对自我谴责的修复性反应，自我宽恕可以限制潜在的自我异化和破坏性自我惩罚，并使个体保持一贯的自我价值承诺，最终引导个体达到自我接纳状态。为了达到这一状态，侵害者需要经历以下五个关键步骤：第一，寻找关于自我价值的意识和恢复自尊的路径；第二，承认错误并承担应负的全部责任；第三，认识到受害者应当获得的尊重；第四，体验不当行为带来的感受；第五，纠正错误态度和行为模式。需要注意的是自我宽恕并不是为自己的错误找借口或将错误行为合理化，而是认识和接受错误，并对自我提升保持乐观态度。

### 9.4.2 给社区和政府的建议

（1）为消费者提供支持

作为一种有力的负面情绪，义愤情绪可以触发多样化的表现行为。典型的表现行为除情感宣泄行为之外，还包含寻找情感支持的行为（Duhachek，2005）。政府和社区可以促使调停机构、咨询机构和心理治疗机构介入危机事件，使其发挥各自的针对性作用，向消费者提供相应的支持。调停机构可以帮助消费者透视伤害行为，以换位思考的方式对侵害者形成理性、客观的看法，从而减少基本偏差归因的潜在影响。咨询机构可以向消费者提供解决问题的方案，并帮助受害者与法律援助机构和人权组织取得联系。而心理治疗机构则可以向消费者进行专业心理知识的传授，减少不适感受，抚平心理创伤，舒缓负面情绪，并可通过唤起消费者以往被谅解的经历增加其和解欲望。

（2）为责任企业提供支持

羞耻是影响侵害者做出补偿行为的核心情感。社区可以通过"羞耻重建"使侵害者自觉承担责任。不同于报复行为通过外部施压的方式迫使侵害者做出回应，"羞耻重建"可以帮助侵害者从内在进行改善。然而需要注意的是，"羞耻重建"的过程需要将侵害者看作是做了坏事的好人，而非无药可救的坏人。"羞耻重建"旨在重新接纳，而非侮辱侵害者或使双方关系破裂（Goodstein & Aquino，2010）。

（3）促进双方的宽恕

对于消费者而言，宽恕可以增强个体的生活满意度（Riek & Mania 2012），提升其身心健康水平（Toussaint & Webb，2005）。对于企业而言，宽恕可以有效减少消费者实施报复行为的倾向（Aquino 等，2006），使冲突降级（Aquino 等，2001），推进双方和解以及关系修复（Karremans & Van Lange，2004）。因此，社区和政府应努力促成侵害者和受害者之间的双向宽恕（Two-Way Forgiveness），即侵害者承认错误并保证不会有进一步侵害行为的发生，而受害者放弃报复行为（Palanski，2012）。

需要注意的是首先宽恕是自由选择的过程，取决于个体自身的意志，任何非自愿的宽恕都可能是不真诚的宽恕。消费者和企业之间的双向宽恕有助于"宽恕文化"（Forgiveness Culture）的形成（Bobocel，2013）。其次宽恕是一个耗时的过程，这个过程不是一个简单的线性程序，而是由一系列关键时点中受害者情感、情绪、行为导向的实质性转变所推进的曲折程序（Tsarenko & Rooslani Tojib，2011），会随着时间的推移缓慢推进（Baskin & Enright，2004），因此管理者的努力一般不会立竿见影。然而宽恕具有持久的"溢出效应"，可以同时转变受害者和侵害者的偏差行为倾向。最后 Aquino & Lamertz（2004）指出，需要辩证地看待侵害者和受害者，有时二者的角色是可以互换的。比如当受害者实施报复行为时，受害者转变为侵害者。

### 9.4.3 给消费者的建议

（1）积极寻求解决问题的方法

对于未解决的侵害，人们倾向于反复思考，反复思考会强化受害者的不公平意识，并导致对负面情绪的反复体验，久而久之受害者会陷入过去的伤害经历中不可自拔。因此 Barclay & Saldanha（2016）建议受害者需要将注意力从伤害转向修复。消费者应努力与责任企业进行有关损害赔偿等的商榷，寻求政府和社区的支持，借助媒体、法律援助机构、行业协会等积极寻求解决问题的方法。

（2）通过正常渠道排解负面情绪

压抑负面情绪对个人身心健康不利，而通过报复行为发泄情绪又可能造成冲突升级（Crossley，2009）。为减少身心压力，推进冷静的认知程序，消费者需要寻求排解消极情绪的正常渠道。作为创伤修复的一种有效方式，表达性书写可以将负面情绪的表达和认知构建的过程相结合，在意会的过程中进行认知重建，达成认知和情绪方面新的稳态。在表达性书写过程中，受害者试图对事件进行体验、解读和理解。Leach等（2010）发现为期五周的表达性书写可以有效减少负面情绪，并增加积极情绪和宽恕意愿。

## 9.5 研究局限与展望

### 9.5.1 研究局限

首先，虚拟场景虽然被广泛应用于营销领域的研究中，被视为提高问卷质量的有效工具（Singhapakdi & Rao，1996），然而以虚拟场景为基础的实验研究依然存在一些固有缺陷（Magnini 等，2007）。首先相比于真实场景，消费者在虚拟场景中投射其反应的能力受限；其次虚拟场景实验中，被试者无法充分体验与真实场景完全相同的感觉和情绪，因此难以触发与真实场景强度相当的负面情绪体验（Zhao，2011）。除以上固有限制，以场景为基础的实验研究可以有效保障实验的外部效度，并在各种实证研究方法中展现出较高的优先级。

其次，本书虽然在理论上解析了产品伤害危机中消费者回应的两种心理机制，即风险管理机制和期望失验机制，但是却不能对两种心理机制进行直接验证，因为鉴于生物体心理活动的复杂性和多样性，正如Godfrey 等（2009）指出的那样，有意图的归因过程是不可直接观察的。因此借鉴现有研究的通用做法，通过严密的理论推理和严谨的实验设计来对这两种心理机制进行验证，研究结果与理论观点基本相符，互为佐证。

再次，由于技术和成本的限制，本书对消费者义愤情绪的测量只采用了以语言为基础的方法。该方法虽然简单易行并且成本低廉，但是与面部表情变化、神经系统反应、功能性磁共振成像技术等其他测量方式（Xie 等，2015）相比较为单一和呆板，也容易产生"被试偏差"。

最后，考虑到研究问题的聚焦性，本书只关注对单一企业状况的影响，而未涉及对企业所在行业的整体状况可能产生的影响。目前关于基率信息（危机在整个行业发生的频率）对产品伤害危机中责任归因的影响尚不清晰（Lei 等，2012）。"不只是我"这种回应是否有效（Johar 等，2010），即如果产品伤害危机在行业中发生频率较高，是会产生"法不责众"的情况，还是会产生"众怒难犯"的情况。在此情境下，研究问题转变为"风险管理机制和期望失验机制如何在整个行业中发挥作用"。

### 9.5.2　研究展望

延续本书的研究思路，未来的研究方向可归纳为以下六个方面：

第一，考虑"双重偏差"情境。产品伤害危机后的修复是消费者为企业提供的"第二次机会"（Joireman 等，2013），相对于初次消费体验，消费者对企业的修复努力通常更为敏感。如果企业无法把握住"第二次机会"，双重偏差（Double Deviation）就会产生。当消费者在道德失败之后再经历修复失败时，可能更为失望。本书仅针对道德失败，而未考虑双重偏差情境。在双重偏差情境中，消费者感知到的企业意图是否以及如何影响消费者回应？此时期望失验机制和风险管理机制如何发挥作用？它们是未来研究需要关注的问题。

第二，考虑"道德修复悖论"。在服务研究领域，有学者认为，良好的服务修复策略不仅可以满足和留住客户，甚至可以使客户满意度超越服务修复之前的水平。该现象被称作"服务修复悖论"（Recovery Paradox），服务修复悖论认为服务失败并不一定是坏事，如果处理得当，甚至可能演变为机会。Hart 等（1989）指出，一个好的恢复策略可以将生气的、沮丧的消费者转变为最忠诚的客户。遵循这一逻辑，在道德失败领域，道德修复悖论是否也可能存在，即良好的道德修复策略是否可以使客户满意度超越产品伤害危机之前的水平？这可能是值得未来研究关注的命题。

第三，考虑行业影响。首先 CSR 声誉存在显著的行业差异，对于拥有消极社会影响的行业，CSR 活动可能被认为是用"血汗钱"来弥补过去的罪恶，或者是试图通过行善来挽救既有的消极形象。此时 CSR 的积极信号传递功能会被减弱，甚至可能被看作是逢迎行为。本书的实验只针对乳制品行业企业，未来研究可以针对其他行业，考虑 CSR 声誉和产品伤害危机事件的行业特殊性展开。其次义愤情绪可以在行业内扩散蔓延，Darke 等（2010）提出在消费者回应中可能存在一种"迁怒"效应，未来研究可以关注企业某产品的伤害危机事件是否会波及该企业的其他产品以及产业链的上下游企业甚至整个产业，而危机前 CSR 声誉、消费者归因等在这种"迁怒"效应中是否以及如何发挥作用。最后正如研究缺陷中所指出的那样，未来研究应当关注基率信息对产品伤害危机中消费者归因的影响。

第四，考虑消费者之外的研究对象。Peloza & Shang（2011）通过文献回顾发现，CSR 领域中压倒性的研究是以消费者为样本进行的。还有少量研究是以投资者和员工为样本进行的，而针对政府、债权人、供应商等利益相关者的研究更屈指可数。因此 Bhattacharya & Korschun（2008）等学者呼吁未来研究应当关注 CSR 活动对消费者之外的利益相关者可能产生的影响。

第五，考虑研究方法和测量工具的多样性和交互验证。未来研究可以将事件研究法、实验研究法、调查研究法等方法进行综合使用；将现场实验研究和实验室实验研究以及以虚拟场景为基础的实验研究和以真实事件为基础的实验研究方法综合使用；在测量义愤情绪时，将以语言为基础的测量方式与面部表情改变、神经系统反应、功能性磁共振成像技术等进行结合，以发挥各项研究方法和测量工具的优点，形成数据和方法的多方印证，增强研究的信度和效度。

第六，考虑跨文化和文化融合的研究。当旁观者评估外来者（如外企）的行为时，他们通常会将外来者的不当行为归因于不良意图，而将他们的积极行为看作是权宜之计。相反，当评估内部人（如本土企业）的行为时，旁观者倾向于将内部人的不当行为归因于受环境因素影响的迫不得已的行为，从而为其开脱甚至免责，而将他们的积极行为看作是出于内在真诚、具有高尚动机的行为（Crilly 等，2016），这种戴着"有色眼镜"看待外来者的行为可以被看作是偏见或歧视。未来研究在考虑跨文化的问题时，可以关注以上偏见或歧视问题。近年来文化融合以令人难以置信的速度前进，儒家思想与其相应的社会和道德观念被不断西化，在年轻一代中，这种变化更为明显。不断提高的全球化水平加强了不同文化群体的交流和沟通，从而导致了文化价值观和价值观背后的社会哲学的相互交流、影响和融合。在文化融合的背景下，由于不同文化之间的交流和互动，同一文化体中可能出现双元甚至多元文化的特征（黄静等，2014）。因此，在未来对产品伤害危机，CSR 声誉，消费者认知、情绪和行为的研究中，不仅应当关注文化特异性，还应当关注文化融合以及文化融合引发的代际文化差异。

# 主要参考文献

中文参考文献：

[1]　陈晓峰．企业社会责任与顾客忠诚度关系的实证分析——基于牛乳制品消费者的视角[J]．科研管理，2014(1)：98-106．

[2]　崔泮为，杨洋，李蔚．CSR策略修复产品伤害危机后品牌信任的效果研究——调节变量和中介变量的作用[J]．中央财经大学学报，2015(2)：69-74．

[3]　杜建刚，范秀成．服务补救中情绪对补救后顾客满意和行为的影响——基于情绪感染视角的研究[J]．管理世界，2007(8)：85-94．

[4]　方正，江明华，杨洋，等．产品伤害危机应对策略对品牌资产的影响研究——企业声誉与危机类型的调节作用[J]．管理世界，2010，12：105-118．

[5]　方正，杨洋．产品伤害危机及其应对研究前沿探析[J]．外国经济与管理，2009，12：39-44．

[6]　方正．产品伤害危机应对方式对顾客感知危险的影响——基于中国消费者的实证研究[J]．经济体制改革，2007(3)：173-176．

[7]　费多益．认知视野中的情感依赖与理性、推理[J]．中国社会科学，2012(8)：31-47．

[8]　费显政，李陈微，周舒华．一损俱损还是因祸得福？——企业社会责任声誉溢出效应研究[J]．管理世界，2010(4)：74-82．

[9]　高汉祥．公司治理与社会责任：被动回应还是主动嵌入[J]．会计研究，2012

(4):58-64,95.

[10] 郭光华. 论网络舆论主体的"群体极化"倾向[J]. 湖南师范大学社会科学学报,2004(6):110-113.

[11] 黄静,王诚,熊小明,等. 人际冲突中,文化信念对消费者行为意向的影响[J]. 中国软科学,2014(7):139-151.

[12] 黄敏学,李小玲,朱华伟. 企业被"逼捐"现象的剖析:是大众"无理"还是企业"无良"?[J]. 管理世界,2008(10):115-26.

[13] 李国峰,邹鹏,陈涛. 产品伤害危机管理对品牌声誉与品牌忠诚关系的影响研究[J]. 中国软科学,2008,1:108-115.

[14] 李巍,王志章. 网络口碑发布平台对消费者产品判断的影响研究——归因理论的视角[J]. 管理学报,2011,9:1345-1352.

[15] 李伟阳,肖红军. 企业社会责任的逻辑[J]. 中国工业经济,2011,10:87-97.

[16] 刘凤军,孔伟,李辉. 企业社会责任对消费者抵制内化机制研究——基于AEB理论与折扣原理的实证[J]. 南开管理评论,2015,1:52-63.

[17] 刘凤军,李辉. 社会责任背景下企业联想对品牌态度的内化机制研究——基于互惠与认同视角下的理论构建及实证[J]. 中国软科学,2014,3:99-118.

[18] 卢东,POWPAKA S,李雁晨. 基于意义建构理论的企业社会责任沟通策略研究综述[J]. 外国经济与管理,2009,6:18-24.

[19] 潘佳,刘益,王良. 企业产品伤害危机响应策略对股票市场的影响[J]. 管理学报,2014,11:1696-1702.

[20] 青平,李慧超,江雪莹,等. 产品伤害危机背景下消费者网络逆向传播行为机制研究——以农产品为例[J]. 农业经济问题,2014,12:85-95.

[21] 青平,陶蕊,严潇潇. 农产品伤害危机后消费者信任修复策略研究——基于乳制品行业的实证分析[J]. 农业经济问题,2012,10:84-92.

[22] 权小锋,吴世农,尹洪英. 企业社会责任与股价崩盘风险:"价值利器"或"自利工具"?[J]. 经济研究,2015,11:49-64.

[23] 任金中,景奉杰. 产品伤害危机模糊情境下企业与行业危机对消费者抱怨意向的影响[J]. 经济管理,2013,4:94-104.

[24] 沈艳,蔡剑. 企业社会责任意识与企业融资关系研究[J]. 金融研究,2009,12:127-136.

[25] 苏冬蔚,贺星星. 社会责任与企业效率:基于新制度经济学的理论与经验分析[J]. 世界经济,2011,9:138-159.

[26] 田虹,王汉瑛. 国外社会责任投资的中国借鉴——一个批判性学习视角[J]. 华东经济管理,2016,2:156-162.

[27] 田虹,袁海霞. 企业社会责任匹配性何时对消费者品牌态度更重要——影响

消费者归因的边界条件研究[J]．南开管理评论,2013,3:101-108.

[28]　田敏,李纯青,萧庆龙．企业社会责任行为对消费者品牌评价的影响[J]．南开管理评论,2014,6:19-29.

[29]　涂铭,景奉杰,汪兴东．产品伤害危机中的负面情绪对消费者应对行为的影响研究[J]．管理学报,2013,12:1823-1832.

[30]　汪兴东．产品伤害危机中修复策略适配性对品牌形象评价的影响——时间距离与企业声誉的调节作用[J]．经济管理,2013,11:93-105.

[31]　王海忠,陈增祥,尹露．公司信息的纵向与横向溢出效应:公司品牌与产品品牌组合视角[J]．南开管理评论,2009,1:84-89.

[32]　王清刚,徐欣宇．企业社会责任的价值创造机理及实证检验——基于利益相关者理论和生命周期理论[J]．中国软科学,2016,2:179-192.

[33]　王世权,李凯．企业社会责任解构:逻辑起点、概念模型与履约要义[J]．外国经济与管理,2009,6:25-31.

[34]　王稳,王东．企业风险管理理论的演进与展望[J]．审计研究,2010,4:96-100.

[35]　王夏阳,傅科．企业承诺、消费者选择与产品质量水平的均衡分析[J]．经济研究,2013,8:94-106.

[36]　王晓玉,晁钢令,吴纪元．产品伤害危机响应方式与消费者考虑集变动——跨产品类别的比较[J]．中国工业经济,2008,7:36-46.

[37]　卫海英,魏巍．消费者宽恕意愿对产品伤害危机的影响[J]．经济管理,2011,8:101-108.

[38]　吴江霖,戴健林,陈卫旗．社会心理学[M]．广州:广东高等教育出版社,2004.

[39]　吴思．产品伤害危机:伤害类型、应对方式及营销策略[J]．管理世界,2011,9:182-183.

[40]　熊焰,钱婷婷．产品伤害危机后消费者信任修复策略研究[J]．经济管理,2012,8:114-120.

[41]　杨宜音．关系化还是类别化:中国人"我们"概念形成的社会心理机制探讨[J]．中国社会科学,2008,4:148-159.

[42]　于维娜,樊耘,张婕,等．宽恕视角下辱虐管理对工作绩效的影响——下属传统性和上下级关系的作用[J]．南开管理评论,2015,6:16-25.

[43]　余吉安,杨斌．质量伦理、信息传递与模式变革:社会责任视角下食品企业的战略创新[J]．中国软科学,2016,1:184-192.

[44]　张圣亮,吕俊．服务失误归因对消费者情绪和行为的影响[J]．经济管理,2010,11:99-105.

[45] 周祖城,张漪杰.企业社会责任相对水平与消费者购买意向关系的实证研究[J].中国工业经济,2007,9:111-118.

[46] 朱华伟,涂荣庭,靳菲.好事是否要做到底:企业停止承担社会责任后公众的态度变化[J].南开管理评论,2014,6:4-12.

[47] 卓志.风险管理理论研究[M].北京:中国金融出版社,2006.

英文参考文献:

[48] AAKER J L, WILLIAMS P. Empathy versus pride: the influence of emotional appeals across cultures[J]. Journal of consumer research, 1998,25(3):241-261.

[49] AAKER J, FOURNIER S, BRASEL S A. When good brands do bad[J]. Journal of Consumer research,2004,31(1):1-16.

[50] AAKER J, VOHS K D, MOGILNER C. Nonprofits are seen as warm and for-profits as competent: firm stereotypes matter[J]. Journal of Consumer Research,2010,37(2):224-237.

[51] AFIFI W A, METTS S. Characteristics and consequences of expectation violations in close relationships[J]. Journal of Social and Personal Relationships,1998,15(3):365-392.

[52] AHLUWALIA R, BURNKRANT R E, UNNAVA H R. Consumer response to negative publicity: the moderating role of commitment[J]. Journal of marketing research,2000,37(2):203-214.

[53] AHLUWALIA R, UNNAVA H R, BURNKRANT R E. The moderating role of commitment on the spillover effect of marketing communications[J]. Journal of Marketing Research,2001,38(4):458-470.

[54] AHN H, SUNG Y, DRUMWRIGHT M E. Consumer emotional intelligence and its effects on responses to transgressions[J]. Marketing Letters, 2016,27(2):223-233.

[55] AKKAWANITCHA C, PATTERSON P, BURANAPIN S, et al. Frontline employees' cognitive appraisals and well-being in the face of customer aggression in an Eastern, collectivist culture[J]. Journal of Services Marketing,2015,29(4):268-279.

[56] ANDERSON, JOHN R. The architecture of cognition[M]. Cambridge: Harvard University Press,1983.

[57] ANDERSSON L M, PEARSON C M. Tit for tat? The spiraling effect of incivility in the workplace[J]. Academy of management review,1999,24(3):452-471.

[58] ANTONETTI P, MAKLAN S. An extended model of moral outrage at corporate social irresponsibility[J]. Journal of Business Ethics, 2016, 135:1-16.

[59] AQUINO K, LAMERTZ K. A relational model of workplace victimization: social roles and patterns of victimization in dyadic relationships[J]. Journal of Applied Psychology, 2004, 89(6):1023-1034.

[60] AQUINO K, TRIPP T M, BIES R J. Getting even or moving on? Power, procedural justice, and types of offense as predictors of revenge, forgiveness, reconciliation, and avoidance in organizations[J]. Journal of Applied Psychology, 2006, 91(3):653-668.

[61] AQUINO K, TRIPP T M, BIES R J. How employees respond to personal offense: the effects of blame attribution, victim status, and offender status on revenge and reconciliation in the workplace[J]. Journal of Applied Psychology, 2001, 86(1):52-59.

[62] ARPAN L M, SUN H. The effect of country of origin on judgments of multinational organizations involved in a crisis[J]. Journal of Promotion Management, 2006, 12(3-4):189-214.

[63] BAGOZZI R P, GOPINATH M, NYER P U. The role of emotions in marketing[J]. Journal of the academy of marketing science, 1999, 27 (2):184-206.

[64] BARCLAY L J, SALDANHA M F. Facilitating forgiveness in organizational contexts: exploring the injustice gap, emotions, and expressive writing interventions[J]. Journal of Business Ethics, 2016, 137(4):699-720.

[65] BARCLAY L J, WHITESIDE D B, AQUINO K. To avenge or not to avenge? Exploring the interactive effects of moral identity and the negative reciprocity norm[J]. Journal of business ethics, 2014, 121(1):15-28.

[66] BARNETT M L, SALOMON R M. Beyond dichotomy: the curvilinear relationship between social responsibility and financial performance[J]. Strategic Management Journal, 2006, 27(11):1101-1122.

[67] BARNETT M L. Stakeholder influence capacity and the variability of financial returns to corporate social responsibility[J]. Academy of Management Review, 2007, 32(3):794-816.

[68] BARNEY J. Firm resources and sustained competitive advantage[J]. Journal of Management, 1991, 17(1):771-792.

[69] BARON R M, KENNY D A. The moderator mediator variable distinction in

social psychological research: conceptual, strategic, and statistical considerations [J]. Journal of Personality and Social Psychology, 1986, 51(6):1173-1182.

[70] BARWISE P,MEEHAN S. The one thing you must get right when building a brand[J]. Harvard Business Review,2010,88(12):80-84.

[71] BASKIN T W,ENRIGHT R D. Intervention studies on forgiveness:a meta-analysis[J]. Journal of Counseling and Development:JCD,2004,82(1):79-90.

[72] BATSON C D,CHAO M C,GIVENS J M. Pursuing moral outrage:anger at torture[J]. Journal of Experimental Social Psychology, 2009, 45(1):155-160.

[73] BAUMANN D, WICKERT C, SPENCE L J, et al. Organizing corporate social responsibility in small and large firms:size matters[J]. Journal of Business Ethics,2013,115(4):693-705.

[74] BAUMEISTER R F, STILLWELL A M, HEATHERTON T F. Guilt: an interpersonal approach[J]. Psychological bulletin, 1994, 115(2):243-267.

[75] BEHNAM M,MACLEAN T L. Where is the accountability in international accountability standards?[J]. Business Ethics Quarterly, 2011, 21(1):45-72.

[76] BENN S, TODD L R, PENDLETON J. Public relations leadership in corporate social responsibility[J]. Journal of Business Ethics, 2010, 96(3):403-423.

[77] BERENS G, RIEL C B M, BRUGGEN G H. Corporate associations and consumer product responses: the moderating role of corporate brand dominance[J]. Journal of Marketing,2005,69(3):35-48.

[78] BERMAN B. Planning for the inevitable product recall [J]. Business Horizons,1999,42(2):69-78.

[79] BERRY J W,WORTHINGTON JR E L. Forgivingness,relationship quality, stress while imagining relationship events,and physical and mental health [J]. Journal of Counseling Psychology,2001,48(4):447-455.

[80] BERRY T C, JUNKUS J C. Socially responsible investing: an investor perspective[J]. Journal of business ethics,2013,112(4):707-720.

[81] BERTELS S, PELOZA J. Running just to stand still? Managing CSR reputation in an era of ratcheting expectations[J]. Corporate Reputation

Review,2008,11(1):56-72.

[82] BHATTACHARYA C B,KORSCHUN D,SEN S. Strengthening stakeholder company relationships through mutually beneficial corporate social responsibility initiatives[J]. Journal of Business Ethics,2009,85(2): 257-272.

[83] BHATTACHARYA C B,KORSCHUN D. Stakeholder marketing:beyond the four Ps and the customer[J]. Journal of Public Policy & Marketing, 2008,27(1):113-116.

[84] BIES R J,TRIPP T M. M. Beyond distrust:"Getting even" and the need for revenge. // R. M. Kramer & T[A]. Tyler(Eds.),Trust in organizations. Newbury Park:Sage Publications,1966:246-260.

[85] BLOOM M,MILKOVICH G T. Relationships among risk,incentive pay, and organizational performance[J]. Academy of Management Journal, 1998,41(3):283-297.

[86] BOBOCEL D R. Coping with unfair events constructively or destructively: the effects of overall justice and self-other orientation[J]. Journal of Applied Psychology,2013,98(5):720-731.

[87] BONIFIELD C, COLE C. Affective responses to service failure:anger, regret, and retaliatory versus conciliatory responses [J]. Marketing Letters,2007,18(1-2):85-99.

[88] BORLAND H,AMBROSINI V,LINDGREEN A,et al. Building theory at the intersection of ecological sustainability and strategic management[J]. Journal of Business Ethics,2016,135(2):293-307.

[89] BOSSE D A,PHILLIPS R A,HARRISON J S. Stakeholders,reciprocity, and firm performance[J]. Strategic Management Journal, 2009, 30 (4):447-456.

[90] BROMLEY D. Comparing corporate reputations:league tables,quotients, benchmarks,or case studies?[J]. Corporate reputation review,2002,5 (1):35-50.

[91] BUGG H B, WANG S, BEATTY S E. Betrayal? Relationship quality implications in service recovery[J]. Journal of Services Marketing,2009, 23(6):385-396.

[92] CAMERON K,CAZA A. Organizational and leadership virtues and the role of forgiveness[J]. Journal of Leadership & Organizational Studies,2002, 9(1):33-48.

[93] CAMPBELL J L. Why would corporations behave in socially responsible ways? An institutional theory of corporate social responsibility [J]. Academy of management Review,2007,32(3):946-967.

[94] CAMPBELL M C. Perceptions of price unfairness: antecedents and consequences[J]. Journal of marketing research,1999,36(2):187-199.

[95] CARROLL A B. A three-dimensional conceptual model of corporate performance[J]. Academy of management review,1979,4(4):497-505.

[96] CARROLL A B. Corporate social responsibility evolution of a definitional construct[J]. Business & society,1999,38(3):268-295.

[97] CARVALHO S W, MURALIDHARAN E, BAPUJI H. Corporate social "irresponsibility": are consumers' biases in attribution of blame helping companies in product  harm crises involving hybrid products? [J]. Journal of Business Ethics,2015,130(3):651-663.

[98] CHAN G K Y. The relevance and value of Confucianism in contemporary business ethics[J]. Journal of Business Ethics,2008,77:347-360.

[99] CHEN M J, AYOKO O B. Conflict and trust: the mediating effects of emotional arousal and self-conscious emotions[J]. International Journal of Conflict Management,2012,23(1):19-56.

[100] CHEN Y,GANESAN S,LIU Y. Does a firm's product-recall strategy affect its financial value? An examination of strategic alternatives during product-harm crises[J]. Journal of Marketing,2009,73(6):214-226.

[101] CHENG B,IOANNOU I,SERAFEIM G. Corporate social responsibility and access to finance[J]. Strategic Management Journal,2014,35(1):1-23.

[102] CLARKSON M E. A stakeholder framework for analyzing and evaluating corporate social performance [J]. Academy of management review, 1995,20(1):92-117.

[103] CLARKSON P M, JOYCE D, TUTTICCI I. Market reaction to takeover rumour in Internet Discussion Sites[J]. Accounting & Finance,2006,46(1):31-52.

[104] CLEEREN K,DEKIMPE M G,HELSEN K. Weathering product-harm crises [J]. Journal of the Academy of Marketing Science,2008,36(2):262-270.

[105] CLEEREN K,VAN HEERDE H J,DEKIMPE M G. Rising from the ashes: how brands and categories can overcome product-harm crises [J]. Journal of Marketing,2013,77(2):58-77.

[106] COHEN T R. Moral emotions and unethical bargaining: the differential

effects of empathy and perspective taking in deterring deceitful negotiation[J]. Journal of Business Ethics,2010,94(4):569-579.

[107] COOMBS T, HOLLADAY S. CSR as crisis risk: expanding how we conceptualize the relationship [J]. Corporate Communications: An International Journal,2015,20(2):144-162.

[108] COOMBS W T, HOLLADAY S J. Helping crisis managers protect reputational assets initial tests of the situational crisis communication theory[J]. Management Communication Quarterly,2002,16(2):165-186.

[109] COOMBS W T. Attribution theory as a guide for post-crisis communication research[J]. Public Relations Review,2007,33(2):135-139.

[110] CRILLY D, NI N, JIANG Y. Do no harm versus do good social responsibility: attributional thinking and the liability of foreignness [J]. Strategic Management Journal,2016,37(7):1316-1329.

[111] CRONIN T, REYSEN S, BRANSCOMBE N R. Wal-Mart's conscientious objectors: perceived illegitimacy, moral anger, and retaliatory consumer behavior[J]. Basic and Applied Social Psychology,2012,34(4):322-335.

[112] CROSSLEY C D. Emotional and behavioral reactions to social undermining: a closer look at perceived offender motives [J]. Organizational Behavior and Human Decision Processes,2009,108(1):14-24.

[113] CUDDY A J C, GLICK P, BENINGER A. The dynamics of warmth and competence judgments, and their outcomes in organizations [J]. Research in Organizational Behavior,2011,31:73-98.

[114] D'APRILE G, MANNARINI T. Corporate social responsibility: a psychosocial multidimensional construct [J]. Journal of Global Responsibility,2012,3(1):48-65.

[115] DARKE P R, ASHWORTH L, MAIN K J. Great expectations and broken promises: misleading claims, product failure, expectancy disconfirmation and consumer distrust [J]. Journal of the Academy of Marketing Science,2010,38(3):347-362.

[116] DARLEY J M, PITTMAN T S. The psychology of compensatory and retributive justice[J]. Personality and Social Psychology Review,2003,7

(4):324-336.

[117] DARWIN C, EKMAN P, PRODGER P. The expression of the emotions in man and animals[M]. New York: Oxford University Press, 1998.

[118] DAVIS M H. Measuring individual differences in empathy: evidence for a multidimensional approach [J]. Journal of personality and social psychology, 1983, 44(1):113-126.

[119] DAWAR N, LEI J. Brand crises: the roles of brand familiarity and crisis relevance in determining the impact on brand evaluations[J]. Journal of Business Research, 2009, 62(4):509-516.

[120] DAWAR N, PILLUTLA M M. Impact of product-harm crises on brand equity: the moderating role of consumer expectations [J]. Journal of Marketing Research, 2000, 37(2):215-226.

[121] DÉJEAN F, GOND J P, LECA B. Measuring the unmeasured: an institutional entrepreneur strategy in an emerging industry[J]. Human relations, 2004, 57(6):741-764.

[122] DELMAS M A, BURBANO V C. The drivers of greenwashing [J]. California Management Review, 2011, 54(1). 64-87.

[123] DILLON R S. Self-forgiveness and self-respect[J]. Ethics, 2001, 112(1): 53-83.

[124] DOH J P, HOWTON S D, HOWTON S W, et al. Does the market respond to an endorsement of social responsibility? The role of institutions, information, and legitimacy[J]. Journal of Management, 2010, 36(6): 1461-1485.

[125] DOUGLAS S C, MARTINKO M J. Exploring the role of individual differences in the prediction of workplace aggression [J]. Journal of Applied Psychology, 2001, 86(4):547-559.

[126] DU J, FAN X, FENG T. Multiple emotional contagions in service encounters[J]. Journal of the Academy of Marketing Science, 2011, 39 (3):449-466.

[127] DU S, BHATTACHARYA C, SEN S. Reaping relational rewards from corporate social responsibility: the role of competitive positioning [J]. International Journal of Research in Marketing, 2007, 24(3):224-241.

[128] DUHACHEK A. Coping: a multidimensional, hierarchical framework of responses to stressful consumption episodes[J]. Journal of Consumer Research, 2005, 32(1):41-53.

[129] DUNFEE T W. A critical perspective of integrative social contracts theory： recurring criticisms and next generation research topics[J]. Journal of Business Ethics,2006,68(3)：303-328.

[130] EDWARDS J R,LAMBERT L S. Methods for integrating moderation and mediation：a general analytical framework using moderated path analysis [J]. Psychological Methods,2007,12(3)：1-22.

[131] EISINGERICH A B,RUBERA G,SEIFERT M,et al. Doing good and doing better despite negative information? The role of corporate social responsibility in consumer resistance to negative information [J]. Journal of Service Research,2011,14(1)：60-75.

[132] ELANGOVAN A R,AUER-RIZZI W,SZABO E. Why don't I trust you now? An attributional approach to erosion of trust[J]. Journal of Managerial Psychology,2007,22(1)：4-24.

[133] ELLEN P S,WEBB D J,MOHR L A. Building corporate associations： consumer attributions for corporate socially responsible programs [J]. Journal of the Academy of Marketing Science,2006,34(2)：147-157.

[134] ENDERLE G, TAVIS L A. A balanced concept of the firm and the measurement of its long-term planning and performance[J]. Journal of Business Ethics,1998,17(11)：1129-1144.

[135] ENRIGHT R D. Counseling within the forgiveness triad：on forgiving, receiving forgiveness,and self-forgiveness[J]. Counseling and values, 1996,40(2)：107-126.

[136] EXLINE J J,WORTHINGTON E L,HILL P,et al. Forgiveness and justice：a research agenda for social and personality psychology[J]. Personality and social psychology Review,2003,7(4)：337-348.

[137] FALKENBERG J,BRUNSÆL P. Corporate social responsibility：a strategic advantage or a strategic necessity?[J]. Journal of Business Ethics, 2011,99(1)：9-16.

[138] FEHR R,GELFAND M J. The forgiving organization：a multilevel model of forgiveness at work[J]. Academy of Management Review,2012,37(4)： 664-688.

[139] FINCHAM F D,BEACH S R H,DAVILA J. Longitudinal relations between forgiveness and conflict resolution in marriage [J]. Journal of Family Psychology,2007,21(3)：542-545.

[140] FINKEL E J,RUSBULT C E,KUMASHIRO M,et al. Dealing with betrayal

in close relationships: does commitment promote forgiveness? [J]. Journal of personality and social psychology,2002,82(6):956-974.

[141] FOLKES V S, KOTSOS B. Buyers' and sellers' explanations for product failure:who done it?[J]. The Journal of Marketing,1986,50(2):74-80.

[142] FOLKES V S. Consumer reactions to product failure: an attributional approach[J]. Journal of consumer research,1984,10(4):398-409.

[143] FOLKMAN S, LAZARUS R S. An analysis of coping in a middle-aged community sample[J]. Journal of health and social behavior,1980,21(3):219-239.

[144] FOLTA T B,JANNEY J. Strategic benefits to firms issuing private equity placements[J]. Strategic Management Journal,2004,25(3):223-242.

[145] FOMBRUN C J,GARDBERG N A,BARNETT M L. Opportunity platforms and safety nets:corporate citizenship and reputational risk[J]. Business and society review,2000,105(1):85-106.

[146] FOMBRUN C J. A world of reputation research, analysis and thinking-building corporate reputation through CSR initiatives: evolving standards [J]. Corporate Reputation Review,2005,8(1):7-12.

[147] FOMBRUN C, SHANLEY M. What's in a name? Reputation building and corporate strategy[J]. Academy of management Journal,1990,33(2):233-258.

[148] FREEMAN R E. Strategic management: a stakeholder approach [M]. Cambridge :Cambridge University Press,2010.

[149] FRIEDMAN M. Consumer boycotts in the United States, 1970-1980: contemporary events in historical perspective[J]. Journal of consumer affairs,1985,19(1):96-117.

[150] FRIEDMAN M. The social responsibility of business is to increase its profits[J]. New York Times Magazine,1970,September(13):122-126.

[151] FRIESTAD M,WRIGHT P. The persuasion knowledge model:how people cope with persuasion attempts[J]. Journal of consumer research,1994,21(1):1-31.

[152] FUNCHES V. The consumer anger phenomena:causes and consequences [J]. Journal of Services Marketing,2011,25(6):420-428.

[153] GARCIA-CASTRO R, FRANCOEUR C. When more is not better: complementarities, costs and contingencies in stakeholder management [J]. Strategic Management Journal,2014,37:406-424.

[154] GELBRICH K. Anger, frustration, and helplessness after service failure: coping strategies and effective informational support[J]. Journal of the Academy of Marketing Science, 2010, 38(5): 567-585.

[155] GERMANN F, GREWAL R, ROSS JR W T, et al. Product recalls and the moderating role of brand commitment[J]. Marketing Letters, 2014, 25 (2): 179-191.

[156] GHOSHAL S. Bad management theories are destroying good management practices [J]. Academy of Management Learning & Education, 2005, 4: 75-91.

[157] GILLESPIE E A, HYBNEROVA K, ESMARK C, et al. A tangled web: views of deception from the customer's perspective[J]. Business Ethics: A European Review, 2014: 1-19.

[158] GODFREY P C, MERRILL C B, HANSEN J M. The relationship between corporate social responsibility and shareholder value: an empirical test of the risk management hypothesis[J]. Strategic Management Journal, 2009, 30(4): 425-445.

[159] GODFREY P C. The relationship between corporate philanthropy and shareholder wealth: a risk management perspective [J]. Academy of Management Review, 2005, 30(4): 777-798.

[160] GOODMAN S M. Forming impressions of persons from verbal report [D]. Manhattan: Columbia University, 1950.

[161] GOODSTEIN J, AQUINO K. And restorative justice for all: Redemption, forgiveness, and reintegration in organizations [J]. Journal of Organizational Behavior, 2010, 31(4): 624-628.

[162] GOODSTEIN J, BUTTERFIELD K, NEALE N. Moral repair in the workplace: a qualitative investigation and inductive model[J]. Journal of Business Ethics, 2015: 1-21.

[163] GRAPPI S, ROMANI S, BAGOZZI R P. Consumer response to corporate irresponsible behavior: moral emotions and virtues [J]. Journal of Business Research, 2013, 66(10): 1814-1821.

[164] GREENBAUM R L, MAWRITZ M B, PICCOLO R F. When leaders fail to "walk the talk" supervisor undermining and perceptions of leader hypocrisy[J]. Journal of Management, 2015, 41(3): 929-956.

[165] GRÉGOIRE Y, FISHER R J. The effects of relationship quality on customer retaliation[J]. Marketing Letters, 2006, 17(1): 31-46.

[166] GRÉGOIRE Y, LAUFER D, TRIPP T M. A comprehensive model of customer direct and indirect revenge: understanding the effects of perceived greed and customer power[J]. Journal of the Academy of Marketing Science,2010,38(6):738-758.

[167] GRÉGOIRE Y, LEGOUX R. When customer love turns into lasting hate: the effects of relationship strength and time on customer revenge and avoidance [J]. Journal of Marketing A Quarterly Publication of the American Marketing Association,2009,73(6):18-32.

[168] GRÉGOIRE Y, FISHER R J. Customer betrayal and retaliation: when your best customers become your worst enemies[J]. Journal of Academy Marketing Science,2008,36(2):247-261.

[169] GROZA M D, PRONSCHINSKE M R, WALKER M. Perceived organizational motives and consumer responses to proactive and reactive CSR[J]. Journal of Business Ethics,2011,102(4):639-652.

[170] GRUNWALD G, HEMPELMANN B. Impacts of reputation for quality on perceptions of company responsibility and product-related dangers in times of product -recall and public complaints crises: results from an empirical investigation[J]. Corporate Reputation Review,2011,13(4): 264-283.

[171] GUNDEL S. Towards a new typology of crises [J]. Journal of Contingencies and Crisis Management,2005,13(3):106-115.

[172] HAIDT J. The emotional dog and its rational tail: a social intuitionist approach to moral judgment[J]. Psychological review,2001,108(4):814.

[173] HAIDT J. The righteous mind: why good people are divided by politics and religion[M]. New York: Vintage Books, A division of Random House, 2012.

[174] HAIDT J. Elevation and the positive psychology of morality[A]//KEYES CL M, HAIDTJ. Flourishing: positive psychology and the life well-lived[C]. Washington,DC:American Psychological Association,2003:275-289.

[175] HAIR J F,BLACK W C,BABIN B J,et al. Multivariate data analysis[M]. Upper Saddle River,NJ:Pearson Prentice Hall,2006.

[176] HARRIS L C, REYNOLDS K L. The consequences of dysfunctional customer behavior[J]. Journal of service research,2003,6(2):144-161.

[177] HART C W,HESKETT J L,SASSER JR W E. The profitable art of service recovery[J]. Harvard business review,1989,68(4):148-156.

[178] HEIDER F. Social perception and phenomenal causality [J]. Psychological review,1944,51(6):358-374.

[179] HEIDER F. The psychology of interpersonal relations [M]. New York: John Wiley,1958.

[180] HESS R L,GANESAN S,KLEIN N M. Service failure and recovery: the impact of relationship factors on customer satisfaction [J]. Journal of the Academy of Marketing Science,2003,31(2):127-145.

[181] HILLMAN A J,KEIM G D. Shareholder value,stakeholder management, and social issues: what's the bottom line?[J]. Strategic management journal,2001,22(2):125-139.

[182] HOFSTEDE G. Culture and organizations: software of the mind [M]. London:McGraw-Hill,1987.

[183] HOMBURG C, STIERL M, BORNEMANN T. Corporate social responsibility in business-to-business markets: how organizational customers account for supplier corporate social responsibility engagement[J]. Journal of Marketing,2013,77(6):54-72.

[184] HORA M,BAPUJI H,ROTH A V. Safety hazard and time to recall: the role of recall strategy,product defect type,and supply chain player in the US toy industry[J]. Journal of Operations Management,2011,29(7):766-777.

[185] HSU L,LAWRENCE B. The role of social media and brand equity during a product recall crisis: a shareholder value perspective [J]. International Journal of Research in Marketing,2016,33(1):59-77.

[186] HU X,KAPLAN S. Is "feeling good" good enough? Differentiating discrete positive emotions at work[J]. Journal of Organizational Behavior,2015, 36(1):39-58.

[187] HUGHES P M. Moral anger, forgiving, and condoning [J]. Journal of Social Philosophy,1995,26(1):103-118.

[188] HUSSER J,GAUTIER L,ANDRÉ J M,et al. Linking purchasing to ethical decision-making: an empirical investigation [J]. Journal of Business Ethics,2014,123(2):327-338.

[189] HUSTED B W. A contingency theory of corporate social performance[J]. Business & Society,2000,39(1):24-48.

[190] HUTCHERSON C A, GROSS J J. The moral emotions: a social functionalist account of anger, disgust, and contempt [J]. Journal of

personality and social psychology,2011,100(4):719-737.

[191] HUY Q N. Emotions in strategic organization: opportunities for impactful research[J]. Strategic Organization,Forthcoming,2012,10(3):240-247.

[192] IGLESIAS V,VARELA-NEIRA C,VÁZQUEZ-CASIELLES R. Why didn't it work out? The effects of attributions on the efficacy of recovery strategies [J]. Journal of Service Theory and Practice,2015,25(6):700-724.

[193] IZARD C E. Human emotions[M]. New York:Plenum Press,1977.

[194] JOHAR G V,BIRK M M,EINWILLER S A. How to save your brand in the face of crisis[J]. MIT Sloan Management Review,2010,51(4):57-64.

[195] JOIREMAN J,GRÉGOIRE Y,DEVEZER B,et al. When do customers offer firms a "second chance" following a double deviation? The impact of inferred firm motives on customer revenge and reconciliation [J]. Journal of Retailing,2013,89(3):315-337.

[196] KANG J H, MATUSIK J G, BARCLAY L A. Affective and normative motives to work overtime in asian organizations: four cultural orientations from confucian ethics[J]. Journal of Business Ethics, 2017, 140(1): 115-130.

[197] KAPLAN A M,HAENLEIN M. Users of the world, unite! The challenges and opportunities of social media[J]. Business horizons, 2010, 53(1): 59-68.

[198] KAPOOR R,LEE J M. Coordinating and competing in ecosystems: how organizational forms shape new technology investments[J]. Strategic Management Journal,2013,34(3):274-296.

[199] KARREMANS J C, VAN LANGE P A M. Back to caring after being hurt: the role of forgiveness[J]. European Journal of Social Psychology,2004, 34(2):207-227.

[200] KELLEY H H. The processes of causal attribution [J]. American psychologist,1973,28(2):107-128.

[201] KELLEY H H. Attribution in social interaction[A]// Jones E E,Kanouse D E, Kelley H H, et al. Attribution: perceiving the causes of behavior[C]. Morristown,NJ:General Learning Press,1972.

[202] KERVYN N, FISKE S T, MALONE C. Brands as intentional agents framework: how perceived intentions and ability can map brand perception[J]. Journal of Consumer Psychology,2012,22(2):166-176.

[203] KIM J E, JOHNSON K K P. The impact of moral emotions on cause-

related marketing campaigns: a cross-cultural examination[J]. Journal of Business Ethics,2013,112(1):79-90.

[204] KIM S. What's worse in times of product-harm crisis? Negative corporate ability or negative CSR reputation?[J]. Journal of Business Ethics,2014,123(1):157-170.

[205] KING B G, FELIN T, WHETTEN D A. Finding the organization in organizational theory: a meta-theory of the organization as a social actor [J]. Organizationence,2010,21(1):290-305.

[206] KLEIN J, DAWAR N. Corporate social responsibility and consumers' attributions and brand evaluations in a product harm crisis [J]. International Journal of research in Marketing,2004,21(3):203-217.

[207] KOH P S,QIAN C,WANG H. Firm litigation risk and the insurance value of corporate social performance[J]. Strategic Management Journal,2014, 35(10):1464-1482.

[208] KORSCHUN D, BHATTACHARYA C, SWAIN S D. Corporate social responsibility, customer orientation, and the job performance of frontline employees[J]. Journal of Marketing,2013,78(3):20-37.

[209] KRASNIKOV A,MISHRA S,OROZCO D. Evaluating the financial impact of branding using trademarks: a framework and empirical evidence [J]. Journal of Marketing,2009,73(6):154-166.

[210] LABROO A A, RUCKER D D. The orientation-matching hypothesis: an emotion-specificity approach to affect regulation [J]. Journal of Marketing Research,2010,47(5):955-966.

[211] LANKOSKI L. Differential economic impacts of corporate responsibility issues[J]. Business & Society,2009,48(2):206-224.

[212] LAROS F J M,STEENKAMP J B E M. Emotions in consumer behavior: a hierarchical approach[J]. Journal of business Research,2005,58(10): 1437-1445.

[213] LAUFER D,COOMBS W T. How should a company respond to a product harm crisis? The role of corporate reputation and consumer-based cues [J]. Business Horizons,2006,49(5):379-385.

[214] LAUFER D, GILLESPIE K, SILVERA D H. The role of country of manufacture in consumers' attributions of blame in an ambiguous product-harm crisis[J]. Journal of International Consumer Marketing, 2009,21(3):189-201.

[215] LAUFER D, GILLESPIE K. Differences in consumer attributions of blame between men and women: the role of perceived vulnerability and empathic concern[J]. Psychology & Marketing,2004,21(21):141-157.

[216] LAZARUS R S. Emotion and adaptation [M]. New York: Oxford University Press,1991.

[217] LEACH M M, GREER T, GAUGHF J. Linguistic analysis of interpersonal forgiveness: process trajectories [J]. Personality and Individual Differences,2010,48(2):117-122.

[218] LEE D D, FAFF R W. Corporate sustainability performance and idiosyncratic risk: a global perspective[J]. Financial Review, 2009, 44 (2):213-237.

[219] LEHMAN D W, KOVÁCS B, CARROLL G R. Conflicting social codes and organizations: hygiene and authenticity in consumer evaluations of restaurants[J]. Management Science,2014,60(10):2602-2617.

[220] LEI J, DAWAR N, GÜRHAN-CANLI Z. Base-rate information in consumer attributions of product-harm crises[J]. Journal of Marketing Research,2012,49(3):336-348.

[221] LEONIDOU C N, KATSIKEAS C S, MORGAN N A. "Greening" the marketing mix: do firms do it and does it pay off?[J]. Journal of the Academy of Marketing Science,2013,41(2):151-170.

[222] LIAO H. Do it right this time: the role of employee service recovery performance in customer-perceived justice and customer loyalty after service failures[J]. Journal of applied psychology,2007,92(2):475-489.

[223] LICHTENSTEIN D R, DRUMWRIGHT M E, BRAIG B M. The effect of corporate social responsibility on customer donations to corporate-supported nonprofits[J]. Journal of marketing,2004,68(4):16-32.

[224] LII Y S,LEE M. Doing right leads to doing well: when the type of CSR and reputation interact to affect consumer evaluations of the firm [J]. Journal of Business Ethics,2012,105(1):69-81.

[225] LIN C P, CHEN S C, CHIU C K, et al. Understanding purchase intention during product-harm crises: moderating effects of perceived corporate ability and corporate social responsibility[J]. Journal of Business Ethics, 2011,102(3):455-471.

[226] LINDENMEIER J, SCHLEER C, PRICL D. Consumer outrage: emotional reactions to unethical corporate behavior [J]. Journal of Business

Research,2012,65(9):1364-1373.

[227] LINSLEY P M,SLACK R E. Crisis management and an ethic of care:the case of Northern Rock Bank[J]. Journal of business ethics,2013,113 (2):285-295.

[228] LOVE E G,KRAATZ M. Character,conformity,or the bottom line? How and why downsizing affected corporate reputation [J]. Academy of Management Journal,2009,52(2):314-335.

[229] LUO X, BHATTACHARYA C B. Corporate social responsibility, customer satisfaction, and market value[J]. Journal of marketing, 2006,70(4):1-18.

[230] LUO X,BHATTACHARYA C B. The debate over doing good:corporate social performance,strategic marketing levers,and firm-idiosyncratic risk [J]. Journal of Marketing,2009,73(6):198-213.

[231] LUO X, DU S. Exploring the relationship between corporate social responsibility and firm innovation[J]. Marketing Letters,2015,26(4): 703-714.

[232] LUO X, ZHENG Q. Reciprocity in corporate social responsibility and channel performance:do birds of a feather flock together?[J]. Journal of business ethics,2013,118(1):203-213.

[233] MADSEN P M, RODGERS Z J. Looking good by doing good:the antecedents and consequences of stakeholder attention to corporate disaster relief[J]. Strategic Management Journal,2015,36(5):776-794.

[234] MAGNINI V P,FORD J B,MARKOWSKI E P,et al. The service recovery paradox:justifiable theory or smoldering myth?[J]. Journal of Services Marketing,2007,21(3):213-225.

[235] MARGOLIS J D,WALSH J P. Misery loves companies:rethinking social initiatives by business[J]. Administrative Science Quarterly,2003,48 (2):268-305.

[236] MARÍN L, CUESTAS P J, ROMÁN S. Erratum to:determinants of consumer attributions of corporate social responsibility[J]. Journal of Business Ethics,2016,138(2):261.

[237] MARKÓCZY L,DEEDS D L. Theory building at the intersection:recipe for impact or road to nowhere?[J]. Journal of Management Studies,2009, 46(6):1076-1088.

[238] MARTINKO M J,HARVEY P,DASBOROUGH M T. Attribution theory in

the organizational sciences: a case of unrealized potential[J]. Journal of Organizational Behavior,2011,32(1):144-149.

[239] MARTINKO M J, HARVEY P, DOUGLAS S C. The role, function, and contribution of attribution theory to leadership: a review [J]. The Leadership Quarterly,2007,18(6):561-585.

[240] MATTILA A S. The impact of service failures on customer loyalty: the moderating role of affective commitment[J]. International Journal of Service Industry Management,2004,15(2):134-149.

[241] MAXHAM III J G, NETEMEYER R G. A longitudinal study of complaining customers' evaluations of multiple service failures and recovery efforts [J]. Journal of marketing,2002,66(4):57-71.

[242] MAY D R, LI C, MENCL J, et al. The ethics of meaningful work: types and magnitude of job-related harm and the ethical decision-making process [J]. Journal of Business Ethics,2014,121(4):651-669.

[243] MAZUTIS D D, SLAWINSKI N. Reconnecting business and society: perceptions of authenticity in corporate social responsibility[J]. Journal of Business Ethics,2015,131(1):137-150.

[244] MCCOLLOUGH M A, BHARADWAJ S G. The recovery paradox: an examination of consumer satisfaction in relation to disconfirmation, service quality, and attribution based theories[J]. Marketing theory and applications,1992,119.

[245] MCCULLOUGH M E, HOYT W T. Transgression-related motivational dispositions: personality substrates of forgiveness and their links to the Big Five[J]. Personality and Social Psychology Bulletin,2002,28(11): 1556-1573.

[246] MCCULLOUGH M E, KILPATRICK S D, EMMONS R A, et al. Is gratitude a moral affect?[J]. Psychological bulletin,2001,127(2):249-266.

[247] MCCULLOUGH M E, RACHAL K C, SANDAGE S J, et al. Interpersonal forgiving in close relationships: II. theoretical elaboration and measurement[J]. Journal of personality and social psychology,1998,75 (6):1586-1603.

[248] MCGOVERN G, MOON Y. Companies and the customers who hate them [J]. Harvard Business Review,2007,85(6):78-84,141.

[249] MCWILLIAMS A, SIEGEL D. Corporate social responsibility and financial performance: correlation or misspecification?[J]. Strategic Management

Journal,2000,21(5):603-609.

[250] MERRIN R P, HOFFMANN A O I, PENNINGS J M E. Customer satisfaction as a buffer against sentimental stock-price corrections[J]. Marketing Letters,2013,24(1):13-27.

[251] MICK D G, BATEMAN T S, LUTZ R J. Wisdom exploring the pinnacle of human virtues as a central link from micromarketing to macromarketing [J]. Journal of Macromarketing,2009,29(2):98-118.

[252] MILLER D T, TURNBULL W. Expectancies and interpersonal processes [J]. Annual review of psychology,1986,37(1):233-256.

[253] MILLER R S. On the nature of embarrassabllity: shyness, social evaluation,and social skill[J]. Journal of personality,1995,63(2):315-339.

[254] NAM S,MANCHANDA P,CHINTAGUNTA P K. The effect of signal quality and contiguous word of mouth on customer acquisition for a video-on-demand service[J]. Marketing Science,2010,29(4):690-700.

[255] NISBETT R E,WILSON T D. The halo effect: evidence for unconscious alteration of judgments[J]. Journal of personality and social psychology, 1977,35(4):250-256.

[256] OLIVER R L. Satisfaction: a behavioral perspective on the consumer[M]. New York : McGraw-Hill ,1997.

[257] O'MARA E M, JACKSON L E, BATSON C D, et al. Will moral outrage stand up? Distinguishing among emotional reactions to a moral violation [J]. European Journal of Social Psychology,2011,41(2):173-179.

[258] OSWICK C, FLEMING P, HANLON G. From borrowing to blending: rethinking the processes of organizational theory building [J]. Academy of Management Review,2011,36(2):318-337.

[259] PALANSKI M E. Forgiveness and reconciliation in the workplace: a multi-level perspective and research agenda[J]. Journal of Business Ethics, 2012,109(3):275-287.

[260] PARGUEL B, BENOÎT-MOREAU F, LARCENEUX F. How sustainability ratings might deter 'greenwashing' : a closer look at ethical corporate communication[J]. Journal of business ethics,2011,102(1):15-28.

[261] PEARSON C M,CLAIR J A. Reframing crisis management[J]. Academy of management review,1998,23(1):59-76.

[262] PELOZA J, SHANG J. How can corporate social responsibility activities

create value for stakeholders? A systematic review[J]. Journal of the academy of Marketing Science,2011,39(1):117-135.

[263] PELOZA J. Using corporate social responsibility as insurance for financial performance[J]. California Management Review,2006,48(2):52-72.

[264] PENG D X,SCHROEDER R G,SHAH R. Linking routines to operations capabilities:a new perspective[J]. Journal of Operations Management, 2008,26(6):730-748.

[265] PERDUE B C,SUMMERS J O. Checking the success of manipulations in marketing experiments[J]. Journal of Marketing Research,1986: 317-326.

[266] PICK D,THOMAS J S,TILLMANNS S,et al. Customer win-back:the role of attributions and perceptions in customers' willingness to return[J]. Journal of the Academy of Marketing Science,2016,44(2):218-240.

[267] PODSAKOFF P M,MACKENZIE S B,LEE J Y,et al. Common method biases in behavioral research:a critical review of the literature and recommended remedies[J]. Journal of applied psychology, 2003, 88 (5):879-903.

[268] POLLAI M,HOELZL E,POSSAS F. Consumption-related emotions over time:fit between prediction and experience [J]. Marketing Letters, 2010,21(4):397-411.

[269] POON P S, HUI M K, AU K. Attributions on dissatisfying service encounters:a cross-cultural comparison between Canadian and PRC consumers[J]. European Journal of Marketing, 2004, 38 (11/12): 1527-1540.

[270] POWELL T C,LOVALLO D,FOX C R. Behavioral strategy[J]. Strategic Management Journal,2011,32(13):1369-1386.

[271] PREACHER K J, RUCKER D D, HAYES A F. Addressing moderated mediation hypotheses: theory, methods, and prescriptions [J]. Multivariate behavioral research,2007,42(1):185-227.

[272] PRUITT S W, PETERSON D R. Security price reactions around product recall announcements[J]. Journal of Financial Research, 1986, 9 (2): 113-122.

[273] PUZAKOVA M,KWAK H,ROCERETO J F. When humanizing brands goes wrong: the detrimental effect of brand anthropomorphization amid product wrongdoings[J]. Journal of Marketing,2013,77(3):81-100.

[274] RAO A R, MONROE K B. The effect of price, brand name, and store name on buyers' perceptions of product quality: an integrative review[J]. Journal of marketing Research, 1989, 26(3):351-357.

[275] REEDER G D, KUMAR S, HESSON-MCINNIS M S, et al. Inferences about the morality of an aggressor: the role of perceived motive[J]. Journal of personality and social psychology, 2002, 83(4):789-803.

[276] REHBEIN K, WADDOCK S, GRAVES S B. Understanding shareholder activism: which corporations are targeted?[J]. Business & Society, 2004, 43(3):239-267.

[277] RHEE M, HAUNSCHILD P R. The liability of good reputation: a study of product recalls in the US automobile industry[J]. Organization Science, 2006, 17(1):101-117.

[278] RICHINS M L. Measuring emotions in the consumption experience[J]. Journal of consumer research, 1997, 24(2):127-146.

[279] RIEK B M, MANIA E W. The antecedents and consequences of interpersonal forgiveness: a meta - analytic review [J]. Personal Relationships, 2012, 19(2):304-325.

[280] ROBBENNOLT J K. Outcome severity and judgments of "responsibility": a meta-analytic review[J]. Journal of applied social psychology, 2000, 30(12):2575-2609.

[281] ROBERTS K, ROBERTS J H, DANAHER P J, et al. Practice prize paper—incorporating emotions into evaluation and choice models: application to kmart Australia[J]. Marketing Science, 2015, 34(6):815-824.

[282] ROEHM M L, TYBOUT A M. When will a brand scandal spill over, and how should competitors respond?[J]. Journal of Marketing Research, 2006, 43(3):366-373.

[283] ROMANI S, GRAPPI S, BAGOZZI R P. My anger is your gain, my contempt your loss: explaining consumer responses to corporate wrongdoing[J]. Psychology & Marketing, 2013, 30(12):1029-1042.

[284] ROSCHK H, KAISER S. The nature of an apology: an experimental study on how to apologize after a service failure[J]. Marketing Letters, 2013, 24(3):293-309.

[285] ROZIN P, LOWERY L, IMADA S, et al. The CAD triad hypothesis: a mapping between three moral emotions (contempt, anger, disgust) and three moral codes (community, autonomy, divinity) [J]. Journal of

personality and social psychology,1999,76(4):574.

[286] RUBEL O, NAIK P A, SRINIVASAN S. Optimal advertising when envisioning a product-harm crisis[J]. Marketing Science,2011,30(6): 1048-1065.

[287] RUPP D E,SHAO R,THORNTON M A,et al. Applicants' and employees' reactions to corporate social responsibility:the moderating effects of first-party justice perceptions and moral identity[J]. Personnel Psychology, 2013,66(4):895-933.

[288] RUSSELL D. The causal dimension scale:a measure of how individuals perceive causes[J]. Journal of Personality and social Psychology,1982, 42(6):1137-1145.

[289] SANCHEZ P, CHAMINADE C, OLEA M. Management of intangibles:an attempt to build theory[J]. Journal of Intellectual Capital ,2000, 1(4): 312-327.

[290] SCHAEFERS T, WITTKOWSKI K,BENOIT S,et al. Contagious effects of customer misbehavior in access-based services[J]. Journal of Service Research,2016,19(1):3-21.

[291] SCHERER A G, PALAZZO G. The new political role of business in a globalized world: a review of a new perspective on CSR and its implications for the firm, governance, and democracy[J]. Journal of management studies,2011,48(4):899-931.

[292] SEEGER M W, GRIFFIN PADGETT D R. From image restoration to renewal: approaches to understanding postcrisis communication [J]. The Review of Communication,2010,10(2):127-141.

[293] SEEGER M W, SELLNOW T L, ULMER R R. Communication and organizational crisis[M]. Westport,CT:Praeger ,2003.

[294] SEIFERT B,MORRIS S A,BARTKUS B R. Comparing big givers and small givers: financial correlates of corporate philanthropy [J] . Journal of Business Ethics,2003,45:195-211.

[295] SEN S, BHATTACHARYA C B. Does doing good always lead to doing better? Consumer reactions to corporate social responsibility[J]. Journal of marketing Research,2001,38(2):225-243.

[296] SHELDON O. The social responsibility of management[M]. London:Sir Isaac Pitman and Sons,1924.

[297] SHERIF M, HOVLAND C I. Social judgment:assimilation and contrast

effects in communication and attitude change[M]. New Haven: Yale University Press,1961.

[298] SHIMP T A, HYATT E M, SNYDER D J. A critical appraisal of demand artifacts in consumer research[J]. Journal of Consumer Research,1991, 18(3):273-283.

[299] SHRIVASTAVA P, SIOMKOS G. Disaster containment strategies[J]. Journal of Business Strategy,1989,10(5):26-30.

[300] SILVERA D H,MEYER T,LAUFER D. Age-related reactions to a product harm crisis[J]. Journal of Consumer Marketing,2012,29(4):302-309.

[301] SIMOLA S. Anti-Corporate anger as a form of care-based moral agency [J]. Journal of business ethics,2010,94(2):255-269.

[302] SIMPSON J,CARTER S,ANTHONY S H,et al. Is disgust a homogeneous emotion?[J]. Motivation and Emotion,2006,30(1):31-41.

[303] SINACEUR M. Suspending judgment to create value: suspicion and trust in negotiation[J]. Journal of Experimental Social Psychology, 2010, 46 (3):543-550.

[304] SINGH J,SIRDESHMUKH D. Agency and trust mechanisms in consumer satisfaction and loyalty judgments[J]. Journal of the Academy of marketing Science,2000,28(1):150-167.

[305] SINGHAPAKDI A, RAO C P, VITELL S J. Ethical decision making: an investigation of services marketing professionals[J]. Journal of Business Ethics,1996,15(6):635-644.

[306] SIOMKOS G J,KURZBARD G. The hidden crisis in product-harm crisis management[J]. European journal of marketing,1994,28(2):30-41.

[307] SIOMKOS G J, MALLIARIS P G. Consumer response to company communications during a product harm crisis[J]. Journal of Applied Business Research,2011,8(4):59-65.

[308] SIOMKOS G. Managing product-harm crises[J]. Organization & Environment,1989,3(1):41-60.

[309] SKARLICKI D P, FOLGER R. Retaliation in the workplace: the roles of distributive, procedural, and interactional justice[J]. Journal of applied Psychology,1997,82(3):434-443.

[310] SMITH A K, BOLTON R N. An experimental investigation of customer reactions to service failure and recovery encounters paradox or peril?[J]. Journal of service research,1998,1(1):65-81.

[311] SMITH R H, WEBSTER J M, PARROTT W G, et al. The role of public exposure in moral and nonmoral shame and guilt [J] . Journal of personality and social psychology, 2002, 83(1):138-159.

[312] SOHN Y, LARISCY R W. A "Buffer" or "Boomerang?" — The role of corporate reputation in bad times[J]. Communication Research, 2012, 42(2):237-259.

[313] SONENSHEIN S. The role of construction, intuition, and justification in responding to ethical issues at work: the sensemaking-intuition model [J]. Academy of Management Review, 2007, 32(4):1022-1040.

[314] STEVEN A B. Supply chain structure, product recalls, and firm performance: empirically investigating recall drivers and recall financial performance relationships[J]. Decision Sciences, 2015, 46(2):477-483.

[315] STORY J, NEVES P. When corporate social responsibility (CSR) increases performance: exploring the role of intrinsic and extrinsic CSR attribution [J]. Business Ethics A European Review, 2015, 24(2):111-124.

[316] STRIZHAKOVA Y, TSARENKO Y, RUTH J A. "I'm mad and I can't get that service failure off my mind" coping and rumination as mediators of anger effects on customer intentions[J]. Journal of Service Research, 2012, 15(4):414-429.

[317] STUCKLESS N, GORANSON R. The vengeance scale: development of a measure of attitudes toward revenge[J]. Journal of Social Behavior and Personality, 1992, 7(1):25-42.

[318] TANGNEY J P, STUEWIG J, MASHEK D J. Moral emotions and moral behavior[J]. Annual review of psychology, 2007, 58:345-372.

[319] TAYLOR S. Waiting for service: the relationship between delays and evaluations of service[J]. The journal of marketing, 1994, 58(2):56-69.

[320] TOMLINSON E C, CARNES A M. When promises are broken in a recruitment context: the role of dissonance attributions and constraints in repairing behavioural integrity [J] . Journal of Occupational and Organizational Psychology, 2015, 88(2):415-435.

[321] TOUSSAINT L, WEBB J R. Gender differences in the relationship between empathy and forgiveness[J]. The Journal of social psychology, 2005, 145(6):673-685.

[322] TRIANDIS H C. Individualism & collectivism [M] . San Francisco: Westview Press, 1995.

[323] TRIPP T M,BIES R J. Getting even：the truth about workplace revenge— and how to stop it[M]. San Francisco：Jossey-Bass,2009.

[324] TRUSOV M,BUCKLIN R E,PAUWELS K H. Effects of word-of-mouth versus traditional marketing：findings from an internet social networking site[J]. Journal of Marketing A Quarterly Publication of the American Marketing Association,2009,73(5)：90-102.

[325] TSARENKO Y,ROOSLANI TOJIB D. A transactional model of forgiveness in the service failure context：a customer-driven approach[J]. Journal of Services Marketing,2011,25(5)：381-392.

[326] TSIROS M,MITTAL V,ROSS W T. The role of attributions in customer satisfaction：a reexamination[J]. Journal of consumer research,2004,31 (2)：476-483.

[327] ULMER R R. Effective crisis management through established stakeholder relationships Malden Mills as a case study[J]. Management Communication Quarterly,2001,14(4)：590-615.

[328] VAARA E, JUNNI P, SARALA R M, et al. Attributional tendencies in cultural explanations of M&A performance[J]. Strategic Management Journal,2014,35(9)：1302-1317.

[329] VAN HEERDE H,HELSEN K,DEKIMPE M G. The impact of a product-harm crisis on marketing effectiveness[J]. Marketing Science,2007,26 (2)：230-245.

[330] VANHAMME J,GROBBEN B. "Too good to be true!"The effectiveness of CSR history in countering negative publicity[J]. Journal of Business Ethics,2009,85(2)：273-283.

[331] VANVOORHIS C W, MORGAN B L. Statistical rules of thumb：what we don't want to forget about sample sizes[J]. Psi Chi Journal,2001,6(4)： 1-3.

[332] VASSILIKOPOULOU A,CHATZIPANAGIOTOU K,SIOMKOS G,et al. The role of consumer ethical beliefs in product-harm crises[J]. Journal of Consumer Behaviour,2011,10(10)：279-289.

[333] VASSILIKOPOULOU A, SIOMKOS G, CHATZIPANAGIOTOU K, et al. Product-harm crisis management：time heals all wounds?[J]. Journal of Retailing and Consumer Services,2009,16(3)：174-180.

[334] VERBEKE A,TUNG V. The future of stakeholder management theory：a temporal perspective[J]. Journal of business ethics,2013,112(3)：529-543.

[335] VLACHOS P A,TSAMAKOS A,VRECHOPOULOS A P, et al. Corporate social responsibility：attributions,loyalty,and the mediating role of trust[J]. Journal of the Academy of Marketing Science,2009,37(2)：170-180.

[336] WADE N G,WORTHINGTON E L. Overcoming interpersonal offenses：is forgiveness the only way to deal with unforgiveness? [J]. Journal of Counseling & Development,2003,81(3)：343-353.

[337] WAGNER T,LUTZ R J,WEITZ B A. Corporate hypocrisy：overcoming the threat of inconsistent corporate social responsibility perceptions [J]. Journal of Marketing,2009,73(6)：77-91.

[338] WALKER M U. Moral repair：reconstructing moral relations after wrongdoing[M]. Cambridge ：Cambridge University Press,2006.

[339] WALKER M,HEERE B,PARENT M M,et al. Social responsibility and the Olympic Games：the mediating role of consumer attributions[J]. Journal of Business Ethics,2010,95(4)：659-680.

[340] WARTICK S L. Measuring corporate reputation definition and data[J]. Business & Society,2002,41(4)：371-392.

[341] WEINER B.An attributional theory of motivation and emotion[M]. New York：Springer-Verlag,1986.

[342] WEUN S,BEATTY S E,JONES M A. The impact of service failure severity on service recovery evaluations and post-recovery relationships [J]. Journal of Services Marketing,2004,18(2)：133-146.

[343] WHELAN J,DAWAR N. Attributions of blame following a product-harm crisis depend on consumers' attachment styles[J]. Marketing Letters, 2016,27(2)：285-294.

[344] WHETTEN D A,MACKEY A. A social actor conception of organizational identity and its implications for the study of organizational reputation[J]. Business & Society,2002,41：393-414.

[345] WIRTZ J,MATTILA A S. Consumer responses to compensation,speed of recovery and apology after a service failure[J]. International Journal of service industry management,2004,15(2)：150-166.

[346] WOOD S L, MOREAU C P. From fear to loathing? How emotion influences the evaluation and early use of innovations [J]. Journal of Marketing,2006,70(3)：44-57.

[347] WORTHINGTON E L,SCHERER M. Forgiveness is an emotion-focused coping strategy that can reduce health risks and promote health

resilience: theory, review, and hypotheses [J]. Psychology & Health, 2004,19(3):385-405.

[348] XIE C,BAGOZZI R P,GRØNHAUG K. The role of moral emotions and individual differences in consumer responses to corporate green and non-green actions[J]. Journal of the Academy of Marketing Science, 2015,43(3):333-356.

[349] XIE Y,PENG S. How to repair customer trust after negative publicity: the roles of competence, integrity, benevolence, and forgiveness [J]. Psychology & Marketing,2009,26(7):572-589.

[350] XU D J,CENFETELLI R T,AQUINO K. The Influence of media cue multiplicity on deceivers and those who are deceived[J]. Journal of Business Ethics,2012,106(3):337-352.

[351] YOON Y,GÜRHAN-CANLI Z,SCHWARZ N. The effect of corporate social responsibility (CSR) activities on companies with bad reputations [J]. Journal of Consumer Psychology,2006,16(4):377-390.

[352] YSSELDYK R,WOHL M J A. I forgive therefore I'm committed: a longitudinal examination of commitment after a romantic relationship transgression [J]. Canadian Journal of Behavioural Science / Revue canadienne des sciences du comportement,2012,44(4):257-263.

[353] ZAHRA S A,NEWEY L R. Maximizing the impact of organization science: theory-building at the intersection of disciplines and / or fields [J]. Journal of Management Studies,2009,volume 46(6):1059-1075.

[354] ZHAO B. Learning from errors: the role of context, emotion, and personality[J]. Journal of organizational Behavior,2011,32(3):435-463.

[355] ZHAO Y I,ZHAO Y,HELSEN K. Consumer Learning in a turbulent market environment: modeling consumer choice dynamics after a product-harm crisis[J]. Journal of Marketing Research,2011,48(2):255-267.

[356] ZOURRIG H,CHEBAT J C,TOFFOLI R. Consumer revenge behavior: a cross-cultural perspective [J]. Journal of Business Research,2009,62 (10):995-1001.

[357] ZYGLIDOPOULOS S C. The impact of accidents on firms' reputation for social performance[J]. Business & Society,2001,40(4):416-441.

# 附录

## 附录1　实验所用到的场景

### 第一部分　企业背景资料

A 企业是一家乳制品制造企业，其产品涵盖牛奶、酸奶、乳糖、奶片等多类，产品销往全国各地。A 企业拥有自己的奶源，企业的牛奶供应、加工和销售构成一体化的链条。与同行业其他竞争企业相比，A 企业规模中等，且产品市场占有率基本处于行业平均水平。

### 第二部分　产品伤害危机场景

最近几日经常有消费者投诉，声称在饮用 A 公司生产的 X 酸奶之后身体出现不良反应。食品药品监督管理局对 X 酸奶进行检测后发现，X 酸奶中存在一种非法添加剂 Y。该添加剂容易分解产生致癌物质，对消费者的身体健康造成影响。

## 第三部分　变量操控场景

### CSR 声誉操控场景

（1）积极的 CSR 声誉场景

根据 B 权威机构的评级，连续 5 年内，在所有同行业企业中，A 企业在消费者保护、员工支持、社区努力、环境保护、慈善等方面的排名总是在前 8 名。

（2）消极的 CSR 声誉场景

根据 B 权威机构的评级，连续 5 年内，在所有同行业企业中，A 企业在消费者保护、员工支持、社区努力、环境保护、慈善等方面的排名总是在后 2 名。

### 控制度归因操控场景

（1）低控制度归因场景

制造 X 酸奶的原材料中存在非法添加剂，企业的质检环节正常，然而由于该添加剂是一种新型的、罕见的添加剂，常规检测和内部控制人员并不知晓。

（2）高控制度归因场景

制造 X 酸奶的原材料中存在非法添加剂，该添加剂是一种常见的添加剂，然而由于质量检测环节中一个关键程序被忽视，同时企业的内部控制失效，没有及时发现和纠正该错误。

### 稳定性归因操控场景

（1）低稳定性归因场景

X 酸奶的质量状况一直良好，以往并未出现类似的非法添加事件，并且为从根本上杜绝类似问题的再度出现，A 公司对内部控制系统进行了全面升级，并制定了对质检人员进行定期培训的制度。

（2）高稳定性归因场景

X 酸奶以往曾经出现过几起类似事件，并且在事件发生后 A 企业并未对内部控制系统做出任何改进，也未加强对质检环节的重视。

**严重性归因操控场景**

（1）低严重性归因场景

X 酸奶销售之后有大约几十名消费者反映出现轻微腹泻症状。

（2）高严重性归因场景

X 酸奶销售之后造成了大规模的食物中毒，有大约几百名消费者出现中毒症状，并有几十名消费者症状严重，在重症监护病房接受治疗。

**意向性归因操控场景**

（1）低意向性归因场景

伤害的造成并非出于 A 企业的本意，A 企业在出售 X 酸奶时并不知晓其存在非法添加剂。

（2）高意向性归因场景

A 企业在明知 X 酸奶可能存在问题的情况下，依然正常出售了该产品，并在广告中宣称 X 酸奶是绿色健康的。

# 附录 2　实验所用到的问卷

## 第一部分　CSR 声誉问卷

您好！我们在做一项调查研究，请您阅读以上场景之后，根据题目要求回答您对下列问题的看法，并在相应的数字上画√。其中 1 代表完全同意，2 代表同意，3 代表有些同意，4 代表中立，5 代表有些反对，6 代表反对，7 代表完全反对。

| CSR1 | A 企业的商业活动水平高于行业标准。 | 1　2　3　4　5　6　7 |
|---|---|---|
| CSR2 | A 企业使用很大一部分利润来帮助社区团体 | 1　2　3　4　5　6　7 |
| CSR3 | A 企业的社会责任声誉高于行业平均水平 | 1　2　3　4　5　6　7 |

## 第二部分 消费者归因问卷

### 控制度归因问卷

假设您是一名旁观的消费者，请您阅读以上场景之后，回答您对下列问题的看法，并在相应的数字上画√。其中 1 代表完全同意，2 代表同意，3 代表有些同意，4 代表中立，5 代表有些反对，6 代表反对，7 代表完全反对。

| | | | | | | | | |
|---|---|---|---|---|---|---|---|---|
| CON1 | 引发该问题的原因是可以被 A 企业控制的 | 1 | 2 | 3 | 4 | 5 | 6 | 7 |
| CON2 | 引发该问题的原因是可以被 A 企业预防的 | 1 | 2 | 3 | 4 | 5 | 6 | 7 |
| CON3 | A 企业原本可以做一些事来避免问题的发生 | 1 | 2 | 3 | 4 | 5 | 6 | 7 |

### 稳定性归因问卷

假设您是一名旁观的消费者，请您阅读以上场景之后，回答您对下列问题的看法，并在相应的数字上画√。其中 1 代表完全同意，2 代表同意，3 代表有些同意，4 代表中立，5 代表有些反对，6 代表反对，7 代表完全反对。

| | | | | | | | | |
|---|---|---|---|---|---|---|---|---|
| STA1 | 该问题对于 A 企业是稳定和持续的 | 1 | 2 | 3 | 4 | 5 | 6 | 7 |
| STA2 | 未来 A 企业会再次发生此类问题 | 1 | 2 | 3 | 4 | 5 | 6 | 7 |
| STA3 | A 企业的产品曾在以前发生过类似问题 | 1 | 2 | 3 | 4 | 5 | 6 | 7 |
| STA4 | 该问题是 A 企业产品的典型问题 | 1 | 2 | 3 | 4 | 5 | 6 | 7 |

### 严重性归因问卷

假设您是一名旁观的消费者，请您阅读以上场景之后，对下列题项赞同程度做出选择，每个题项两端是用来表述该问题的形容词，越靠近某一侧表示您的观点越符合该侧的描述。请在最符合您观点的数字上画√。

您认为 A 企业的行为会给消费者造成：

| SEV1 | 很小的问题 | 1 | 2 | 3 | 4 | 5 | 6 | 7 | 很大的问题 |
|------|-----------|---|---|---|---|---|---|---|-----------|
| SEV2 | 很小的不便 | 1 | 2 | 3 | 4 | 5 | 6 | 7 | 很大的不便 |
| SEV3 | 很小的烦恼 | 1 | 2 | 3 | 4 | 5 | 6 | 7 | 很大的烦恼 |

**意向性归因问卷**

假设您是一名旁观的消费者，请您阅读以上场景之后，对下列题项赞同程度做出选择，每个题项两端是用来表述该问题的形容词，越靠近某一侧表示您的观点越符合该侧的描述。请在最符合您观点的数字上画√。

您认为 A 企业：

| INT1 | 不是故意利用消费者 | 1 | 2 | 3 | 4 | 5 | 6 | 7 | 是故意利用消费者 |
|------|------------------|---|---|---|---|---|---|---|----------------|
| INT2 | 以消费者的利益为驱动 | 1 | 2 | 3 | 4 | 5 | 6 | 7 | 以企业的利益为驱动 |
| INT3 | 没有试图伤害消费者 | 1 | 2 | 3 | 4 | 5 | 6 | 7 | 试图伤害消费者 |
| INT4 | 意图是好的 | 1 | 2 | 3 | 4 | 5 | 6 | 7 | 意图是坏的 |

## 第三部分　义愤情绪问卷

假设您是一名旁观的消费者，请您回答对下列问题的看法，并在相应的数字上画√。其中 1 代表完全同意，2 代表同意，3 代表有些同意，4 代表中立，5 代表有些反对，6 代表反对，7 代表完全反对。

| MA1 | A 企业的行为是可恶的 | 1 | 2 | 3 | 4 | 5 | 6 | 7 |
|-----|-------------------|---|---|---|---|---|---|---|
| MA2 | A 企业的行为是可耻的 | 1 | 2 | 3 | 4 | 5 | 6 | 7 |
| MA3 | A 企业的行为是放肆的 | 1 | 2 | 3 | 4 | 5 | 6 | 7 |
| MA4 | A 企业的行为是过分的 | 1 | 2 | 3 | 4 | 5 | 6 | 7 |
| MA5 | A 企业的行为是不恰当的 | 1 | 2 | 3 | 4 | 5 | 6 | 7 |

## 第四部分　报复行为和宽恕行为问卷

假设您是一名旁观的消费者，请您回答对下列问题的看法，并在相应的数字上画√。其中 1 代表完全同意，2 代表同意，3 代表有些同意，4 代表中立，5 代表有些反对，6 代表反对，7 代表完全反对。

**报复行为问卷**

| | | |
|---|---|---|
| REV1 | 我将做一些事使 A 企业得到应有的惩罚 | 1 2 3 4 5 6 7 |
| REV2 | 我将对 A 企业做一些坏事 | 1 2 3 4 5 6 7 |
| REV3 | 我将做一些事使 A 企业付出代价 | 1 2 3 4 5 6 7 |

**宽恕行为问卷**

| | | |
|---|---|---|
| FOR1 | 即使 A 企业的行为伤害到我，我依然会友好地对待 A 企业 | 1 2 3 4 5 6 7 |
| FOR2 | 我想我和 A 企业可以摒弃前嫌并推进我们的关系 | 1 2 3 4 5 6 7 |
| FOR3 | 尽管 A 企业做了错事，我依然想与 A 企业重新建立积极的关系 | 1 2 3 4 5 6 7 |
| FOR4 | 我已经放下了我的伤害和怨恨 | 1 2 3 4 5 6 7 |
| FOR5 | 尽管 A 企业伤害了我，我会把伤害放到一边，恢复我们的关系 | 1 2 3 4 5 6 7 |
| FOR6 | 我宽恕了 A 企业对我做的事情 | 1 2 3 4 5 6 7 |
| FOR7 | 我已经放下了我的愤怒，所以可以让我们的关系恢复正常 | 1 2 3 4 5 6 7 |